Urbanität und Öffentlichkeit

TVZ

Praktische Theologie im reformierten Kontext

herausgegeben von Albrecht Grözinger, Gerrit Immink, Ralph Kunz, Andreas Marti, Christoph Morgenthaler, Félix Moser, Isabelle Noth, David Plüss und Thomas Schlag

Band 6 – 2013

Die Reihe «Praktische Theologie im reformierten Kontext» versammelt Arbeiten aus der praktisch-theologischen Forschung, die in der konfessionellen Kultur der Reformierten verankert sind. Der reformierte Kontext ist einerseits Gegenstand empirischer Wahrnehmung und kritischer Reflexion und andererseits das orientierende Erbe, aus dem Impulse für die zukünftige Gestaltung der religiösen Lebenspraxis gewonnen werden. Er bildet den Hintergrund der kirchlichen Handlungsfelder, prägt aber auch gesellschaftliche Dimensionen und individuelle Ausprägungen der Religionspraxis.

Christina Aus der Au, Ralph Kunz, Thomas Schlag, Hans Strub (Hg.)

Urbanität und Öffentlichkeit

Kirche im Spannungsfeld gesellschaftlicher Dynamiken

T V Z
Theologischer Verlag Zürich

Bibliografische Informationen der Deutschen Nationalbibliothek
Die Deutsche Nationalbibliothek verzeichnet diese Publikation in der Deutschen Nationalbibliografie; detaillierte bibliografische Daten sind im Internet über http://dnb.d-nb.de abrufbar.

Umschlaggestaltung
Simone Ackermann, Zürich,
unter Verwendung einer Fotografie von Andreas Hoffmann (Ausschnitt) aus der Serie «Krethi & Plethi. Christliches und Nachchristliches in Zürich», 1999

Druck
ROSCH BUCH GmbH, Scheßlitz

ISBN 978-3-290-17666-2

www.tvz-verlag.ch

Vorwort

Die Kirche steht auch in der Schweiz in den wenigsten Fällen noch im Dorf. Und dies im übertragenen wie im wörtlichen Sinne: Sie hat ihre Stellung nicht mehr selbstverständlich und unangefochten inne, selbstbewusste und religiös mündige Menschen entscheiden autonom über ihre Mitgliedschaft und ihre Nähe und Distanz zur Institution Kirche. Und Kirche findet auch nicht mehr hauptsächlich im Kirchengebäude statt, sondern entsteht immer häufiger auch an den Rändern, an den Hecken und Zäunen, auf öffentlichen Plätzen, in Bahnhöfen und Flughäfen. Kirche *ist* nicht mehr einfach, aber sie *wird*, nämlich dort, wo Menschen wohnen und leben, und dies nicht nur in Dörfern, sondern in Städten und Agglomerationen. Und weil Menschen nicht mehr einfach in die Kirche *kommen*, ist Kirche neu herausgefordert, zu den Menschen zu *gehen*.

Urbanität und Öffentlichkeit sind Schlüsselbegriffe in der Diskussion um Kirchenentwicklung. Urbanisierung, so definieren es Dave Frenchak und Carol McGibbon aus Chicago im vorliegenden Band, ist mehr als Bevölkerungsverdichtung. Sie hat zu tun mit spezifischen Formen von menschlichen Beziehungen, mit Kommunikation, wechselseitigen Bezügen und komplexen Mustern des kulturellen, wirtschaftlichen, politischen und sozialen Lebens, die über die eng verbundenen Lebensformen kleiner Gemeinschaften hinausgehen. Und die für die Kirche relevante Öffentlichkeit besteht nicht nur aus den Sphären, die David Tracy identifiziert hat, nämlich Universität, Kirche und Gesellschaft im Ganzen,[1] sondern Letztere kann mit Nico Koopman noch weiter ausdifferenziert werden in die politische und die ökonomische Sphäre, die Zivilgesellschaft und die öffentliche Meinung.[2] Dann besteht die Herausforderung an die Kirche «nicht nur darin, sich flexibel auf eine bestimmte kommunikative Situation einzustellen, sondern mit präziser Sachkenntnis und fachlicher Kompetenz in den Dialog über Gegenwartsfragen einzutreten».[3]

Die Vertreter v. a. der Praktischen Theologie der Universität Zürich haben diese Herausforderung aufgenommen und an verschiedenen Tagungen mit nationalen und internationalen Teilnehmerinnen und Teilnehmern Kirche im Span-

1 Vgl. David W. Tracy, The Analogical Imagination. Christian Theology and the Culture of Pluralism. London 1981, 1–46.

2 Vgl. Nico Koopman, Some Comments on Public Theology Today, in: Journal of Theology for Southern Africa 2003/117, 3–19, hier: 9–10.

3 Katrin Kusmierz, James R. Cochrane, Öffentliche Kirche und öffentliche Theologie in Südafrikas politischer Transformation, in: Ch. Lienemann-Perrin, W. Lienemann (Hg.), Kirche und Öffentlichkeit in Transformationsgesellschaften. Stuttgart 2006, 195–226, 119.

nungsfeld von Urbanität und Öffentlichkeit diskutiert. So traf sich das Praktisch-Theologische Forschungskolloquium der Universitäten Zürich und Rostock im Frühjahr 2010 zur Tagung «Kybernetik?! Aktuelle Forschungsperspektiven zur Kirchen- und Gemeindeentwicklung» auf dem Monte Verità. Im Sommer 2010 fand zu Ehren von Hans Strub, dem langjährigen Leiter der Aus- und Weiterbildung von Pfarrpersonen in den Schweizerischen Landeskirchen in Zürich ein internationaler Workshop zu «Urbanität und Religiosität» statt. Schliesslich lud das neu gegründete Zentrum für Kirchenentwicklung am 22./23. Juni 2012 zur öffentlichen Tagung über «Öffentliche Kirche – Kirche im öffentlichen Raum» ein, an der Theologinnen und Theologen, Kirchenvertreterinnen und Politiker über die öffentlichen Erwartungen an die Landeskirchen diskutierten.

Aus diesen drei Tagungen sind Gedankenanstösse, Positionen und Gegenpositionen von Referentinnen und Referenten aus Frankreich, den Niederlanden, den USA, Deutschland und der Schweiz, aus Kirche, Politik, Medien und Literatur in diesem Band versammelt. Sie alle beleuchten die thematischen Schwerpunkte auf unterschiedliche Weise. Die Pluralität ist in diesem Band Programm, wie es *Thomas Schlag* formuliert, nämlich als Signal der Offenheit für unterschiedliche Deutungen gegenwärtigen Lebens und gelebter Religion. Der Zürcher Praktologe eröffnet diesen Band mit Überlegungen zu Urbanität und Öffentlichkeit als Zentralbegriffe, anhand derer die Rahmenbedingungen und Zielvorstellungen individuellen religiösen Lebens und gemeinsamen Zusammenlebens hermeneutisch und theologisch reflektiert werden können. Weit entfernt davon, in den Abgesang auf die Kirchen miteinzustimmen, sieht er darin Ressourcen für ein kirchliches Leben, das sich über die Kerngemeinde hinaus herausfordern lässt. Vor diesem Hintergrund lotet er die Ansprüche des vor drei Jahren gegründeten Zentrums für Kirchenentwicklung aus, dessen Leitung er vorsteht. Als Aufgabe des Zentrums bezeichnet er nicht die Entwicklung von geschlossenen ekklesiologischen und missionarischen Vorlagen, sondern eine offen orientierende Deutung in Interaktion mit den kirchlichen Akteuren, so dass protestantische Freiheit und Verbindlichkeit in ihrer Wechselwirkung zum Tragen kommen.

Der erste thematische Teil zu *Urbanität und Religiosität* beginnt mit Reflexionen einer urbanen und kirchenfernen Kirchensympathisantin. *Gisa Klönne* ist Autorin von Kriminalromanen, in denen sie auch mit den grossen Fragen des Lebens und den seelischen Untiefen von Schuld und Vergebung zu tun hat. Sie ist froh über eine Convenience-Kirche bei Gelegenheit, aber sie fordert deren Mut ein, jenseits aller Gefälligkeit darauf zu beharren, was Kirche ausmacht. *Irene Gysel*, Redaktorin für die Sendung «Sternstunde Religion» beim Schweizer Fernsehen und Vizepräsidentin des Zürcher Kirchenrats, denkt von ihren Erfahrungen in chinesischen Megastädten aus über die Suche nach Identität in virtuellen und realen Räumen nach. Sie hat gerade dort Kirche als realen Ort der Identitätskonstitution für urbane Menschen kennengelernt. Der Pfarrer und langjährige Leiter der Aus- und Weiterbildung von Pfarrpersonen, *Hans Strub*, sieht die zukünftige Schweiz als grenzübergreifende urbane Siedlung. Wenn Kirche hier weiterhin präsent sein will, so kann dies nicht mehr lediglich territorial als Gemeinschaft am Wohnort und als Diakonie in Spitälern und Gefängnissen geschehen, sondern sie wird auch Momente der Unterbrechungen anbieten und medial präsent sein müssen. *Christina Aus der Au*, Theologische Geschäftsführerin des Zentrums für Kirchenentwicklung, reflektiert Religiosität als biologisch und soziologisch erfassbare menschliche Eigenschaft und befragt die Tauglichkeit religionssoziologischer Studien in Hinblick auf Kirchenentwicklung. Vor dem Hintergrund mehrerer Modelle von Kirche ruft sie auf zu einer Ergänzung dieser Studien mit einer fortwährenden ekklesiologischen und exegetischen Auseinandersetzung. *Matthias Krieg*, Leiter der Bildungsabteilung der Zürcher Landeskirche, entdeckt die Volkskirche als Erfindung der deutschen Romantik, als eine poetische und unter Umständen auch gefährliche Utopie. Er fragt nach der Kirche als der *City of God*, und nach uns, die wir vielleicht religiös noch nicht dort angekommen sind, wo wir urban schon sind. Hier ist ein Blick über die Grenzen ermutigend. Der Praktologe *Henk de Roest*, Professor in Groningen, zeigt Prozesse der Genügsamkeit, der Verbesserung und Erneuerung inmitten der Entkirchlichung in Amsterdam. Es entstehen dort neue Kirchenorte, die sich an die Frage anlagern: Was können wir einander bedeuten? Auch *Isabelle Grellier*, Professorin für Praktische Theologie in Strasbourg, findet aus der Minoritätssituation des Protestantismus in Frankreich heraus im Ereignis, im Spiel, in Märchen und Kunst die angemessene Art und Weise, wie wir etwas über eine Wahrheit aussagen können, die wir nicht in unsere Wörter einsperren können. Sie plädiert dafür, auf Umwegen auf das auch bei urbanen Menschen präsente Bedürfnis nach dem Heiligen einzugehen und für Spiritualität neue Ausdrucksformen zu erfinden. Dazu gehört auch der Protest gegen das Elend in Wort und Tat. *Dave Frenchak und Carol Ann McGibbon*, Präsident emeritus und Vizedekanin des Chicagoer SCUPE (Seminary Consortium for Urban Pastoral Education) rufen zu einer bewussten theologischen Reflexion über Städte auf. Kirche hat den Auftrag sicherzustellen, dass Gott in unseren Städten geehrt wird und dass sie lebenswerte Orte sind. Das Ziel ihrer Ausbildung sind theologische Führungskräfte, die den Stimmen urbaner Gemeinschaften nicht nur zuhören, sondern sie verkörpern.

Im zweiten thematischen Teil setzen sich Theologen und Politiker mit der Frage nach der *Öffentlichen Kirche* auseinander. *Wilhelm Gräb*, Professor für Praktische Theologie und Direktor des Instituts für Religionssoziologie und Gemeindeaufbau in Berlin, sieht das Wächteramt der Kirche kritisch. Für ihn ist Glaube eine unvertretbar individuelle Angelegenheit, und so setzt Öffentlichkeit auch hier Partizipation voraus. Was die Kirche in die Öffentlichkeit einbringen kann, ist Ort der kommunikativen Auseinandersetzung mit Religion als Glaubensdeutung zu sein. Religion als Glaubensgrund bleibt unhintergehbar privat.

Christina Aus der Au kontrastiert in ihrer Replik diese Aussensicht von Religion mit deren Innensicht. Da geht es nicht um Wahrheit, sondern um Gewissheit und den unverzichtbaren Anspruch auf Orientierung in der bleibenden Ambivalenz des Weltlichen. *Pierre Bühler,* Professor für Systematische Theologie an der Universität Zürich, kontrastiert seinerseits in seiner Antwort das liberale und unabhängige Subjekt mit dem Menschen in seinen Gemeinschaftsbezügen, der ständig über sein Leben und Tun Rechenschaft ablegen muss. In diesem Kontext des Bezeugens muss das Wächteramt gesehen werden, und Bühler konkretisiert dies am Beispiel der Zürcher Kirche und des Monitoring von Ausschaffungsflügen illegal in der Schweiz lebender Ausländer durch den SEK.

Thomas Schlag verbindet den Öffentlichkeitsanspruch der Kirche mit ihrer Rolle als intermediäre Institution zwischen Individuum und Gesellschaft. Ein kirchliches Wächteramt kann dann nur im Dienst der Versöhnung gesehen werden, wodurch der öffentliche Auftritt mit der Seelsorge am Einzelnen um seiner selbst willen zu verbinden ist. *Ralph Kunz,* ebenfalls Professor für Praktische Theologie in Zürich, verweist darüber hinaus auf die liturgische Dimension der öffentlichen Kirche. Im öffentlichen Gottesdienst wird der Aufbruch des Reiches Gottes wachgehalten und daran erinnert, dass hier etwas ganz anderes gelten soll als in der Gesellschaft. Der Gottesdienst ist sowohl Anruf der Gnade als auch Aufruf zur Heiligung, Fürbitte und Segen, und dies ist vor allem bei besonderen Anlässen oder bei der Bewältigung von Katastrophen, aber auch in den auch für viele Säkulare selbstverständlichen Weihnachtsfeiern öffentlich erlebbar. Auch für *Hans Strub* ist die Kirche wesentlich öffentlich: für die Öffentlichkeit, mit der Öffentlichkeit, in der Öffentlichkeit. Er sieht ihre Aufgabe weniger als Wächter, als vielmehr in kritischer Wahrnehmung und Begleitung, die um ihre eigenen Kriterien weiss. Strub schlägt vor, dass für eine bestimmte Zeit fähige und zuverlässige Personen diese kirchliche Kritikfunktion übernehmen und sich regelmässig und selbstverständlich zu anstehenden Themen vernehmen lassen könnten. *Bernhard Egg*, Präsident des Kantonsrates Zürich und Kirchenrat der reformierten Landeskirche Zürich, bestätigt, dass der Staat von den Kirchen offensichtlich erwartet und erhofft, sie seien kritisch, wertebegründend, wertevermittelnd und integrativ. Provokativ fragt er, welche Werte denn in den Predigten verkündigt werden sollen, wenn die Kirchen zu gesellschaftlichen Realitäten schweigen müssten. *Martin Graf*, Regierungsrat und Vorsteher der Direktion der Justiz und des Innern im Kanton Zürich, misst den Erfolg der Kirche an der Qualität der Antworten, die sie auf gesellschaftliche Probleme geben. Er skizziert die globale Problemlage und fordert, die Kirchen müssten sich einmischen, allerdings habe dabei die religiöse, rein kultische Seite der Kirche beim Erfüllen dieser Aufgabe in den Hintergrund zu treten.

Dieses Stichwort nimmt der dritte Hauptteil auf: *Mission – ein sinnvoller Leitbegriff praktisch-theologischer Forschung und kirchlicher Praxis?* Hat Kirche eine *hidden agenda*, wenn sie über und durch ihr gesellschaftliches Engagement den christlichen Glauben ins Gespräch bringen will? In Rede und Gegenrede diskutieren *Wilhelm Gräb* und *Ralph Kunz:* Beide sind sich einig darin, dass das Thema Mission auch ein Thema der Praktischen Theologie ist. Während aber Gräb dafür die kritische Beobachterperspektive reklamiert und einen religionswissenschaftlich aufgeklärten praktisch-theologischen Theorierahmen voraussetzt, sieht Kunz darin eine gefährliche Einseitigkeit: Es sind dann immer nur die Teilnehmenden, die sich von den Beobachteten in Frage stellen lassen, nie umgekehrt. Er verweist dagegen auf den Gedanken der Sendung Gottes in die Welt, der *missio Dei*, die ein solches Teilnahme-Beobachtungs-Modell theologisch dekonstruiert, weil sie mit der Tradition gegen die Tradition argumentiert. Gräb wiederum sieht darin die Gefahr, dass sich damit das Menschliche in ein – vorausgesetztes – Göttliches auflöst. Eine verantwortliche Missiologie bedeutet für ihn, die Allgemeingeltung und Verbindlichkeit christlichen Gottglaubens in den Herausforderungen der Zeit mit vernünftigen Gründen zu behaupten. Genau diese Vernunft will Kunz allerdings seinerseits theologisch verwurzelt wissen, damit das interreligiöse Gespräch nicht nur ein *Wie*, sondern auch ein *Worüber* erhält. Nicht nur von der Vernunft, sondern auch vom Geist soll geredet werden.

Dieser Tagungsband steht gewissermassen für die Arbeit und den Auftrag des ZKE. Darüber, was Kirche ist und was sie werden soll, muss debattiert werden – und dies von verschiedenen Standpunkten her und möglichst perspektivenreich.

Wir danken all denjenigen, die zum Zustandekommen dieses Bandes beigetragen haben, insbesondere Frau Marianne Stauffacher, Verlagsleiterin und Lektorin beim TVZ, die uns dabei sehr liebenswürdig und äusserst engagiert betreut hat.

Wir wünschen den Leserinnen und Lesern eine angeregte Lektüre.

Christina Aus der Au/Ralph Kunz/Thomas Schlag/Hans Strub
Zürich, im März 2013

Inhaltsverzeichnis

I Programmatischer Auftakt

Urbanität und Öffentlichkeit – Dynamische Rahmenbedingungen und Ressourcen für die Kirchenentwicklung und ihre Erforschung durch ein neues Zentrum

Thomas Schlag

1. Thematische Schwerpunktsetzungen

In den thematischen Schwerpunkten Urbanität und Öffentlichkeit, die in diesem Band von verschiedenen Seiten aus beleuchtet und bearbeitet werden, manifestieren und verdichten sich grundsätzliche Herausforderungen gegenwärtiger Kirchenentwicklung und Kirchentheorie. Dass sich diese ersten thematischen Schwerpunktsetzungen des im Juni 2010 gegründeten Zürcher Zentrums für Kirchenentwicklung (ZKE) und nun auch die Ausführungen der hier versammelten Beiträge in diese Richtung bewegen, hat eine Reihe unterschiedlicher Gründe und ist nicht zufällig. Vielmehr lassen sich dafür aktuelle, empirische, kontextuell-institutionelle und programmatisch-hermeneutische Gründe ins Feld führen.
In *aktueller* Hinsicht ist die Schwerpunktsetzung dadurch begründet, dass sowohl das Urbanitäts- wie das Öffentlichkeitsthema im Zusammenhang gegenwärtiger Mobilitäts-, Globalisierungs-, und Informationsdynamiken überaus stark diskutiert werden – und zwar sowohl in wissenschaftlichen wie in medialen Zusammenhängen. Aber auch das alltägliche Weltgefühl bleibt von diesen Entwicklungen nicht unberührt, sei es durch die damit verbundenen Befürchtungen zunehmender Unübersichtlichkeit der Verhältnisse, sei es durch die Hoffnung auf eine weiter wachsende Optionenvielfalt eigener Lebens- und Erkenntnismöglichkeiten. Beide Begrifflichkeiten bilden somit im Kontext aktueller gesellschaftsanalytischer Forschung zentrale Kategorien der Deutung der Welt, in der wir gegenwärtig und zukünftig leben wollen bzw. müssen.[1] Da von diesen Entwicklungen und deren Deutung natürlich nun auch das kirchliche Leben und die unterschiedlichen Teilhabepraktiken ihrer Mitglieder wesentlich mitbeeinflusst werden, erhalten beide Themen auch in kirchentheoretischen Überlegungen und

1 Vgl. zur semantischen Vielfalt des Urbanität-Begriffs C. G. Leidl, Art. Urbanitas, in: Historisches Wörterbuch der Rhetorik, Bd. 10, hg. v. G. Ueding, Darmstadt 2011, 1344–1364; als jüngste gesellschaftsphilosophische Abhandlung zum Öffentlichkeitsbegriff V. Gerhardt, Öffentlichkeit. Die politische Form des Bewusstseins. München 2012 und von mediensoziologischer Seite aus die lesenswerte Studie von K. Imhof, Die Krise der Öffentlichkeit. Kommunikation und Medien als Faktoren des sozialen Wandels. Frankfurt a. M./New York 2011.

reformpraktischen Initiativen aktuell eine zunehmende Aufmerksamkeit.[2] Schon deshalb besteht guter Grund, sich an diese Diskussionen anzuschliessen. Zugleich sollen die unterschiedlich weiten internationalen Kontexte der Referierenden deutlich machen, dass wir uns längst in weiterreichenden Zusammenhängen befinden, die eben damit auch kirchentheoretisch nach einem sehr weiten Blick verlangen.

In *empirischer* Hinsicht wird gegenwärtig sowohl zu Fragen der Urbanität wie der Öffentlichkeit in unterschiedlichsten wissenschaftlichen Zusammenhängen geforscht. Dabei sind die einzelnen Trends, Tendenzen und Erkenntnisse bisher durchaus vielfältig und kaum eindeutig bestimmbar. Zudem ist nach wie vor klärungsbedürftig, wonach sich Urbanitätsdynamiken überhaupt bemessen lassen und wie die vielfältigen Phänomene von Öffentlichkeit sowohl quantitativ wie qualitativ näher sondiert und eingeordnet werden können. Offenbar korrespondiert also die sachliche Komplexität der Gegenstände mit der Notwendigkeit einer hochgradig ausdifferenzierten empirischen Forschung. Damit sei an dieser Stelle mindestens angedeutet, dass sich Kirchentheorie und Kirchenentwicklung auch bei dieser Schwerpunktsetzung sehr viel intensiver mit dieser empirischen Forschung befassen und ihrerseits auch aktiv dazu beitragen muss – einerseits, um das eigene Gegenstandsfeld nicht nur der religionssoziologischen und religionswissenschaftlichen Forschung gleichsam allein zu überlassen[3], andererseits, um damit am wissenschaftlichen Diskurs gegenwärtiger empirischer Forschung verantwortlich und eigenständig partizipieren zu können. Dass dafür der vorliegende Band allerdings erst einmal nicht mehr als eine erste Problemorientierung in Sachen notwendiger zukünftiger empirischer Forschung liefert, sei hier ausdrücklich erwähnt.

2 Vgl. dazu aktuell von katholischer Seite M. Sievernich/K. Wenzel (Hg.), Aufbruch in die Urbanität. Theologische Reflexionen kirchlichen Handelns in der Stadt. Freiburg/Basel/Wien 2013, C. Burfeind/H.-G. Heimbrock/A. Spory (Hg.), Religion und Urbanität. Herausforderungen für Kirche und Gesellschaft. Münster u. a. 2009, sowie im weiteren Horizont R. Pinxten/L. Dikomitis (Eds.), When God Comes to Town. Religious Traditions in Urban Contexts. New York/Oxford 2009; hinzuweisen ist auch auf die wichtige, 13 Bände umfassende Buchreihe «Kirche in der Stadt» der Arbeitsstelle Kirche und Stadt, hg. von H. W. Dannowski/W. Grünberg u. a., Hamburg 1991–2006 sowie das EKD-Perspektivpapier Gott in der Stadt. Perspektiven evangelischer Kirche in der Stadt. Hannover 2007, in dem es prägnant heisst: «Die evangelische Kirche braucht in vielen Bereichen eine neue Aufmerksamkeit für die Stadt und ihre Veränderungen» in: http://www.ekd.de/EKD-Texte/ekd_texte93_4.html [Stand: 21.1.2013].

3 Vgl. dazu R. J. Campiche, Die zwei Gesichter der Religion. Faszination und Entzauberung. Zürich 2004; Bertelsmann-Stiftung (Hg.), Religionsmonitor 2008. Gütersloh 2007; H. Knoblauch, Populäre Religion. Auf dem Weg in eine spirituelle Gesellschaft. Frankfurt a. M./New York 2009; C. Bochinger (Hg.), Religionen, Staat und Gesellschaft. Die Schweiz zwischen Säkularisierung und religiöser Vielfalt. Zürich 2012.

Als ein weiterer Grund für die hier vorgenommene Schwerpunktsetzung ist die *kontextuell-institutionelle* Dimension der Zürcher kirchentheoretischen Forschung und auch des Zürcher Zentrums für Kirchenentwicklung zu nennen. Nicht nur in der Arbeit, sondern schon im äusseren Setting der Forschung inmitten des Zürcher «Weltstadt-Altstadt»-Ensembles sind wir von vielfältigen Phänomenen der Urbanität und zugleich einer weitreichenden und pluriformen Öffentlichkeit umgeben. Hierbei stellen wir in unseren Arbeitskontakten mit Wissenschaft und Kirche immer wieder fest, dass die über Jahrhunderte eingespielte öffentliche Rolle der Kirche eben längst nicht mehr selbstverständlich ist und somit die Relevanz kirchlicher Präsenz immer wieder der neuen Erläuterung und Plausibilisierung bedarf. Diese kontextuell-institutionelle Dynamik hat sich im Übrigen ganz konkret darin gezeigt, dass im Jahr 2012 im Kanton Zürich eine politische Initiative zur Änderung bisheriger kirchensteuerrechtlicher Regelungen zum heiss diskutierten Thema geworden ist, von dem auch Kirche und Fakultät tangiert sein werden. Der symbolische Zentralort des Grossmünsters hat jedenfalls inmitten der religionspluralen Verhältnisse längst neue Bedeutungszuschreibungen erfahren, die ihrerseits der kirchentheoretischen Reflexion bedürfen. Zur institutionellen Dimension gehört aber natürlich auch die spezifische Verankerung im reformierten Kontext und seiner wechselvollen Geschichte des Kirche-Staat-Verhältnisses und auch seiner spezifischen Fassung eines protestantischen Öffentlichkeitsbegriffs. Indem diese Dimension hier mit im Blick ist, soll zugleich signalisiert werden, dass kirchentheoretische Forschung ohne ihre theologiehistorisch orientierte Rückbesinnung eine wesentliche Facette ihrer eigenen Herkunft und Aufgabe aus dem Blick verliert. Davon wird weiter unten noch in grundsätzlicherem Sinn die Rede sein.

Schliesslich ist für die hier vorgenommene Themensetzung auf die *hermeneutisch-programmatische* Dimension zu verweisen: Man mag von einem neuen Forschungszentrum, das sich mit Zukunftsfragen der Kirche befasst, erwarten, dass andere Begrifflichkeiten als ausgerechnet Urbanität und Öffentlichkeit prioritär behandelt werden. Auf den ersten Blick liegen als besonders heisse Eisen die Fragen von Kirchenreformstrategien, der Mitgliedergewinnung oder der Mission im Feuer. Dass unsere Forschung nicht mit der Bearbeitung dieser Themen eingesetzt hat, darf nun allerdings als durchaus programmatischer Entscheid verstanden werden. Denn in kirchentheoretischer Hinsicht ist es entscheidend, vor allen konkreten Reformprojektierungen erst einmal die Rahmenbedingungen für kirchliche Praxis möglichst genau in Augenschein zu nehmen.

Wesentlich ist hier – und dazu sind die Themen Urbanität und Öffentlichkeit besonders geeignet –, dass Fragen der Kirchenentwicklung eben allererst als *religionshermeneutische* und *theologische* gestellt und mit der entsprechenden professionellen Kompetenz bearbeitet werden. Denn es handelt sich bei Urbanität und Öffentlichkeit um Zentralbegriffe, anhand derer die Rahmenbedingungen und Zielvorstellungen individuellen religiösen Lebens und gemeinsamen Zusammenlebens reflektierend, kommunizierend und interagierend näher in Augenschein genommen werden können. Es geht dann aber um nicht weniger als die Frage, ob urbaner Raum und öffentlicher Raum in besonderer Weise mit und von der Präsenz Gottes her zu denken sind – eine theologische Frage, die gleichsam zum kirchentheoretischen Kernbestand seit der zweiten Hälfte des 20. Jahrhunderts gehört[4].

In diesem Fall stellen Urbanität und Öffentlichkeit folglich nicht nur heuristische Analysekategorien dar, sondern Deutungsmuster gegenwärtigen Lebens bzw. gelebter Religion. Damit handelt es sich aber um nicht weniger als um Kategorien der Welterschliessung und Weltinszenierung[5], die auf gemeinsames Verstehen angelegt und damit auch für dezidiert theologische Deutungen offen sind. Interessanterweise sind es biblisch gesprochen gerade städtische Metaphern wie die des neuen Jerusalem, die die Vorstellung eines vollendeten Lebens leiten.[6] In christologischer Ausrichtung kann diese theologische Perspektive auf den urbanen Raum etwa so formuliert werden: «Mit der Orientierung an den drei Ämtern Christi und den daraus abgeleiteten Zielformulierungen – geistliche Verankerung, kompetente Anwaltschaft und missionarischer Aufbruch – hat die evangelische Kirche in der Stadt eine Grundorientierung, die sowohl ihr Spezifisches stärkt als auch eine Öffnung nach außen ermöglicht».[7]

Gerade weil solche Deutungen ihrerseits aber komplex sind, bedarf dies der weiteren kirchentheoretische Bearbeitung und damit gewissermassen der reflektierenden und reflektierten hermeneutischen Entschleunigung. Die hier versammelten Sondierungs- und Angebotsbeiträge aus praktisch-theologischer wie aus systematisch-theologischer Sicht wollen folglich den Anspruch dieser Kirchentheorie verdeutlichen, Teil der wissenschaftlichen Theologie selbst zu sein. Damit schliessen sich aber alle Versuche der Kolonialisierung kirchlicher Lebenswelten durch eine bestimmte Form voreingenommener Forschung kategorisch aus. Dass sich dies dann gleichwohl auch mit der Frage nach der missiologischen Perspektive verbinden kann und soll, werden die Schlussbeiträge dieses Bandes deutlich machen.

4 Vgl. H. Cox, The Secular City. Secularization and Urbanization in Theological Perspective. New York 1965; C. Bäumler, Menschlich leben in der verstädterten Gesellschaft. Kirchliche Praxis zwischen Öffentlichkeit und Privatheit. Gütersloh 1993.

5 Vgl. R. Bohn/H. Wilharm (Hg.), Inszenierung der Stadt. Urbanität als Ereignis. Bielefeld 2012.

6 Vgl. H.-J. Höhn, Gegen-Mythen. Religionsproduktive Tendenzen der Gegenwart. Freiburg/Basel/Wien 1994, 129.

7 EKD (Hg.), EKD-Perspektivpapier Gott in der Stadt (s. Anm. 2).

2. Kirchentheoretische Grundanliegen

So zeigen sich also in der vielfältigen Beleuchtung der Themen Urbanität und Öffentlichkeit exemplarisch die grundlegenden kirchentheoretischen Herausforderungen an. Zugleich werden schon durch dieses Agendasetting bestimmte kirchentheoretische Grundanliegen und -überzeugungen mittransportiert:

Grundsätzlich wird davon ausgegangen, dass sich sowohl Aspekte der Urbanität wie der Öffentlichkeit als Ressourcen zukünftiger Kirchenentwicklung ausmachen lassen. Fern sei jedenfalls das Klagelied über den vermeintlichen Verfall einstmals überschaubarer lokaler Strukturen und einer einstmals organischen und ganz konfliktfreie Verfassung des öffentlichen Lebens. Dabei handelt es sich wohl um kaum mehr als Mythenbildung, auf deren Revitalisierung man allerdings sinnvollerweise weder Zeit und Energie verwenden sollte. Es geht auch nicht um eine Abwertung der Begriffe Urbanität und Öffentlichkeit unter der Hand oder um eine Art missionarischer Kolonialisierung, wie man dies in anderen kirchentheoretischen Zusammenhängen im Blick auf den Postmoderne-Begriff feststellen muss.[8] Kirche und Gemeinden sind jedenfalls nicht einfach weltferne Grössen vor Ort, die sich nun etwa durch eine Art der Gegenkultur von allem Weltgetriebe per se absetzen könnten. Vielmehr besteht die kirchentheoretische Herausforderung darin, sich zu diesen Dynamiken in ein theologisch verantwortetes Verhältnis setzen zu können. Oder anders gesagt: Eine entscheidende kirchentheoretische Herausforderung besteht darin, nicht nur mit den Geschwindigkeiten und Kontrasten dieser Dynamiken umgehen zu können, sondern auch mit deren permanenten Innovationen, Transzendenzbewegungen[9] und nicht zuletzt deren immanenten Widersprüchen,[10] mit denen die Menschen im urbanen Raum aber offenbar zu leben gelernt haben.

Das heisst aber auch, dass hinter den zu bearbeitenden Schwerpunkten die Frage nach der verantwortlichen kirchlichen Praxis im Blick auf die Menschen selbst im Zentrum zu stehen hat – und zwar auch diejenigen Menschen, die auf den ersten Blick nicht den Kernbereich kirchlicher Gemeinde ausmachen. Denn offenkundig ballen sich in den Entwicklungen des technischen Zeitalters nicht nur Rohstoffe und Kapital, sondern auch die Ressourcen und Möglichkeiten des je einzelnen Menschen, mit diesen Herausforderungen des beschleunigten – und nun besonders verletzlichen – Lebens umzugehen. Städte bzw. urbane Kontexte sind im tatsächlichen und im symbolischen Sinn Ballungsräume unterschiedlichster Lebensformen und Lebenswelten.[11] Damit ist aber auch klar, dass weder urbane noch öffentliche Entwicklungsdynamiken eine Eingrenzung kirchentheore-

8 Vgl. etwa M. Reppenhagen/M. Herbst (Hg.), Kirche in der Postmoderne. Neukirchen-Vluyn 2008.
9 Vgl. H. J. Höhn, Gegen-Mythen (s. Anm. 6), 130.
10 Vgl. a.a.O., 116.
11 Vgl. a.a. O., 114.

tischer Arbeit auf den vermeintlichen Kern oder heiligen Rest kirchlichen Lebens erlaubt.

Vielmehr steht hinter dieser Schwerpunktsetzung die feste Überzeugung, dass kirchentheoretisch auch zukünftig von vielfältigen Möglichkeiten volkskirchlichen Lebens ausgegangen werden kann.[12] Schliesslich kann es nicht darum gehen, hier Patentprogramme für die zukünftige Kirchenentwicklung vorzulegen, sondern einige erste kirchentheoretische Überlegungen anzustellen und damit vor allem die inhaltliche Diskussion zu befördern, um damit dann auch über kriteriologische Massstäbe für konkrete Reformentwicklungen zu verfügen.

3. Ansprüche des Zentrums für Kirchenentwicklung

Von diesen Überlegungen aus sei noch auf den Anspruch des für diesen Band verantwortlichen Zentrums für Kirchenentwicklung eingegangen. Um mit einigen eher generellen Überlegungen zu beginnen: Ein Zentrum – wo auch immer man sich dieses vorstellt – hat es mit sehr unterschiedlichen Referenzgrössen und Dynamiken zu tun. Streng genommen und kybernetisch gesprochen kann von einem Zentrum überhaupt nur die Rede sein, weil es eben auch das Nicht-Zentrum gibt, also all das, was sich um diesen Punkt bzw. Ort herum, ganz nah, in gewisser Entfernung oder an der Peripherie abspielt.

Ein Zentrum hat es zugleich kybernetisch gesprochen nicht nur mit Steuerungsvorgängen, sondern dabei auch mit Wechselwirkungen und Rückkoppelungen zu tun: Kern und Umgebung sind keineswegs unabhängig voneinander zu denken. Dabei ist durchaus nicht automatisch klar, was eigentlich was beeinflusst, gar steuert? Das Zentrum die Umgebung oder die Umgebung das Zentrum? Zudem ist ja immer auch die Frage, wie gross der proklamierte Zentralort etwa im Verhältnis zu allem Umgebenden mit seinen Eigendynamiken ist – auch von dort her bestimmt sich die wechselseitige Dynamik und die Einflusskraft in erheblichem Sinn.

Zudem stellt sich die Frage, wie fest und stabil ein solches Zentrum überhaupt sein kann. Ist es möglicherweise aufgrund der verschiedenen Zentripetal- und Zentrifugalkräfte sogar in permanenter Neuformung und Entwicklung, per se hoch plural, multiperspektivisch, möglicherweise gar instabil und somit womöglich gar ein virtueller Ort? Weiter wäre zu fragen: Ist ein solches Zentrum als das Auge eines Orkans vorzustellen oder stellt es einen Brennpunkt dar, in dem unterschiedliche Dynamiken aufeinander treffen, mit einander korrespondieren, sich versöhnen oder neue Kraft gewinnen, bestimmte Kräfte permanent zur Mitte hin oder davon weg streben?

12 Vgl. T. Schlag, Öffentliche Kirche. Grunddimensionen einer praktisch-theologischen Kirchentheorie. Zürich 2012.

Zu merken ist hier schon, dass es der Zentrumsbegriff im wahrsten Sinn des Wortes in sich hat. Und nun stellt sich die Frage nach den Dynamiken, Wechselwirkungen und Steuerungskräften umso stärker, wenn man wie die Praktische Theologie in Zürich ein Zentrum für Kirchenentwicklung aus der Taufe hebt. Denn damit wird es einerseits inhaltlich konkreter und klarer, aber auch deutlich komplexer:

Klarer wird der Begriff im konkreten Fall des Zentrums für Kirchenentwicklung durch eine bestimmte Form der Institutionalisierung: eine Geschäftsordnung, festgeschriebene Verantwortlichkeiten, reale Räume und Personen, schliesslich die Finanzierung, die bestimmte Möglichkeiten und Grenzen mit sich bringen. So heisst es in der entsprechenden Geschäftsordnung, dass das Zentrum zum Ziel hat, «Fragen der Kirchenentwicklung und des Gemeindeaufbaus sowohl wissenschaftlich fundiert wie praxisrelevant zu bearbeiten». Es soll sich «der Forschung, Lehre und Anwendung im Bereich der praktisch-theologischen Kybernetik» widmen und sich insbesondere «für die Profilierung der reformierten Ekklesiologie in der schweizerischen und ökumenischen Öffentlichkeit» einsetzen. Zum Aufgabenkatalog gehört, «der verstärkten Forschung auf dem Gebiet der Kirchenentwicklung und des Gemeindeaufbaus» zu dienen, «Personen aus dem universitären und kirchlichen Umfeld im In- und Ausland, welche sich mit den Fragestellungen des Zentrums beschäftigen», zu vernetzen, «Grundlagenarbeit im Hinblick auf künftige Herausforderungen an die kirchliche Präsenz in der Gesellschaft» zu leisten sowie «Kirchen und kirchliche Gremien in ihrer ekklesiologischen Konzeptions- und Planungsarbeit» zu unterstützen.

Komplexer ist nun allerdings im Anschluss an die vorherigen kybernetischen Überlegungen, welcher Auftrag inhaltlich mit dem Titel selbst sinnvollerweise verbunden werden kann. Es ist also zu fragen, in welchem Sinn die Begrifflichkeit «Zentrum *für* Kirchenentwicklung» gemeint ist: Das heisst, geht es darum, Kirche tatsächlich zu entwickeln, oder darum, Entwicklungen zu beobachten und zu begleiten? Immerhin ist ja zu bedenken, dass es sich hier um eine universitäre Einrichtung handelt, die sich zu Recht auf ihre Wissenschaftsfreiheit beruft und bezieht. Von daher kann es nicht um eine *Pro-domo*-Aufgabe im Sinn der Auftragswissenschaft für das Kirchenregiment und die Kirchenleitung gehen, weil man sich ansonsten sogleich auf einer rein anwendungsorientierten, instrumentellen Ebene befände. Gefragt ist vielmehr die wissenschaftliche Beschreibungsleistung von Kirchenentwicklung, womit wir uns richtigerweise auf der grundlagenforschenden Ebene positionieren.

Es geht dann aber ganz konkret um die Frage, welche Steuerungs- und Leitungsfunktion ein solches Zentrum in Korrespondenz mit seinem Umfeld haben kann. Und hier verweisen die Aufgaben und Möglichkeiten des Zentrums auf ihre unmittelbare Sache selbst.

Dass dabei von Kirchen- und nicht von Gemeindeentwicklung und schon gar nicht von Gemeindeaufbau gesprochen wird, ist hier ebenfalls kein Zufall. Die Sache selbst ist vielmehr in der Tat möglichst weit zu denken. Abgesehen davon, dass für konkrete Gemeindeentwicklungsprozesse mindestens im Zürcher Kontext schon eine Reihe von kirchlichen Beratungs- und Begleitungsstellen bestehen, erscheint eine Fokussierung auf Struktur-, Gestaltungs- und Umsetzungsfragen vor Ort sicherlich deutlich zu eng.

Will man die Unterscheidung von Makro- Meso- und Mikroebene hier in Verwendung bringen, so positioniert sich dieses Zentrum folglich nicht auf der Mikroebene. Kirche rückt vielmehr in einem weiten theologischen und gesellschaftlichen Bezugshorizont in den Blick. Wie ja schon im Blick auf die Schwerpunktsetzung dieses Bandes festgehalten wurde: Erst von der weitgreifenden Reflexion auf die Konstruktions- und Existenzbedingungen des Systems Kirche können und sollten dann konkrete Reformprogramme und Umsetzungsschritte anvisiert werden. Oder um es in Analogie zu den ökonomischen Disziplinen zu sagen: Die hier betriebene kirchentheoretische Forschung versteht sich sehr viel stärker in einer volkswirtschaftlichen als in einer betriebswirtschaftlichen Perspektive. In Analogie zur Erziehungswissenschaft würde dies heissen: Nicht um die Beratung einzelner Schulen soll es hier gehen, sondern um Schulentwicklung im Sinn der Analyse der Rahmenbedingungen und der Konzipierung grundlegender Zukunftsstrategien von Schule als intermediärer und zivilgesellschaftlicher Institution.

Angesichts dieser Ortsbestimmung stellt sich dann nochmals die grundsätzliche Frage, wie sich die zukünftige Grundlagenforschung mit der Sache selbst verbindet: Braucht es – kurz gesagt – ein vorgängig bestimmtes Leitbild von Kirche und Gemeinde, eine genauere Fassung etwa des Entwicklungs- und Wachstumsbegriffs, um dann von dort aus bestimmte Zielvorstellungen überhaupt erst entwickeln zu können? Sind also bestimmte inhaltliche Vorentscheidungen mit dem prinzipiellen Ziel einer offenen und freien Forschung vereinbar?

Möglicherweise lässt sich diese Frage am besten beantworten, indem man einen vergleichenden Blick auf das EKD-Zentrum «Mission in der Region» wirft. Dieses ist Teil des EKD-Reformprozesses, an den Standorten Dortmund, Stuttgart und Greifswald angesiedelt und soll eng mit dem Institut zur Erforschung von Evangelisation und Gemeindeentwicklung (IEEG) der Universität Greifswald kooperieren. Im ersten digitalen Newsletter dieses Zentrums heisst es unter anderem: Die Arbeit des Zentrums «soll möglichst effektiv unterstützen und begleiten, was einen missionarischen Aufbruch in Regionen, Gemeinden und Landeskirchen fördert»[13]. Konkret nimmt man sich u.a. vor: Theologische und sozialwissen-

13 Newsletter Zentrum Mission in der Region, Jg. 1, Nr. 1 – März 2010, 2.

schaftliche Arbeit «zur Entwicklung einer missionarischen Ekklesiologie für die Region in der EKD» und etwa die Aufstellung eines exemplarischen Tableaus von zehn bis fünfzehn Modellregionen für missionarische Initiativen. Dazu kommt die Aufgabe, «Förderer und Bremser des Mentalitätswandels in einer aufbrechenden Kirche [zu] identifizieren»,[14] damit die Gemeinden dem «Nazaretheffekt»[15] entgehen, also nicht die Erfahrung Nazareths zu wiederholen, «ohne Neugier» auskommen zu wollen und damit die Wunder des eigenen Propheten Jesu zu verpassen – sprich: vorbildliche Gemeindeerfahrungen einfach zu übersehen. Dazu werden dann im weiteren Verlauf des Newsletters z. B. «Tugenden eines Veränderungsprozesses» benannt, wie «Handeln Sie mehr in Kooperation und weniger in Konkurrenzen»,[16] «Bleiben Sie offen dafür, dass Gott was anderes will als Sie».[17]

Das Problem eines solchen Zentrums muss nun nicht unbedingt eine bestimmte problematische Theologie sein. Was es aber, mindestens aus Sicht des Zürcher kirchentheoretischen Selbstverständnisses, dort kritisch zu bedenken gibt, ist der unübersehbare implizite und explizite Steuerungsanspruch und ein kybernetisches Leitbild, bei dem der «Gemeindeaufbau zum Anfang und Zenit der theologischen Praxis»[18] erklärt wird – wie wenn durch einen Magneten einzelne Eisenspäne monolinear ausgerichtet werden sollen. Eine solche eindeutige Orientierungsinstanz mitsamt gewissen Tendenzen zu einer «Kultivierung von Unzufriedenheit»[19] und den entsprechenden «handlungs- und strukturbezogenen absoluta»[20] mit eindeutigen Entwicklungszielen schwebt jedenfalls den Zürcher Initianten nicht vor. Schon gar nicht soll es darum gehen, «missionarische Blaupausen zu entwickeln, die in möglichst unterschiedlichen Regionen Deutschlands eingesetzt werden können».[21]

Von welchem kybernetischen Paradigma soll dann aber für die schweizerischen Verhältnisse ausgegangen werden? Und wo steht das hiesige Zentrum in der weiteren deutschsprachigen kirchentheoretischen Landschaft?

Wie schon oben angedeutet, geschieht die kirchentheoretische Arbeit nicht voraussetzungslos, sondern erfolgt auf dem konkreten Boden der reformierten Tradition und vor dem Hintergrund der aktuellen religiösen und kirchlichen

14 Ebd.
15 A.a.O., 3.
16 A.a.O., 7.
17 A.a.O., 8.
18 R. Kunz, Kybernetik, in: C. Grethlein/H. Schwier (Hg.), Praktische Theologie. Eine Theorie- und Problemgeschichte. Leipzig 2007, 650.
19 P. Sloterdijk, Zorn und Zeit. Politisch-psychologischer Versuch. Frankfurt a. M. 2006, 353.
20 R. Kunz, Kybernetik, a.a.O., 612.
21 Vgl. Die Selbstauskunft des Zentrums: http://www.zmir.de/aufgaben_ziele/wer_wir_sind/ [Stand: 11.1.2013].

Situation und Entwicklungen in der Schweiz. Prinzipiell kann allerdings davon ausgegangen werden, dass sich die Grundherausforderungen gegenwärtiger Kirchenreformen in Deutschland und der Schweiz grundsätzlich nicht wesentlich unterschiedlich darstellen[22]. Zudem ist zu erwähnen, dass zwar die faktischen und rechtlichen Gegebenheiten der protestantischen Kirchen in der Schweiz mehrheitlich reformiert geprägt sind, andererseits natürlich sowohl unter den Pfarrerinnen und Pfarrern wie unter den Gemeindegliedern auch mit lutherischen Denktraditionen und einem entsprechenden theologisch-ekklesiologischen Selbstverständnis zu rechnen ist.

Eine Kernaufgabe des Zentrums kann darin gesehen werden, den Sinn für ein Verständnis protestantischer Freiheit zu schärfen, wonach diese nicht als eine Freiheit von Verbindlichkeit und Verpflichtung, sondern als eine Freiheit zur Partizipation an der Zukunft von Volkskirche und ihren Einzelgemeinden verstanden wird.

Grundsätzlich ist jedenfalls kybernetisch davon auszugehen, dass sich die Kirche und Gemeinden bzw. das Priestertum aller Getauften nur in einem sehr begrenzten Umfang überhaupt zentralinstanzlich komplett regieren oder gar neu umsteuern lassen. Somit sollten die Steuerungsmöglichkeiten nicht überschätzt werden. Kirchenentwicklung ist in gewissem Sinn steuerbar, zugleich aber auch der Sache nach organisatorisch wie theologisch und kybernetisch gleichermassen eben nur in bestimmte Grenzen planbar, um nicht zu sagen, unorganisierbar[23] und unverfügbar.

Dies impliziert für die Zentrumsarbeit neben der Sensibilisierung für die gemeinsamen Traditionen und Zukunftsaufgaben die konkrete Wertschätzung der beteiligten Personen und die Beachtung der menschengemässen Grenzen jeglicher Kirchen- und Gemeindeentwicklung. Insofern sind hier die Stellgrössen und die Stellhebel so genau wie möglich in den Blick zu nehmen: Was lässt sich steuern, was entwickelt sich eigendynamisch? Was sind die kommunizierenden Röhren im System und was sind die inhaltlichen Antriebskräfte? Und wie kann – um es noch einmal auf die kirchentheoretische Zentrumsarbeit zu übertragen – ein Transmissionsriemen zwischen Theorie und Praxis konkret aussehen?

Natürlich stellt eine solche Initiative eine Gratwanderung zwischen Grundlagenforschung und Anwendungswissenschaft dar. Einerseits besteht man als wissenschaftliches Forum, andererseits versteht man sich selbst als Einfluss nehmender Faktor – nicht im Sinn des genehmen Stichwortgebers, sondern im Einzelfall

22 Vgl. J. Stolz/E. Ballif, Die Zukunft der Reformierten. Gesellschaftliche Megatrends, kirchliche Reaktionen. Zürich 2010.

23 Vgl. A. Nassehi, Die Organisation des Unorganisierbaren. Warum sich Kirche so leicht, religiöse Praxis aber so schwer verändern lässt, in: I. Karle (Hg.), Kirchenreform. Interdisziplinäre Perspektiven. Leipzig 2009, 199–218.

durchaus als tatsächlich sperrige Orientierungsgrösse. Für eine von solchen Faktoren bestimmte Aufgabe braucht es aber eben erhebliche Unterscheidungskompetenz und Pluralitätsfähigkeit. Gerade weil bestimmte Strukturen und ihre einzelnen Elemente immer nur von relativer Stabilität sind, bedürfen sie der permanenten Deutung und Interpretation. Es geht also um eine «realistische und theologisch orientierte Bearbeitung der ‹Zukunftsaufgaben des protestantischen Kirchentums›».[24] Dies könnte dann möglicherweise sogar im hilfreichen Sinn als ein produktives Irritieren und Entschleunigen der gegenwärtigen Reformhysteriestimmung empfunden werden.

4. Hermeneutische Perspektiven auf gelebte Religion und kirchliche Praxis

Daraus folgt, dass die kybernetische Praxis als eine Hermeneutik protestantischer Ekklesiologie und kirchlicher Praxis zu profilieren ist. «Steuern» kann das Zentrum nur im Modus einer offen orientierenden Deutungspraxis – und dies unter möglichst breitem Einschluss der Kommunikation mit den betroffenen bzw. verantwortlichen Akteuren und Multiplikatoren.

Gegenüber etwa einer religionssoziologischen oder religionswissenschaftlichen Betrachtungsweise wird die besondere praktisch-theologische Kompetenz dabei gerade in der theologischen Deutung der institutionellen Aspekte und organisatorischen Phänomene von Kirche und Gemeinde bestehen – denn ob die gegenwärtig von jener Seite aus konstatierte Deinstitutionalisierung und der angeblich massive Bindungsverlust der Mitglieder so tatsächlich stattfindet, wäre erst noch weiter zu verifizieren.

Das Zentrum für Kirchenentwicklung kann also als Steuerungs-, Leitungs-Deutungsinstanz in wechselseitiger Kommunikation und Korrespondenz mit den kirchlichen Akteuren verstanden werden.

Zudem gilt es, sich gegen schnelle Verzweckung eindeutig zu verwahren. Dies heisst dann aber auch, dass es nicht einfach darum gehen kann, einen bestimmten kybernetischen Regelkreis, also etwa die Temperatur oder das Fliessgleichgewicht der Institution Volkskirche irgendwie auf dem bisherigen gewohnten Niveau aufrechtzuerhalten, also diesem System gleichsam neue Substanz zuzuführen, wenn das Absinken der Temperatur oder das Erstarren der Strukturen droht. Wenn man schon in diesem Beispiel bleiben will, geht es eher um die Aufgabe zu überlegen, wie ein geeigneter Thermostat aussehen könnte. Damit ist dann aber auch zugleich klar, dass ein Zentrum für Kirchenentwicklung nicht die Steue-

24 M. Höfner, «Geglaubte und empirische Kirche. Welche Funktion haben dogmatische Beschreibungen der ‹wirklichen› Kirche?», in: I. Karle (Hg,), Kirchenreform. Interdisziplinäre Perspektiven. Leipzig 2009, 55.

rungsaufgabe selbst übernehmen kann. In seinen Bereich fallen vor allem Diagnose, Analyse und Prognose, Zielsetzung und gegebenenfalls Kontrolle im Sinn einer neuen Analyse, nicht aber die einzelne Zielsetzung, deren Planung, Organisation und Realisation im Sinn der Durchführung/Erledigung der geplanten Massnahmen. Es geht also tatsächlich um Kybernetik und nicht in erster Linie um die Ausarbeitung konkreter Kybernesen.

Zugleich geht es – und dies wird in vergleichbaren Forschungseinrichtungen zu häufig vergessen – um die Forschung gelingender Praxis, also um die Sondierung dessen, was an kirchlicher Praxis nach wie vor gut gelingt: Dementsprechend kann es nicht einfach nur um die Sammlung von *best practices* gehen, sondern um die Bearbeitung der Frage, was eine *best practice* tatsächlich zu einer solchen macht. Dies wird – um nochmals den Faden von oben aufzunehmen – ebenfalls zugleich nicht ohne eine stärkere Aufmerksamkeit auf die empirische Forschung gelingen können.

Die Frage nach dem *output* oder *outcome* des Zentrums mag vonseiten der Geldgeber berechtigt sein und in der Tat wird man hier über kurz oder lang Rechenschaft über die eigene Wirkkraft geben müssen. Allerdings ist dann auch immer wieder daran erinnern, dass sich gerade der Beitrag der Praktischen Theologie nicht in das Raster eines einlinigen Ursache-Wirkungs-Komplexes einordnen lassen kann. Deutung heisst folglich hier, so die Komplexität der realen Situation zu fokussieren, dass wichtige Wechselwirkungen in den Blick geraten können. Zugleich muss man sich aber professionell kybernetisch auch der Tatsache bewusst zu sein, dass die (zwischen-)menschliche Wirklichkeit immer mehr beinhaltet als die Informationen, die durch die Theoriearbeit erfasst werden können. Und das ist dann tatsächlich eine genuin theologische Aufgabe! Und immerhin sei daran erinnert, dass bei den ersten Überlegungen zur Kybernetik in der Mitte des 19. Jahrhunderts ein der Theologie nicht ganz unvertrauter Begriff in Anwendung kam: konkret ging es um die Konstruktion und das Verstehen eines sogenannten Fliehkraftreglers, im Englischen ein so genannter *governor*, also um nichts anderes als den *gubernator*[25].

Kirchentheoretische Professionalität erfordert also eine «Reflexionsperspektive»[26], genauer eine Deutungs- und Beschreibungskunst, die sowohl dogmatische Beschreibungen der geglaubten als auch nichttheologische Beschreibungen der sichtbaren und erfahrbaren empirischen Kirche miteinander in ein Korrespondenzverhältnis bringt. Nur wenn man sich sowohl für die Sache der Kirchenent-

25 Norbert Wiener hat den Begriff Kybernetik von dem griechischen kybernétes für «Steuermann» abgeleitet (Sommer 1947) und damit den nach seiner Einschätzung ersten bedeutenden Artikel über einen Rückkoppelungsmechanismus von James Clerk Maxwell (On Governors, 1867/68) geehrt; dort wird ein Fliehkraftregler beschrieben, der englisch als ‹governor› bezeichnet wird.

26 R. Kunz, Kybernetik (s. Anm. 18), 621.

wicklung wie für ihre theoretische Durchdringung klar macht, dass hier jeweils von denselben funktionalen Konstruktionsmechanismen und Wirkweisen auszugehen ist, wird dies dann auch eine sachgemässe Arbeit ermöglichen.

Problematisch wäre es dabei allerdings, «nicht auf die Kirche als Gemeinschaft der Gläubigen und damit nicht auf ein locker integriertes Netzwerk setzen, sondern auf Arbeitsteilung und Hierarchie sowie […] auf einen ‹Paradigmen- und Mentalitätswechsel›»:[27] «Die Kybernetik erhebt keinen Machtanspruch, sondern einen Theorieanspruch. Es geht darum, die praktisch-theologische Urteilsbildung der besonnenen Kirchenleitung zu unterstützen».[28]

Insofern können an den Steuerungschancen und -grenzen von Kirchenentwicklung auch die Chancen und Grenzen einer solchen Zentrumsinitiative erkannt werden, wie es vor kurzem für die kirchliche Organisation und Kirchenleitung festgehalten wurde: Diese haben «weniger die Aufgabe, ein Großunternehmen zentralistisch zu steuern als vielmehr, behutsam, lernbereit und selbstkritisch zu überlegen, wie Gemeinden und das pastorale Handeln vor Ort unterstützt und entlastet werden können».[29]

In jedem Fall soll es nicht um *blueprint ecclesiologies*[30] – so das Schlagwort von Nicholas Healy – gehen, also um Entwürfe, in denen «die geglaubte Kirche als ideale ‹Blaupause› der empirischen Kirche vorgestellt wird».[31] Denn sonst droht gerade die Gefahr, «die Freiheit des Glaubens und die Verantwortlichkeit kontextbezogener Entscheidungen in der Gestaltung der empirischen Kirche zu unterlaufen»[32]. Die «Tendenz zur Übererwartung»[33] ist somit nicht nur organisatorisch, sondern auch theologisch ein Problem.

Dabei ist schliesslich und zu allererst die Gefahr einer Auftrennung zwischen sichtbarer und unsichtbarer Kirche zu vermeiden, und gerade an den einheitsstiftenden Charakter der Wortverkündigung selbst zu erinnern: «Kirche ist deshalb primär und zuerst die sich um die Wortverkündigung versammelnde Gemeinde und erst in zweiter Linie auch Organisation».[34] Oder wie es die Zürcher Kirchen-

27 M. Lehmann, Leutemangel. Mitgliedschaft und Begegnung als Formen der Kirche, in: J. Hermelink/G. Wegner (Hg.), Paradoxien kirchlicher Organisation. Niklas Luhmanns frühe Kirchensoziologie und die aktuelle Reform der evangelischen Kirche. Würzburg 2008, 129.

28 R. Kunz, Kybernetik (s. Anm. 18), 664. Hilfreich ist hier auch seine Unterscheidung zwischen einer «prinzipiell-kritischen», einer «konzeptionell-programmatischen» und einer «material-konkreten Ebene der Kybernetik, vgl. a.a.O., 666.

29 I. Karle, Pfarrerinnen und Pfarrer zwischen Interaktion und Organisation, in: dies. (Hg.), Kirchenreform. Interdisziplinäre Perspektiven. Leipzig 2009, 183, oder wie sie an anderer Stelle festhält: es gibt «Grenzen der Organisationsfähigkeit von Religion und Geselligkeit», a.a.O., 184.

30 Zit. nach M. Höfner, Geglaubte und empirische Kirche (s. Anm. 24), 49.

31 Ebd.

32 A.a.O., 51.

33 O. Marquard, Skepsis und Zustimmung. Philosophische Studien. Stuttgart 1994, 37.

34 I. Karle, Pfarrerinnen und Pfarrer, a.a.O., 183.

ordnung gleich im ersten Abschnitt unter «Ursprung und Bekenntnis» formuliert: «Kirche ist überall, wo Gottes Wort aufgrund der Heiligen Schrift Alten und Neuen Testamentes verkündigt und gehört wird. Kirche ist überall, wo Menschen Gott als den Schöpfer anerkennen, wo sie Jesus Christus als das Haupt der Gemeinde und als den Herrn und Versöhner der Welt bekennen und wo Menschen durch den Heiligen Geist zum Glauben gerufen und so zu lebendiger Gemeinschaft verbunden werden. Kirche ist überall, wo Menschen durch Glaube, Hoffung und Liebe das Reich Gottes in Wort und Tat bezeugen».[35]

Unter dieser Massgabe ergeben sich dann auch die entscheidenden kirchentheoretischen Fragehorizonte, die ebenso die Gestalt des vorliegenden Bandes wie die Zürcher Ausrichtung insgesamt prägen: Wie lässt sich Kirchenentwicklung praktisch-theologisch so thematisieren, dass dabei Kirche als «Musterbeispiel einer zu flexibler Selbststeuerung fähigen Institution»[36]gerade in ihrer «Dialektik von leiblich-äusserlicher Sichtbarkeit und geistlicher Verborgenheit der Kirche»[37] zum Vorschein kommt? Welche Themenkomplexe erscheinen für eine solche Deutungsaufgabe als besonders herausfordernd und ergiebig, was erscheint in diesem Zusammenhang als bisher noch zu wenig bearbeitet, was können sinnvolle Kriterien für die Bestimmung des Gelingenden sein, wenn von Kirche als «Organisation des Unorganisierbaren»[38] auszugehen ist? Wie lassen sich die Deutungspraxis des Zentrums und die Erkenntnisse der Forschung in konkrete kirchliche Kommunikations- und Handlungskontexte so einspielen, dass dabei protestantische Freiheit *und* Verbindlichkeit in ihrer komplementären Wechselwirkung zum Tragen kommen – und dies gerade angesichts fluider Problemkonstellationen und mancher machtvollen Steuerungsabsichten oder faktischen Beharrungskräfte kirchlicher Akteure und Repräsentanten. Für die hier nun vorgenommene Schwerpunktsetzung standen diese Leitfragen vor Augen.

Gleichwohl ist der Band selbst nur sehr indirekt als Programmschrift anzusehen – es sei denn, man wolle die hier erkennbare Pluralität als Programm ausgeben. Es ist dies aber dann keine beliebige Pluralität, sondern vielmehr Signal der Offenheit für unterschiedliche Deutungen dessen, was Urbanität und Öffentlichkeit für die Kirchenentwicklung bedeuten könnten. Denn letztlich, so die kirchentheoretische Überzeugung, wird sich die Frage nach einer profiliert reformierten

35 Kirchenordnung der Evangelisch-reformierten Landeskirche des Kantons Zürich (vom 17. März 2009), in: http://www2.zhlex.zh.ch/appl/zhlex_r.nsf/0/F2FBFCD1907E5CF6C125778500207AF9/$file/181.10_17.3.09_70.pdf [Stand: 21.2.2013].

36 R. Preul, Kirchentheorie. Wesen, Gestalt und Funktion der Evangelischen Kirche. Berlin/New York 1997, 87.

37 H.-R. Reuter, Botschaft und Ordnung. Beiträge zur Kirchentheorie. Leipzig 2009, 34.

38 Vgl. A. Nassehi, Die Organisation des Unorganisierbaren. Warum sich Kirche so leicht, religiöse Praxis aber so schwer verändern lässt, in: I. Karle (Hg.), Kirchenreform, a.a.O., 199–218.

und reformiert profilierten Kirche nur im prozessorientierten Diskurs ergeben können. Ob sich von dort her dann für die kirchliche Leitungs- und Gestaltungspraxis selbst verbindliche Orientierung ergibt, ist den weiteren Wahrnehmungen, Diskussionen und Umsetzungsbemühungen der Akteure selbst zu überlassen.

II Urbanität und Religiosität

Wie relevant ist Kirche in meinem Leben?

Gisa Klönne

Wie relevant ist Kirche in meinem Leben? Ein spannendes Thema, ein Thema mit vielen Facetten.

Zunächst einmal gilt es ja zu klären, was genau eigentlich mit Kirche gemeint ist. Das klassische Gemeindeleben? Die evangelische Kirche? Der Glaube per se? Und überhaupt – Glauben: Wie genau hängen Kirche, Glauben und Gott zusammen? Kann man ohne Kirche an Gott glauben? Oder umgekehrt: Führt der Glaube an Gott direkt in die Kirche? Nicht unbedingt, jedenfalls nicht mehr heutzutage. Das Angebot in einer weltoffenen, multikulturellen Gesellschaft ist gross, die christliche Kirche ist längst nicht mehr der alleinige Hort einer Spiritualität. Oft bastelt man sich einen Glauben nach persönlichem Belieben: Ein bisschen Jesus, ein bisschen Buddha, Tarot, Meditation und Schamanismus … Jeder nach seiner Fasson. Oder, um das mit einem viel zitierten Bonmot auszudrücken: All das ist ein ziemlich weites Feld.

Und eines, das eigentlich nur im je eigenen Leben und Denken abgeschritten werden kann. Also gebe ich keine allgemeinen Antworten, sondern möglichst persönliche. Das fällt mir insofern leicht, als Kirche in meinem Leben qua Geburt eine wichtige Rolle spielt. Schliesslich bin ich die Enkelin eines evangelischen Pfarrers aus Mecklenburg. Auch mehrere Onkel, Grossonkel und ein Cousin aus meiner weitläufigen Grossfamilie sind Pfarrer. Keines unserer Familientreffen, zu dem wir regelmässig aus allen Teilen Deutschlands nach Mecklenburg reisen, vergeht ohne den abschliessenden gemeinsamen Gottesdienst in einer der Kirchen, in denen mein Grossvater einst predigte. Das war und ist so, so lange ich denken kann. Auch Rituale gehören dazu. Musik zum Beispiel. Ein Familientag, an dem wir nicht zusammen ein paar Kirchenlied-Klassiker wie «Geh aus mein Herz und suche Freud» singen, ist für mich schlicht nicht denkbar.

Kirche und Familie sind in meinem Leben also beinahe untrennbar miteinander verbunden, und insofern ist Kirche (wohlgemerkt: die evangelische) für mich durchaus sehr relevant und immer ein Stück Zuhause. Niemals habe ich auch nur eine Sekunde lang ernsthaft überlegt, aus meiner Kirche auszutreten. (Ich vermute jedoch, wenn ich katholisch wäre, wäre dies anders, denn als Frau würde ich mich dort recht unwohl fühlen.)

Die Kirche, zu deren Gemeinde ich heute gehöre, heisst Lutherkirche und befindet sich am Ende der Strasse in Köln, in der ich seit einigen Jahren lebe. Das ist jedoch reiner Zufall. Als wir dort hinzogen, haben wir bei der Beurteilung von Lage und Viertel ehrlich gesagt nicht auf die Kirche geachtet. Doch als ich sie dann entdeckte, habe ich mich gefreut. Hohe Kastanien flankieren sie und mit ihrer roten Backsteinfassade erinnert sie mich an die mecklenburgischen Kirchen meiner Kindheit. Ausserdem ist es in Köln durchaus erwähnenswert, wenn man neben einer Lutherkirche lebt, denn die meisten Kirchen im Schatten des Doms sind nun einmal katholisch.

Der Sonntagsgottesdienst in meiner Kirche beginnt erst um 11 Uhr. Das ist ein Tribut an die Innenstadtlage mit den von ihren anstrengenden Alltagen und Samstagnacht-Aktivitäten erholungsbedürftigen und also lange ausschlafenden Gemeindemitgliedern. Es ist ein anheimelndes, fast dörfliches Gefühl, wenn die Kirchenglocken am Sonntag zum Gottesdienst rufen. Ich freue mich immer, wenn ich sie höre. Während ich mit meinem Mann noch beim Frühstück im Garten sitze, zum Beispiel. Oder wenn ich schon wieder am Schreibtisch bin, weil ein Buch unbedingt fertiggeschrieben werden muss und also auch Sonntagsarbeit erfordert. Oder wenn ich auf dem Weg zu einer Verabredung mit Familie oder Freunden bin. Oder wenn ich sonst irgendetwas erledige, für das unter der Woche nie Zeit bleibt.

Ich bin keine Gottesdienstgängerin. Nein, man kann das ruhig drastischer ausdrücken: Was das Gemeindeleben angeht, bin ich eine ziemliche Niete. Es sei denn, man rechnet mir meinen alljährlichen Christbaumkauf auf dem Weihnachtsmarkt neben meiner Kirche als Pluspunkt an. Oder den spätabendlichen Heiligabend-Christmettenbesuch.

Die Kirche, jaja. Schön dass es sie gibt, aber hingehen? Es ist sicher keine Überraschung, wenn ich gestehe, dass ich nicht das einzige Mitglied meiner Gemeinde bin, das abgesehen von Weihnachten und eventuell Ostern dem Gottesdienst fern bleibt, wenn dort nicht gerade eine Taufe, Konfirmation, Hochzeit oder Beerdigung stattfindet, von der man selbst ganz persönlich betroffen ist. Nein, stimmt nicht ganz, da ich in einem Stadtteil von Köln lebe, in dem seit einigen Jahren eine Autofrei-Wohnen-Siedlung und ein angrenzendes Neubaugebiet entstanden sind, die als Wohnlage für viele junge Familien attraktiv sind, verzeichnet auch meine Lutherkirche eine stetig wachsende Zahl von Gemeindemitgliedern und aktiven Kirchgängern: Eben jene junge Familien nämlich, die ihren Kindern eine Orientierung geben wollen, einen Rahmen, zu dem Gott und die christlichen Werte und Feste ganz selbstverständlich gehören.

Die Gemeinde, zu der ich gehöre, wächst also. Der Gottesdienst ist lebendig, an der jungen Klientel orientiert. Dass es dennoch einen nicht unbeträchtlichen Anteil von Mitgliedern wie mich gibt, die zwar glauben, aber sonntagmorgens nicht in die Kirche streben, hat viele, oft ganz individuelle Gründe. Hätte ich zum Beispiel Kinder, würde sich meine Kirchgangfrequenz vermutlich deutlich erhöhen.

Es ist wohl auch einfach so, dass ein regelmässiger sonntäglicher Kirchgang nicht zu den mannigfaltigen, teils realen, teils virtuellen Anforderungen und Beziehungen einer global vernetzten, immer schnelllebigeren Gesellschaft passt. Einer Gesellschaft, in der es einen festen Feierabend kaum noch gibt, weil man immer erreichbar sein, immer so vieles auf einmal erledigen muss. Am Sonntag braucht man dann um Himmels Willen nicht noch mehr Input oder Kommunikation (was ja früher durchaus auch eine Funktion des Kirchgangs war) sondern schlicht und einfach endlich Ruhe.

Weil das nun einmal so ist, hat sich meine Kirche noch einen Zweitnamen gegeben. Kulturkirche lautet der und das bedeutet konkret: Abends gibt es auf einer Bühne vor dem Altar öfter mal ein Rock- oder Jazzkonzert. Oder eine Literaturlesung. Oder Kabarett – Kölsch-Ausschank jeweils inklusive. In den schön bemalten und mit Bibelsprüchen geschmückten Gewölben hängt deshalb eine Reihe imposanter Scheinwerfer, Lautsprecherboxen und Projektoren. Wenn Kultur geboten wird, erwachen diese zum Leben und dann sind die nicht eben bequemen Kirchenbänke oft bis zum letzten Platz besetzt. Als wäre es Weihnachten. Nur dass die Besucher für Kulturdarbietungen in der Kirche sogar ohne zu murren Eintritt bezahlen (der die durchschnittliche Spende in den Klingelbeutel während einer Kollekte – so vermute ich – meist recht deutlich übersteigt).

Mit Glauben hat das zunächst einmal wenig zu tun. Auch nicht mit Bekehrung. Zu den Kulturveranstaltungen in der Lutherkirche kommen auch Besucher, die nicht evangelisch sind und die mit Kirche überhaupt nichts zu tun haben wollen. Doch mit den Eintrittsgeldern finanziert meine Gemeinde nicht nur die Künstlergagen, sondern zum Teil auch ihre sonst herzlich unlukrative Senioren- und Jugend- und Seelsorgearbeit, womöglich sogar die blosse Existenz der Pfarrstellen und die Instandhaltung von Kirche und Gemeinderäumen. Das ist ziemlich clever. Andere evangelische Kirchen in Köln mussten bereits schliessen oder wurden umgewidmet. Eine ist heute ein Hotel, eine andere verkleinert sich gerade und verkauft Teile ihres Geländes als Baugrund …

Würde mir etwas fehlen, gäbe es keine Kultur in meiner Kirche mehr, und sonntags kein Glockengeläut und keine Gottesdienste? Erst einmal nicht. Womöglich würde ich das nicht einmal sofort bemerken. Genauso wenig wie viele andere Gemeindemitglieder. Bis auf einmal etwas geschieht, das den Alltag durcheinander rüttelt und erschüttert, so dass Kirche plötzlich sehr, sehr wichtig wird – oder, präzise gesagt, das, was in einer Kirche eben auch stattfindet: Glauben. Beistand. Sinnsuche. Also genau jener herzlich unlukrative Seelsorgepart.

In meinen Kriminalromanen lote ich qua Beruf genau diese seelischen Untiefen und Erschütterungen aus. Mord und Tod – die in meinem Genre nun einmal im Zentrum stehen – konfrontieren meine Figuren immer auch mit der eigenen Sterblichkeit (die sie zuvor, so wie wir alle, so gut es geht, verdrängt haben). Von da aus sind die ganz grossen Fragen dann nicht mehr weit, auch wenn sie natürlich auf ganz unterschiedliche Weise und nicht immer christlich beantwortet werden: Was ist der Sinn des Lebens? Was kommt nach dem Tod? Gibt es einen Gott – und wenn ja, warum lässt er das Böse zu?

Insofern könnte man sogar sagen, dass die Kirche – also vielmehr das, wofür sie steht – in meinen Kriminalromanen immer eine gewisse Rolle spielt. In meinem vierten Roman, *Farben der Schuld*, geht es sogar ganz explizit um einen Mord im (katholischen) Kirchenmilieu. Und meine Hauptfigur, Kommissarin Judith Krieger, die mit Kirche eigentlich gar nichts zu tun haben will, ist in diesem Roman von einem Einsatz so traumatisiert, dass sie sich an einen Polizeiseelsorger wendet. Eine Situation, die absolut realistisch ist. Wenn man gar nicht mehr weiter weiss, wird Kirche relevant.

Manchmal, nein oft, denke ich, dass das ziemlich unfair ist. Die Kirche als eine Art Servicestation, auf Abruf bereit, wenn man sie gerade nötig hat. Sie fordert nichts dafür, sondern ist einfach da. Wie die Kirche am Ende meiner Strasse eben. Ich kann hingehen, muss das aber nicht. So wie man als Kind im Idealfall zu Mutter und Vater flüchten kann, wenn etwas schief gegangen ist. Die Relevanz von Kirche bestünde so gesehen heutzutage also in ihrem blossen Vorhandensein. Eine Convenience-Kirche. Mit einem Standby-Pfarrer darin und einem Standby-Gott, die irgendwie immer auf mich zu warten scheinen.

Ich weiss keine Alternative dazu. Ich könnte nicht einmal sagen, was sich verändern müsste, damit aus mir eine aktive Kirchgängerin würde. Einen Aspekt der Bedeutung von Kirche in meinem Leben möchte ich aber unbedingt noch erwähnen:

Kirche ist nicht nur da. Sie hat auch den Mut auf dem zu beharren, was sie ausmacht: Auf christlichen Werten nämlich. Und zwar (im Idealfall) gerade auch dann, wenn es schwierig wird – egal ob politisch oder persönlich. Ich habe das zu DDR-Zeiten selbst einige Male miterlebt. Widerstand von der Kanzel aus. Ähnlich muss es im Nationalsozialismus gewesen sein, wenn sich Angehörige der Bekennenden Kirche nicht einschüchtern liessen. Wie schwer und gefährlich das war, habe ich in meinem Roman *Das Lied der Stare nach dem Frost* ausgelotet, in dem es um die Geschichte einer mecklenburgischen Pfarrersfamilie im Dritten Reich geht – um das Ringen um eine Haltung zwischen Anpassung und Widerstand. Es war mir ein grosses Bedürfnis, diesen Roman zu schreiben und dabei auch ein Stück meiner eigenen Familiengeschichte und der deutschen Vergangenheit zu erforschen. Ich habe bei der Auseinandersetzung mit der Bekennenden Kirche und den Deutschen Christen sehr viel über christliche Werte im besten Sinne erfahren. Und auch darüber, dass die evangelische Kirche nach 1945 durchaus viel Grund zur Reue hatte – und sich seitdem von einer den Staat und seine Herrscher eher hofierenden hin zu einer diese eher kritisierenden, unabhängigen Instanz entwickelt hat.

Hier stehe ich und kann nicht anders, ich beharre auf meinen Werten und meinem Gott und nehme mir deshalb auch das Recht heraus, auszusprechen, wenn etwas falsch läuft. Diese Haltung im lutherschen Sinne ist, finde ich, was Kirche relevant macht. Und das ist weit mehr als Convenience im Standby-Betrieb.

Zu Urbanität und Religiosität

Irene Gysel

Vom Dorf in die Stadt

Es ist ein magischer Moment, wenn man aus einem kleineren Dorf kommend in einer grossen Stadt eine Wohnung beziehen kann.

Im Dorf wussten viele Menschen sehr genau, wer man war, und sollte man es selber für einmal vergessen haben, wurde es einem sofort wieder klar gemacht. Die Nachbarn, die SchulkollegInnen, die Mitglieder der Kirchgemeinde oder irgendeines Vereins, zu dem man gehörte, wussten es genau und sie spiegelten es immer wieder zurück. Das gab Sicherheit und Identität und setzte gleichzeitig Grenzen.

Und dann taucht man ein in die grosse Anonymität einer Stadt. Niemand kennt einen. Man bestimmt ganz allein, was man mit seiner Freizeit anfängt. Wohin gehe ich? Wo esse ich? Wen treffe ich an? Es gibt tausend Möglichkeiten. Alles ist da. Ich kann wählen. Niemand wird mich dabei beobachten und kontrollieren.

Ein ungeheures Freiheitsgefühl kann entstehen. Ich bestimme, wer ich bin. Ich erfinde mich neu, kann mich aber auch verlieren, denn da gibt es auch die Slums, die Unterwelten, die Banden. Wer findet mich dann in diesem Dschungel wieder, sagt mir wohin ich gehöre und wer ich bin?

Gewisse Indianerstämme schickten ihre jungen Männer in der Adoleszenz allein hinaus in die Wildnis, damit sie dort ihre Identität finden konnten. Wenn sie überlebten, kehrten sie als gefestigte Persönlichkeiten zurück. Wir schicken unsere jungen Leute in die Wildnis der Städte. Vielleicht nur in eine grössere Schweizer Stadt, vielleicht aber auch für eine Firma nach New York, Shanghai, Hongkong, Tokio.

Medien

In der Stadt ist alles da. Die ganze Vielfalt, die eine Gesellschaft zu bieten hat, die Güter, das Wissen. Man kann sich frei bewegen und hat alles zur Verfügung. Man kann anonym bleiben oder sich irgendwo anschliessen und etwas von sich preisgeben, aber nur so viel, wie man will.

Dazu gibt es heute eine Parallele. Ein Ort, der ein ungeheures Wissen zur Verfügung stellt, der sowohl Anonymität als auch Möglichkeiten für Kontakte anbietet. Es ist Bildung zu haben, aber auch Unterhaltung und Ablenkung: Das Internet, das World Wide Web. Wenn wir heute von Urbanität reden, gehört diese neue Welt dazu. Neu ist, dass sich diese Urbanität nicht auf Städte beschränkt, sondern überall zu haben ist, auch im hintersten Winkel auf dem Land, Urbanität für jedermann. Hier trifft sich heute die Gesellschaft. Schon wenn ich eine eigene Homepage eröffne, mische ich mich unter die grosse Masse. Und ich muss dann überlegen, wie ich mich präsentiere, wer ich sein will. Vielleicht gebe ich etwas preis von mir, aber nur gerade so viel, wie ich will.

Noch deutlicher wird die totale Urbanität bei den Social Media. Man sucht sich Freunde mittels Facebook und verabredet sich dort mit ihnen. Junge Menschen schaffen sich eine eigene Welt im Second Life, erfinden sich neu als Avatar. Sie treten mit einer Wunsch-Persönlichkeit unter einem neuen Namen auf als Held, Superman, dunkler Gangster, als Karrierefrau oder Prinzessin. Und dann leben sie ein Stück weit in dieser Welt. Im Netlog, wie man kürzlich anlässlich eines Mordfalles im Tessin lesen konnte, treffen sich gemäss Presse 68 Millionen junge Menschen aus aller Welt und kommunizieren miteinander. Sie können sich dort ebenfalls verlieren. Verlieren in ihren Träumen, oder aber, weil sie zu viel von sich preisgeben, oder noch schlimmer, weil sie dort gemobbt und verunglimpft werden und weil dort das uralte Recht des Stärkeren gilt.

Es gab die Wildnis der Indianer und es gibt die Wildnis unserer Städte. Heute gibt es zusätzlich die Wildnis des Internet.

Grundfrage

Wer bin ich, wer möchte ich sein, wo bin ich stark, wo habe ich Angst? Das sind die alten, immer gleichen existenziellen Grundfragen. Heute sieht es beinahe so aus, als könnten wir sie ein Stück weit neu beantworten. Wir können uns neu erfinden. Wir können uns eine Welt erschaffen und uns darin frei bewegen, mit anderen Menschen oder besser mit anderen Wunschpersonen kommunizieren. Und wir können dort auch Gewalt ausüben. Wir können uns frei fühlen, kreativ werden, oder wir können in Fallen geraten und erleben, dass wir auch hier oder gerade hier nicht bestehen können.

Zu wem gehöre ich? Wer hat ein Interesse an mir? Kann ich mein Leben selber gestalten? Wer sonst gestaltet mit? Ist da ein Gott? Oder eine andere Dimension?

Vielleicht gab es nie eine Zeit, in der die existenziellen Sehnsüchte, Hoffnungen, Ängste der Menschen so ungefiltert und so radikal schonungslos offen zutage traten und sichtbar wurden wie heute. Privates wird öffentlich. Vom Fernsehen heisst es, es sei wie eine Lupe, die alles zeige, was sonst nicht so genau gesehen werde. Dann ist das Internet wie ein Mikroskop.

Ein reformiertes Thema

Das Suchen nach der eigenen Identität ist auch ein grosses reformiertes Thema. Selbsterkenntnis war ein Schlagwort. Ich bin ihm bei Zwingli begegnet. Und dort immer zusammen mit der Gotteserkenntnis. Ist Selbsterkenntnis im evangelischen Verständnis untrennbar mit Gotteserkenntnis verbunden? Ich glaube, dass das sich-selber-Sehen eine der grössten Herausforderungen der heutigen Zeit ist. Eigentlich ist es uns Menschen ja nicht von Natur aus gegeben, uns selbst zuschauen zu können. Das ist erst durch das Filmen möglich geworden und kann jemanden, der sich zum ersten Mal zuschauen kann, wenn er oder sie sich unbeobachtet fühlt, sehr verunsichern. Sich sehen, wie man ist, kann ein erster Schritt sein zum sich-Erkennen. Es wird dann wichtig, sich mit gnädigen Augen anzuschauen und sich so zu akzeptieren, wie man eben ist. Mit gnädigen Augen, oder mit den Augen eines gnädigen Gottes, eines Gottes, der die Wahrheit kennt und Barmherzigkeit übt. Diesen Gott gilt es aber erst einmal zu finden. Oder mindestens eine Ahnung von ihm/ihr zu bekommen. Diese Ahnung allein kann Kraft und Mut, verleihen, sich selber zu erkennen. Jedenfalls ermöglicht Gotteserkenntnis Selbsterkenntnis und nicht umgekehrt.

Wie und wo aber finden wir Gotteserkenntnis? Wäre das nicht der *usp*, das Alleinstellungsmerkmal der Kirche? Finden wir sie, wie neu postuliert wird, eher in der urbanen Kirche, wo man unbeobachtet suchen kann, wo erste Schritte möglich sind, wo man Fehler machen darf, ohne gleich an den Pranger gestellt zu werden?

Stadt und Identität

Jede Stadt hat selbst eine eigene Identität. Da sind zuerst einmal die Gebäude, die Strassen und Gassen, die Plätze, die ihr ein Gesicht geben. Dann das, was man darin findet: Geschäfte und Restaurants. In jeder Stadt isst man anders, jede hat ihre Bars, Kinos, ihr Nachtleben, ihre Sportstadien, Ausstellungen, Museen und nicht zuletzt ihre Kirchen. Zur Urbanität gehört, dass man seine Orte auswählen kann und die Zeitpunkte, da man sie aufsucht und damit an der Identität der Stadt teilhat.

Die Stadt ist ein riesengrosser Treffpunkt. In der Stadt treffen sich Menschen immer noch oder heute gerade erst recht wieder real. Die elektronischen Medien lösen nämlich die reale Welt nicht einfach ab. Das Bedürfnis nach lebendigen anderen besteht nach wie vor, aber vielleicht anders. Die elektronischen Medien bieten den Einstieg dafür.

Man schaut die Stadt zuerst im Internet an. Das ersetzt aber das Hingehen eben nicht.

Man sucht sich einen Partner mit »Parship«, treffen muss man sich dann aber real.

Man trifft sich zum Besäufnis real. Wo es stattfindet, erfährt man aber auf Facebook, oder über SMS. Man schaut das Fussballspiel nicht allein an, zu Hause vor dem Bildschirm, sondern im Public Viewing.

Wer keinen Facebook-Account besitzt, hat zu vielen Gruppen keinen Zugang. Das gilt vor allem für Jugendliche, die ein grosses Bedürfnis haben, real dazuzugehören. Auch unerwartete Erstkontakte laufen heute über das Internet. Das österreichische Zisterzienserkloster Heiligenkreuz vermeldete als eines der wenigen einen Boom von Anmeldungen. Ausnahmslos alle Kandidaten hatten den Erstkontakt über die Homepage des Klosters gefunden.

Die realen Orte und das reale Sich-Treffen sind nicht zu ersetzen. Aber man findet sie und sich anders.

Eine Vielfalt realer Orte gehören zur Urbanität. Aber die Wahl trifft man oft im Internet. Die irreale und die reale Urbanität ergänzen sich. Die realen Orte werden daher in Zukunft nicht aufgegeben, wie man glaubte, im Gegenteil, sie werden wichtiger. Es braucht sie, da die virtuelle Kommunikation nach realem Sich-Treffen ruft. Nach sinnlichem Wahrnehmen, Sehen, Hören, Anfassen. Auch Orte wollen sinnlich wahrgenommen werden. Die anfassbaren Kirchen aus Stein und Holz, die erfahrbaren Räume mit ihren Klängen und Gerüchen, mit ihrer Atmosphäre sind Orte der Identität. Aber sie werden oft über die elektronische Urbanität gefunden. Dass dann eine Kirche auf ihrer Homepage nur gerade touristisch dargestellt wird, müsste Kirchenvertretern nicht genügen. Hier muss kommuniziert werden, dass es um mehr geht.

Die Verantwortlichen im Kloster Heiligenkreuz berichten, dass manche der neu Eingetretenen erzählt hätten, wie sie mehrmals die Website des Klosters besucht hatten, bis sie den Mut fanden, real hinzugehen.

In nächster Zeit wird darüber diskutiert werden, was mit den nicht mehr benötigten Kirchen in den Städten geschehen soll. Geben wir acht, dass wir sie nicht leichtsinnig preisgeben, sie sind Schätze, deren Wert wir noch nicht bis in alle Konsequenzen hinein wahrgenommen haben. Orte können Identität haben und Identität vermitteln.

Wo es um Identität geht, wo es um Selbsterkenntnis geht, um die tiefsten Seins-Sehnsüchte der Menschen, hat die Kirche vom Evangelium her eine Aufgabe und darf nicht durch Abwesenheit glänzen. Sie muss wissen, was im Gange ist. Das heisst nun eben nicht, dass sie selber einsteigen soll in alle Trends. Gerade durch meine Arbeit als Fernsehredaktorin bin ich allen Events gegenüber skeptisch geworden, allem was Showcharakter hat, allem was anbiedernd wirkt, bei dem die Kirche mithalten will, auch dabei sein will. Man merkt dann, dass es ihr um sich selbst geht und ist verstimmt.

Es soll ihr um die Menschen gehen und um das Evangelium oder umgekehrt, um das Evangelium und um die Menschen. Um deren Wohl. Wenn die Kirche den Menschen bei ihrer Selbstfindung helfen will, wenn sie ihnen Selbsterkenntnis ermöglichen will, muss sie ihnen einen Weg zur Gotteserkenntnis anbieten.

Städte waren immer wichtig für das Christentum. Paulus predigte in den Städten. Er ging von Stadt zu Stadt. Die Reformation breitete sich über die Städte aus. Hier hatten die Menschen die Möglichkeit, zu neuer Identität zu finden.

In diesen Sommerferien hatte ich Gelegenheit, einige grosse Städte in China zu besuchen und einen Einblick zu bekommen, wie dort Christentum neu erwachen kann. Ich konnte zum Beispiel in Nanjing einen evangelischen Gottesdienst besuchen. In einer Kirche, die bei 37 Grad nur durch Ventilatoren etwas gekühlt wurde, sassen 1000 Menschen, eng nebeneinander, wissbegierig und konzentriert bis zum Schluss. Die Predigt allein dauerte 70 Minuten. Da in jener Kirche regelmässig nicht alle Platz finden, hat man im Nebenhaus Räume zu Kapellen umgebaut, mit klapprigen Stühlen und uralten Bänken und überträgt die Predigt per Video dorthin. In diesem Nebenhaus nahmen weitere 500 Personen am Gottesdienst teil, dies jede Woche dreimal am Samstag, dreimal Sonntag und an zwei Abenden während der Woche.

Man mag nun rätseln über die Gründe dieses plötzlichen Aufbruchs. Was ich erlebt habe war eine Stimmung der Erwartung und der Freude. Die Menschen in China haben in den letzten 100 Jahren mehrmals ihre Identität verloren wie kein anderes Volk und sie suchen eine neue. Wenn wir über urbane Religiosität reden, sehe ich dort heute einen Brennpunkt. Etwas Neues könnte entstehen. Urbanität kann helfen, dass Menschen sich freier fühlen, Neues lernen und erfahren können.

Menschen wollen wissen wer sie sind. Orte können Identität geben. Kirchen könnten auch bei uns neu solche Orte werden.

Kybernetische Voraussetzungen und Konsequenzen für die Kirche von heute und morgen. Gedanken zum Begriff der Urbanität

Hans Strub

1. Urbanität

Es lässt sich wohl endlos diskutieren, ob Zürich z. B. eine grosse Kleinstadt oder eine kleine Grossstadt ist, ob die Schweiz mehrere *Metropolitanräume* hat oder ein einziger solcher Raum ist. Klar ist, dass sich die «Alpenrepublik Schweiz» innerhalb weniger Jahrzehnte radikal verändert hat. Auch wenn sich aufgrund der seit langem föderalistischen Staatsform – im Unterschied zu den Nachbarländern – keine wirklichen Machtzentren herausgebildet haben, so stellen wir heute fest, dass das Land immer dichter besiedelt ist, dass die ursprünglich kleinen Städte sich immer mehr ausdehnen und sich so ihr Einzugsgebiet rasch vergrössert, dass die Entwicklung der öffentlichen Transportsysteme neue und urbane Netzstrukturen massiv befördert, dass die Schweizerinnen und Schweizer zu einem Volk von Pendlern geworden sind, dass die wirtschaftlichen Konzentrationsräume bestimmen, wo man arbeitet und wohnt, und dass das, was früher als «Land» bezeichnet wurde, immer stärker integriert wird in zusammenhängende städtische Gebilde. Deutlich wird das z. B. entlang den S-Bahn-Linien; hier siedelten sich in den letzten 20 Jahren viele neue Industrie- und Dienstleistungsbetriebe an, was zu einer bemerkenswerten Erweiterung der Überbauungszonen geführt hat.[1]

Prägender noch als die geografisch-soziologische Situation dürfte die mediale Entwicklung sein. Da zeigt sich ganz deutlich, dass die tonangebenden Medien urbane sind, die im ganzen Land verbreitet werden (z. B. das Schweizer Fernsehen, die grossen Tageszeitungen). Dadurch wird die metropole Wahrnehmung von Politik, Wirtschaft, Kultur und Kunst flächendeckend und meinungsmachend. Auftritte von Politikern in Metropolen, Kunstausstellungen oder Theateraufführungen in städtischen Häusern, besondere Events in der Halle des Hauptbahnhofs etc. werden in den Medien wesentlich rascher aufgenommen als ähnliche Veranstaltungen an der Peripherie.

1 Vgl. z. B. «Monitoring urbaner Raum Schweiz», hg. vom Bundesamt für Raumentwicklung ARE, 2009. Daraus geht u. a. hervor, dass sich zwischen 1980 und 2000 die Zahl der Agglomerationen in der Schweiz von 33 auf 50 erhöht, die Zahl der Einzelstädte aber von 15 auf 5 verringert hat, weil sie in grösseren Verbünden aufgegangen sind.

Für das *kybernetische Denken und Handeln der Kirchen* dürfte es angebracht sein, die zukünftige Schweiz als grenzübergreifende urbane Siedlung vom Elsass bis zur Lombardei, vom Bodenseeraum/Vorarlberg bis zum Bassin lémanique anzunehmen, durchsetzt mit einigen grossen Naturparks (z. B. Alpengebiet), die zur Erholung genutzt werden können. Das bedeutet gleichzeitig, dass sie sich zügig verabschieden von der bisherigen kleinräumigen Partikulartätigkeit in bestehenden gemeindlichen und landeskirchlichen Grenzen. Auch angesichts von knapper werdenden personellen und finanziellen Ressourcen drängt sich eine neue Grundstruktur auf, ein neues Verständnis von territorial orientierter Arbeit in einem urbanen Raum. Und darüber hinaus ein Verständnis von kirchlicher Arbeit in einander überlagernden, aber genuin zusammengehörenden, gleichwertigen Bereichen (vgl. unten, 4.). Natürlich wird das ein längerer Prozess sein, der allen Beteiligten viel Flexibilität abverlangt, weil er zunächst unter Aspekten des Verlustes, der Preisgabe von Vertrautem, des Traditionsbruchs, der unerwünschten Anpassung an Einflüsse von aussen gesehen werden wird. Den Verantwortungsträgerinnen und Verantwortungsträgern in Gemeinden und Kirchen ist zu wünschen, dass sie überzeugende Konzepte dazu vorlegen können und den langen Atem haben, die anstehenden Verfahren durchzuziehen – mit dem Ziel, die Kirchen zukunftstauglich zu machen, damit ihre Botschaften auch in einer veränderten Welt unverändert aktuell und befreiend bleiben und neu werden können.[2]

2. Religiosität

Im Rahmen der boomenden Zukunftswissenschaften, die sich in der Hochkonjunkturphase der sechziger und siebziger Jahre herausgebildet haben, wurden auch Szenarien für die religiöse und kirchliche Situation entwickelt. Sie sagten relativ eindeutig voraus, dass sich die schweizerische Kultur bis zum Ende des Jahrhunderts säkularisiert habe, dass nur noch wenige Menschen eine definierte Religiosität hätten und dass die Mitgliedschaft in den christlichen Grosskirchen unter 10 Prozent der Bevölkerung gesunken sei.[3] Das ist so nicht eingetroffen. Vielmehr ist ein sehr unübersichtlicher «freier Markt der Religiositäten» entstanden, und die sogenannten Patchwork-Religionen haben sich in unterschiedlichster Zusammensetzung klar etabliert. Es wird viel über Religion und Religionen geschrieben, man ist geneigt, dem oft zitierten Bonmot von André Malraux zuzu-

2 Gedacht ist hier zurzeit an die Reformarbeiten in der Stadt Zürich mit der Absicht, die bisherigen 34 Kirchgemeinden zu einer einzigen zu verschmelzen, oder an die Bestrebungen der zürcherischen Landeskirche, mit dem Projekt «Kirchgemeinden plus» die Gesamtzahl der Kirchgemeinden auf die Hälfte oder ein Drittel der bisherigen Zahl durch Fusionen zu reduzieren.

3 Vgl. z. B. die Studien von Francesco Kneschaurek 1962–1963 im Hinblick auf die Expo `64 in Lausanne.

stimmen, der 1961 behauptete, dass «le 21ème siècle sera religieux ou ne sera pas». In den Medien wie im Kernbereich der Familien hat sich der Grundbestand des Christentums erhalten, die Beteiligung an reformierten und katholischen Weihnachtsgottesdiensten oder Abdankungsfeiern ist bemerkenswert. Im Kanton Zürich hat jüngst der Staat den Landeskirchen konzediert, dass «zu den kirchlichen Aufgaben daher insbesondere auch die Suche nach Sinn und Werten in der Gesellschaft [gehört]. Gerade deshalb haben die Kirchen eine umfassende, kritische, wertebegründende und wertevermittelnde und damit integrative gesellschaftliche Funktion.»[4] Solche Formulierungen können nicht hoch genug geschätzt – und dann als Motivation und Ermächtigung ernst genommen werden!

Die Kirchen tun also gut daran, wenn sie die gegenwärtige offene Situation als das nehmen, was sie ist: eine perfekte Chance, ihre Botschaft und sich selbst zu positionieren. Und zwar so, dass damit auch Milieus zumindest interessiert werden können, die sich direkt nicht als «religiös im engeren Sinn» bezeichnen. Es wäre fatal, wenn sie sich auf den personalen und den innerkonfessionellen Bereich zurückzögen. Notwendig ist das Aufsuchen der Öffentlichkeit, der Markt- und Medienplätze, damit sie wahrgenommen werden und sich qualifiziert am öffentlichen und damit politischen Diskurs beteiligen können. So nehmen sie gestaltend und vom Grund-Auftrag her Einfluss auf die politische Kultur.

3. Öffentliche Botschaft

Es ist durchaus bemerkenswert, dass z. B. die Zürcher Kirche in ihrer ganz neuen Kirchenordnung (Volksabstimmung 2009, in Kraft ab 2011) ihren Grundauftrag ableitet aus dem wohl berühmtesten und gleichzeitig ältesten Kirchen-Satz, formuliert im dritten Artikel des Glaubensbekenntnisses von Nicäa-Constantinopel (325/381): «Ich glaube ... an die eine, heilige, katholische und apostolische Kirche.» In knappst möglicher Weise werden hier die vier Grund-Dimensionen kirchlichen Seins in der Welt und kirchlichen Handelns darin zusammengefasst:

- «eine», Koinonia: Das Suchen und Einrichten von Gemeinschaft unter den Menschen.
- «heilige», Leitourgia: Die Vergewisserung im Glauben, der Ausgangspunkt aller Spiritualität.
- «katholische», Diaconia: Die Weisung, «den anderen» nah und fern zur Seite zu stehen, liebend.
- «apostolische», Martyria: Die Weitergabe der Botschaft in Zeugnis, Bildung und Kommunikation.

4 Weisung des Regierungsrates an den Zürcher Kantonsrat vom 31. Mai 2006 zum Kirchengesetz, III. Grundverständnis, S. 21.

In der folgenden Grafik werden die Bezüge der vier Dimensionen dargestellt. Die vertikale Linie gründet im Glauben an das Evangelium und bezeugt diese Botschaft in die Welt hinaus, die horizontale Linie verbindet die beiden Pole «innen» und «aussen» miteinander und macht deutlich, dass jede Verkündigung «urbi et orbi» erreichen will. Diese Grundfigur bildet den Hintergrund für jedes kirchliche Handeln.

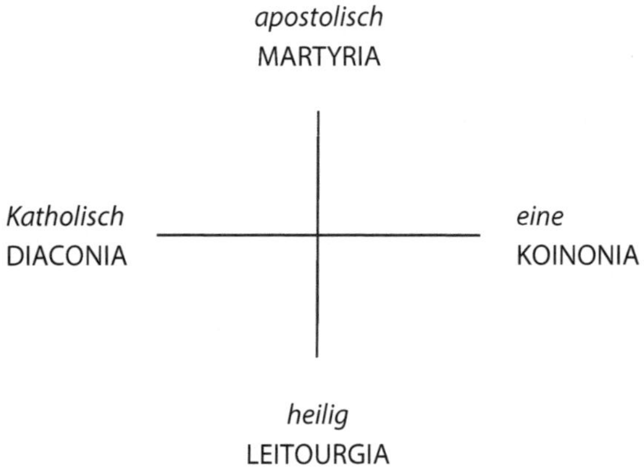

Es wäre zudem ein Leichtes, auf den beiden Achsen die einzelnen Aktivitäten einer Gemeinde aufzutragen, um festzustellen, wie ausgewogen oder unausgewogen in Bezug auf das Bild die jeweiligen Bereiche korrelieren.

4. Vermittlung der Botschaft

Es war ein überaus mutiger Aufbruch für die eben erst konstituierten reformierten Landeskirchen, als sie in der Zeit der Industriellen Revolution im 19. Jahrhundert, insbesondere zwischen Helvetik und Neugründung der Eidgenossenschaft, der aus der ruralen Situation in die neu entstehenden Wirtschaftsorte migrierenden Bevölkerung gefolgt sind und in den neuen Siedlungen Kirchen (und später Gemeindehäuser) errichtet haben – um den «umgepflanzten Menschen» auch religiös eine neue Heimat und sicheren Boden zu schaffen. Innerhalb kurzer Zeit mussten – mit nachhaltigem Erfolg – neue Ressourcen erschlossen und neue Formen der Evangeliumsvermittlung entwickelt und umgesetzt werden. Heute daran zu erinnern, ist kein nostalgischer Akt. Vielmehr zeigt es, dass auch in früheren Zeiten kirchliches Handeln die Zeichen der Zeit lesen und entsprechend ansetzen konnte.

Aus dem unter 1–3 oben Gesagten lässt sich klar erkennen, dass die Präsenz der Kirchen in der Welt auf verschiedenen Ebenen stattfinden muss. Kurz erläutert seien die vier folgenden, in sich zusammengehörenden und sich gegenseitig bedingenden und befruchtenden Ebenen:

- «territoriale Ebene»: Die Menschen werden dort angesprochen, wo sie ihren Wohnsitz haben. Das dürfte weiterhin der privilegierte Ort sein, um Gemeinschaftsformen jeglicher Art zu entwickeln und zu implementieren.
- «kasuale Ebene»: Die Menschen werden dort aufgesucht, wo sie freiwillig oder eingewiesen für eine bestimmte kürzere oder längere Zeit leben und leben müssen, z. B. in Spitälern, Kliniken, Heimen, Gefängnissen, Betrieben, Schulen etc. Im Zentrum stehen stützende und unterstützende Aspekte.
- «occasionale Ebene»: An stark frequentierten oder ungewohnten Orten entstehen kurz- oder langzeitige «Einkehrmöglichkeiten», «Oasen der Besinnung», «Gelegenheiten zum Atemholen». Menschen werden Momente der Ruhe, des Nachdenkens, der Unterbrechung angeboten, Leitourgia-Zeiten.
- «mediale Ebene»: Die evangelische Botschaft hat ihren (selbstverständlichen) Platz in öffentlichen und privaten elektronischen und Print-Medien sowie im ganzen sprunghaft raumgreifenden Feld der Social Media. In interaktiven Gefässen verbreiten sich Zeugnis, Bildung und Kommunikation der befreienden Botschaft von Jesus Christus für die Welt.

Diese vier Struktur-Ebenen lassen sich grafisch so darstellen:

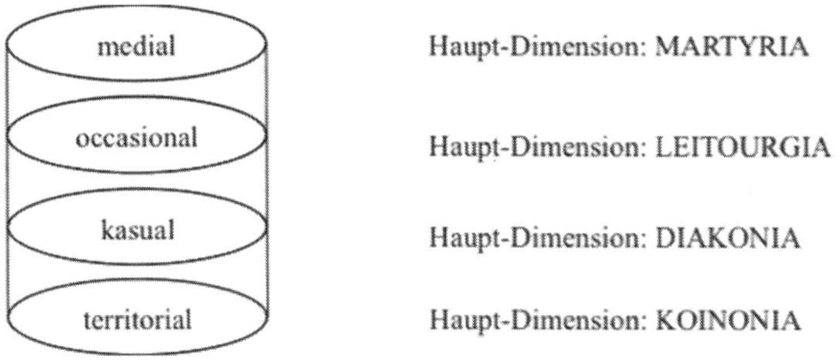

Diese vier Ebenen sind untrennbar miteinander verbunden und basieren auf einer territorialen Struktur, die wohl noch auf lange Sicht konstitutives Element jeder kirchlichen Struktur sein wird. Die anderen Ebenen machen deutlich, dass heute und morgen eine territorial orientierte Sicht nicht mehr genügen kann.

Ein zentrales Problem für eine zukünftige und zukunftstaugliche Organisation der Kirche wird die Zuteilung der Mitarbeitenden sein. Bislang orientierte sie sich anhand vorgegebener Quoren von Gemeindemitgliedern, die in einem definierten Territorium wohnen. Mit den laufenden Reformen werden bisherige Abgrenzungen aufgehoben oder zumindest sehr durchlässig. Zudem verbringen zunehmend mehr Menschen ihre Wachzeit nicht am Wohnort, sondern dort, wo sie arbeiten, ihre Freizeit verbringen, ihr soziales Leben führen. Das ruft nach einer «Personalzuteilung nach Bedarf», wobei sich diese saisonal ändern kann (z. B. unter Berücksichtigung der Tourismusströme im Sommer oder im Winter).

Die generelle Umstellung von einer «Nachtstruktur auf eine Tagstruktur» braucht von allen Beteiligten und Betroffenen eine grosse Flexibilität und ein Amtsverständnis, das darauf ausgerichtet ist, dass kirchliche Präsenz und kirchliches Handeln möglichst viele Menschen erreichen und interessieren kann.

5. Dringlichkeit der Neuorientierung

An einigen Orten haben sich die Kirchen bereits neu etabliert oder sind im Begriff, für ihre Arbeit neue Räume zu erschliessen. Es ist wichtig, dass sie dafür auch in naher Zukunft sowohl die nötige innerkirchliche Ermutigung wie auch die notwendigen Infrastrukturelemente (Finanzen, Räume, Personal, Material) erhalten. Die rasante Urbanisierung unserer Umwelt bringt ein hohes Mass an Verunsicherungen und Ängsten mit sich. Hier können sich die Kirchen in vielfältiger und den jeweiligen konkreten Situationen angepasster Weise als sinn- und wertestiftende Institutionen profilieren, die verlässlich und vertrauenswürdig sind.

Die skizzierten Strukturebenen verlangen ein grundsätzliches Umdenken in jeder Hinsicht. Gleichzeitig ist es ein wichtiger und zukunftweisender «Prozess des Aggiornamento», in dem es um nichts weniger geht als um die angemessene und getreue Umsetzung des sogenannten Missionsbefehls von Mt 28,18–20. Und um die Sicherung der gesellschaftlichen Kraft der biblischen Botschaft als Ganzer in einer sich neu formierenden, aber keineswegs «säkularisierten» Welt.

Kirche als Funktion des menschlichen Geistes und als göttliche Manifestation des Heiligen. Gedanken zum Begriff der Religiosität

Christina Aus der Au

«Religiosität» ist einerseits ein sehr praktischer und fruchtbarer Begriff, der verschiedene Aspekte bündelt – und deswegen andererseits auch ein sehr dehnbarer und semantisch unscharfer, um nicht zu sagen schwammiger Begriff: Von der Frage nach Kirche und Gemeindeaufbau über neurologische Grundlagen und evolutionären Überlebensvorteil bis hin zu soziologischen Milieuanalysen kann unter dem Stichwort Religiosität alles erforscht und reflektiert werden.

Religiosität bietet sich deswegen auch an als Lösung für die Auseinandersetzung um die Säkularisierungsthese: Führt der Fortschritt in wissenschaftlicher Erkenntnis, politischer Freiheit und Bildung zwangsläufig zu einem Niedergang der Religion[1] oder wird Religion weiterhin eine bleibende Bedeutung in der Öffentlichkeit beibehalten?[2] Mit dem Begriff Religiosität (statt Religion) werden individualisiertere und pluralisiertere Formen von religiöser Orientierung erfasst, und es können damit auch in einem sehr viel weiteren Sinne Formen von Nähe bzw. Distanz zu einer institutionalisierten Religion in den Blick genommen werden. Religiosität bezeichnet nicht ausschliesslich ein subjektives Zugehörigkeitsgefühl zu einer verfassten Religion, sondern umfasst generell «die individuelle Ausprägung eines persönlichen Welt- und Selbstverständnisses unter Verwendung religiöser Kategorien».[3] Damit verschwimmen die Grenzen zwischen Religion und Kultur. Es ist allerdings noch immer strittig, ob die religiösen Kategorien vom Subjekt selbst verwendet werden müssen oder diese Zuschreibung auch durch andere geschehen kann; ob also Religiosität explizit religiös sein muss oder ob es sinnvoll ist, auch von impliziter Religion bzw. Religiosität zu sprechen.[4]

1 So z. B. Detlef Pollack, Säkularisierung – ein moderner Mythos? Tübingen ²2011 (2003).

2 So z. B. José Casanova, Public Religions in the Modern World. Chicago 1994.

3 Ulrich Hemel, Die Bedeutung des Verständnisses von Religiosität für die heutige Religionspädagogik, Theo-Web. Zeitschrift für Religionspädagogik, 1/2002, S. 8 (http://www.theo-web.de/ zeitschrift/ausgabe-2002-01/hemel02-1.pdf [21.12.2012]).

4 Vgl. z. B. Günter Thomas, Implizite Religion. Theoriegeschichtliche und theoretische Untersuchungen zum Problem ihrer Identifikation (Religion in der Gesellschaft Bd. 7), Würzburg 2001 oder praktisch: Adrian Portmann, Kochen und Essen als implizite Religion, Lebenswelt, Sinnstiftung und alimentäre Praxis. Münster 2003.

Religiosität als biologische Ausstattung

Der Begriff der Religiosität ermöglicht zudem auch eine interdisziplinäre Diskussion, die nicht nur mit den Religionswissenschaften und der Soziologie, sondern in jüngster Zeit vor allem auch mit und in den Naturwissenschaften geführt wird. Ausgehend von Religiosität als fundamental menschlichem Potenzial wird diese hier sehr medienwirksam auf ihre neurologische Verankerung[5] und ihre evolutionäre Adaptationsfähigkeit[6] hin befragt. Allerdings leidet diese Forschung darunter, dass sie ihr Forschungsobjekt – Religion, Religiosität bzw. religiöse Menschen – alles andere als klar und deutlich definiert hat. Aus Berichten über das Verspüren einer übernatürlichen Präsenz, einer höheren (am Hautwiderstand gemessenen) Erregbarkeit durch religiöse Symbole, der Teilnahme an religiösen Praktiken wie Meditation oder Gebet oder gar der institutionalisierten Zugehörigkeit wird oft ziemlich unmittelbar auf das Vorhandensein von Religion im Untersuchungssubjekt (oder zumindest in dessen Gehirn) geschlossen.

Damit ist auch gleich schon ein erstes Probleme aufgezeigt: Wie sehr hängen subjektiv erfahrene Religiosität und historisch gewachsene religiöse Begrifflichkeit und Praktiken zusammen? Der katholische Religionspädagoge Hans-Ferdinand Angel schlägt ein Drei-Komponenten-Modell menschlicher Religiosität vor, das die soziokulturelle Komponente (religiöse Sozialisation), die Zustimmungskomponente (religiöse Identifikation) und die biologische Komponente (fundamentale Religiosität) miteinander verbindet.[7] Religiosität im eigentlichen Sinne besteht nach Angel dann aber vor allem in dieser letzteren «biologisch grundgelegte(n) Ausstattung»,[8] während die soziokulturellen und individuellen Erscheinungsformen lediglich die konkreten Ausprägungen dieser biologischen Religiosität sind.

Die Stärke dieses Modells ist zugleich seine Schwäche: Angel verbindet und trennt gleichzeitig die Zugehörigkeit zu einer historisch gewachsenen, kulturellen Grösse (Religion) und deren subjektive Ausprägung im Individuum, die sich auch in expliziter Distanz zu dieser Grösse zeigen kann. Sind aber nicht diese Komponenten inhärent verbunden miteinander? Religiöse Gemeinschaften, die kulturell wirksam werden können, entstehen und bestehen doch dadurch, dass sich Menschen dieser Form von Religiosität subjektiv verbunden fühlen und ihr zustimmen, während umgekehrt auch die noch so individuelle Ausprägung von Religio-

5 Vgl. Andrew B. Newberg, Principles of Neurotheology, Farmham 2010.

6 Vgl. z. B. Rüdiger Vaas und Michael Blume, Gott, Gene und Gehirn – Warum Glaube nützt. Die Evolution der Religiosität, Stuttgart 2009.

7 Hans-Ferdinand Angel, Was ist Religiosität?, Theo-Web. Zeitschrift für Religionspädagogik, 1/2002, 12 (http://www.theo-web.de/zeitschrift/ausgabe-2002-01/angel02-1-2.pdf [21.12.2012]).

8 Ebd, 13.

sität sich derjenigen Begrifflichkeit und Denkformen bedienen muss, von denen das Individuum geprägt ist. Man kann keine absolut neue Religion erfinden.[9]

Dasselbe gilt für die scheinbar biologische Grundlage von Religiosität. Um in der Evolution oder in der Funktionsweise des Gehirns «Religiosität» zu entdecken, müssen die Forschenden zuvor schon eine Vorstellung davon haben, was denn Religiosität überhaupt ausmacht. Dieses Suchbild aber ist natürlich von der eigenen (kulturell und individuell geprägten) Vorstellung geprägt, und so mag der eine überall und die andere nirgends Religiosität finden.[10] Wenn man dann – wie der Katholik Angel – explizit noch darauf hinweist, dass dieses Konzept von Religiosität zwar «nicht die Gottesfrage, sondern lediglich – und das gehört zu den klassischen Topoi der Theologie – *den zur Gottesbegegnung ausgestatteten Menschen* thematisier[e]»,[11] dann taucht damit in der Frage nach Religiosität ein über-empirisches Element auf, das es Naturwissenschaftlern schwer machen dürfte, damit zu arbeiten. Es ist denn umgekehrt auch die Theologie, die aus dem vermeintlichen Minimalkonsens theologisches Kapital zu schlagen sucht. Angel postuliert denn auch in einem späteren Artikel: «Das Beharren auf die *(sic!)* anthropologische Bedeutung von Religiosität müsste geradezu zu den unverwechselbaren und prominenten Beiträgen des Christentums im öffentlichen Diskurs der Gegenwart gehören.»[12] Und so ist die spannende Frage nach dem Verhältnis von Religiosität und Religion bzw. anthropologischer Ausstattung zur Gottesbegeg-

9 «Um Religiosität auszudrücken, haben wir nur bedingt eine Sprache, die ohne Bezug auf Religion auskommt, weshalb es schwierig ist, etwas religiös Neues individuell zu formulieren. Die Funktionsweise christlicher patterns als Horizont für «neureligiöses», (auch wenn sie nicht ausdrücklich thematisch präsent sind) wäre hier ein lohnender Untersuchungsgegenstand. Religion manifestiert sich historisch und die Sprache für das Religiöse speist sich aus dieser Quelle. Eine post-christliche Religion etwa beruht immer noch auf dem Referenzrahmen der Abgrenzung.», Monika Jakobs, Religion und Religiosität als discursive Begriffe in der Religionspädagogik, Theo-Web. Zeitschrift für Religionspädagogik, 1/2002, S. 74 (http://www.theo-web.de/zeitschrift/ausgabe-2002-01/jakobs02-1.pdf [21.12.2012]).

10 So definiert zwar Pirner Religiosität als «Existenzvollzug mit Bezug auf Transzendenz», unterscheidet dann aber zwischen vier verschiedenen Inhalten von Transzendenz, von denen die «analogen Transzendenzen» nur aus theologischer Sicht Analogien zum «Heiligen» aufweisen, während sie aus säkularer Sicht profan erscheinen, Manfred Pirner, Religiosität als Gegenstand empirischer Forschung, in: H.-F. Angel et al. (Hg.), Religiosität. Anthropologische, theologische und sozialwissenschaftliche Klärungen, Stuttgart 2006, 30–52, 45. Monika Jakobs vertritt hingegen die These, dass die «Deutung von Verhalten und Prozessen als religiös, hier im Sport, [...] eine Tiefenwahrnehmung und ein erweitertes Erklärungspotential [ermöglicht], unabhängig davon, ob die Sportbegeisterten dies als religiös bezeichnen würden», Jakobs 2002, 77.

11 Angel, Was ist Religiosität (s. Anm. 7), 14, Hervorhebung CA.

12 Hans-Ferdinand Angel, Religiosität als menschliches Potenzial. Ein anthropologisches Modell im neurowissenschaftlichen Horizont, in: H.-F. Angel et al. (Hg.), Religiosität. Anthropologische, theologische und sozialwissenschaftliche Klärungen, Stuttgart 2006, 69–91, 87.

nung und theologischem Bekenntnis zur Gottesbegegnung damit nicht etwa beantwortet, sondern erst recht zugespitzt.

Religiosität, Religion und (Un-)Glaube

Es ist denn auch nicht zufällig, dass sich am Begriff von Religiosität auch die theologischen Geister scheiden. Bei Friedrich Schleiermacher ist Religiosität dasjenige Gefühl, das die Seele des Menschen «wie eine heilige Musik» bei all seinem Tun erfüllen solle, «er soll alles mit Religion tun, nicht aus Religion.»[13] Religion heisst dabei für ihn, sich «[a]lle Begebenheiten in der Welt als Handlungen eines Gottes vor[zu]stellen»[14] – dies ist nicht so weit entfernt von Pirners «Existenzvollzug mit Bezug auf Transzendenz».[15] Paul Tillich hingegen betont den Aspekt, dass alle subjektive Religiosität immer ein Reflex einer Gemeinschaftstradition bleibt, es gibt für ihn nichts derartiges wie eine ‹private Religion›.[16] In der Sprache von Angels Drei-Komponenten-Modell wäre für Tillich die soziokulturelle Komponente grundlegend, und alles andere kann nur auf diesem Hintergrund versprachlicht werden. Und bei Karl Barth ist Religion als menschliche Religiosität bekanntlich «Unglaube».[17] Er spricht zwar tatsächlich auch von «wahrer Religion»,[18] die aber nur von aussen, als Geschöpf der Gnade eine solche werden kann: «Offenbarung kann Religion annehmen und auszeichnen als wahre Religion.»[19] Damit setzt Barth alles auf eine vierte Komponente, nämlich die theologische, und vor diesem Hintergrund heisst Religiosität lediglich, in einem etwas erhöhten Ton von Religion zu reden.[20] Wolfhart Pannenberg schliesslich versucht beides zu verbinden und betrachtet zwar Religiosität als anthropologische Konstante,[21] die aber auch als solche auf die göttliche Wirklichkeit angewiesen bleibe.

Damit verschränken sich nicht nur unterschiedliche Komponenten, sondern auch unterschiedliche Ebenen in ein- und demselben Begriff, nämlich die anthro-

13 Friedrich Schleiermacher, Über die Religion. Reden an die Gebildeten unter ihren Verächtern, Göttingen 1967 (orig. 1799), 60 (2. Rede).

14 Schleiermacher, a.a.O., 54.

15 Vgl. Pirner, Religiosität (s. Anm. 10), 45.

16 Vgl. Paul Tillich, Systematic Theology, Bd. III, Chicago 1963, 208f.

17 Karl Barth, Kirchliche Dogmatik I/2, Zollikon 1939, 324ff.

18 Barth, a.a.O., 356.

19 Barth, a.a.O., 357.

20 Barth warf Schleiermacher vor, er rede nicht von Gott, sondern nur in etwas erhöhtem Ton vom Menschen, Karl Barth, Das Wort Gottes als Aufgabe der Theologie, in: ders., Das Wort Gottes und die Theologie. Gesammelte Vorträge, München 1929, 164.

21 Vgl. Wolfhart Pannenberg, Religion und menschliche Natur, in, ders.: Natur und Mensch – und die Zukunft der Schöpfung. Beiträge zur systematischen Theologie, Bd. 2, Göttingen 2000, 260–270, 270.

pologische Ebene: die Religiosität des Menschen schlechthin, die soziologische Ebene: die Religiosität der Menschen in unterschiedlichen Kulturen/Kontexten, und die theologische Ebene: die Religiosität des von Gott angesprochenen Menschen. Und über alles und in allem das Medium der Sprache, in welchem auf all diesen Ebenen über Religiosität geforscht und gearbeitet wird, und das unbemerkt jede Begrifflichkeit mit vorsprachlichen Bedeutungen, Assoziationen und Emotionen durchdringt und die Ebenen verbindet.

Um den Begriff der Religiosität nun für Kirchenentwicklung fruchtbar zu machen, muss die fundamentale Ambivalenz des Religiositätsbegriffs selbst in den Blick genommen werden, nämlich als – um es mit Tillich zu sagen – «eine Funktion des menschlichen Geistes und als ein Bereich menschlicher Betätigung» und als «göttliche Manifestation des Heiligen selbst, nämlich des Grundes des Seins».[22]

Religiosität und Kirchenentwicklung

Konkret wird diese Thematik, wenn es um den Einfluss religionssoziologischer Studien auf Kirchenreformstrategien geht. So hat z. B. im Rahmen des nationalen Forschungsprojekts NFP 58 eine Gruppe um den Religionssoziologen Jörg Stolz aus Lausanne die «Religiosität in der modernen Welt» erforscht.[23] In einer Langzeitstudie wurden die Beschaffenheit und der Wandel des religiösen Feldes in der Schweiz beschrieben und gedeutet – mit dem nicht sehr überraschenden Fazit, dass sich institutionalisierte Formen von Religion auf dem Rückzug befinden, während Religiosität als privates und öffentliches Thema seine Bedeutung zu behalten scheint. Sowohl unter den Konfessionslosen als auch unter den (noch) Kirchenmitgliedern überwiegen die sogenannt Distanzierten. Diese glauben nicht nichts, aber was auch immer sie glauben, sei es an «irgendetwas Höheres» oder eine «Energie», hat für sie keine besondere Bedeutung im Alltag. Obwohl also Religiosität offenbar ein Bedürfnis auch des (post-)modernen Menschen bleibt, kann es offenbar nicht mehr in den Kirchen gestillt werden.

22 Zitiert in: Martin Rothgangel, Religiosität als menschliches Gesicht der Offenbarung Gottes. Evangelisch-theologische Perspektiven, in: H.-F. Angel et al. (Hg.), Religiosität. Anthropologische, theologische und sozialwissenschaftliche Klärungen, Stuttgart 2006, 175–198, 186. S. auch Paul Tillich, Systematic Theology III (s. Anm. 16), 98ff.

23 Vgl. den Schlussbericht unter http://www.snf.ch/SiteCollectionDocuments/medienmitteilungen/RM_Rapport_final5_15.pdf (das Buch soll im Sommer 2013 erscheinen).

Die Sinus-Milieustudie von Zürich

Wenn die Menschen nicht mehr zur Kirche kommen, so muss die Kirche zu den Menschen gehen. Und wenn kirchlicher Glaube nicht mehr selbstverständlich ist, muss sich die Kirche mit der menschlichen Religiosität begnügen – oder jedenfalls damit beginnen. So hat die Landeskirche Zürich bei Sinus Markt- und Sozialforschung GmbH in Heidelberg mit der «Milieustudie zh.ref.ch» die erste für eine evangelische Kirche angefertigte Milieustudie in Auftrag gegeben, die detaillierte Einblicke in die Lebenswelt und die Religiosität von reformierten Kirchenmitgliedern und «affinen Nicht-Mitgliedern» geben sollte. Ende 2011 wurden die Ergebnisse der Öffentlichkeit vorgestellt, Ende 2012 sind nun zwei Handbücher herausgekommen, welche die theologisch durchdachte Umsetzung dieser Ergebnisse unterstützen sollen.[24]

Ein Forschungsziel der Studie bestand darin, die Frage zu beantworten, wie die Milieuangehörigen jeweils Transzendenz, Spiritualität und Religiosität erleben. Dazu wurden die Teilnehmer und Teilnehmerinnen der Studie danach befragt, in welchen Situationen sie «Wohlbefinden, tiefes Glück oder Festlichkeit» erlebten, in welchen «Wohnwelten» sie sich zu Hause fühlten und nach welchen Werten sie ihr Leben ausrichteten.[25] Herausgekommen ist ein «blühende[r] Garten der Vielfalt».[26] Für die Verfechterinnen und Verfechter ihrer Bedeutung zeigt diese Studie, dass die Menschen im 21. Jahrhundert nicht etwa christentums- oder gar religionsmüde seien, sondern dass sich das Angebot der Kirche auf die Milieus unserer Grosseltern verengt habe. Die Aufgabe sei nun, die kirchliche Milieu-Sensibilität zu erhöhen und neue Formen des Kircheseins zu entwickeln. Die Kritikerinnen und Kritiker warnen hingegen davor, dass bei einer Orientierung an dieser Studie der Auftrag und das Gemeinsame und Verbindende der Kirche verloren gehe und sie sich nur noch an den Bedürfnissen ihrer «Kunden und Kundinnen» ausrichte. Dass sich beides nicht widersprechen muss, daran erinnert der SEK-Ratspräsident Gottfried Locher in seinem Kommentar zur Studie: «Es geht in der Kirche nicht nur um Vielfalt, sondern um Vielfalt *in Einheit*. Die Kernbotschaft der Studie ist gut, aber nun brauchen wir um den Kern herum noch etwas ekklesiologisches Fruchtfleisch.»[27]

24 Lebenswelten. Modelle kirchlicher Zukunft. Sinusstudie (hg. von der Evangelisch-reformierten Landeskirche des Kantons Zürich) und Lebenswelten. Modelle kirchlicher Zukunft. Orientierungshilfe (hg. v. R. Diethelm, M. Krieg und Th. Schlag), beide erschienen im TVZ, Zürich 2012.

25 Vgl. Lebenswelten/Orientierungshilfe, a.a.O., 7f.

26 So die Herausgeber, Lebenswelten/Orientierungshilfe, a.a.O., 10.

27 Gottfried Locher, Ermutigung, in: Lebenswelten/Orientierungshilfe, a.a.O., 200.

Chancen und Perspektiven

Dieses «ekklesiologische Fruchtfleisch» anzumahnen und mit zu entwickeln ist – unter anderem – die Aufgabe des ZKE. Das Zentrum begrüsst deswegen den Perspektivenwechsel, der an der Religiositätsstudie von Stolz und der Zürcher Milieuanalyse sichtbar wird: Die Kirche kann die persönlichen Zugänge der Menschen zu ihrer Religiosität nicht mehr einfach ignorieren, sondern sie will ihre Mitglieder und auch die Nicht-Mitglieder als eigenständige Subjekte wahrnehmen, die ihre Wünsche und Sehnsüchte in ihrer eigenen Sprache formulieren können und auch wollen. Nicht einfach verkünden, sondern zunächst einmal zuhören. Nicht einfach austeilen, sondern den Menschen auch Partizipation und Mitarbeit ermöglichen.

Das Evangelium muss einen Bezug zur Lebenswelt derer haben, denen es verkündigt werden soll. Wenn der Ort, die Sprache, die Atmosphäre oder das Design dieser Verkündigung schon Abwehr hervorrufen, wenn dieses Setting gar als integraler Bestandteil des Evangeliums verkauft werden soll, dann ist es nicht erstaunlich, wenn sich diese Kirche von nichts mehr herausfordern lässt – und nichts und niemanden mehr herausfordert. Das ist aber dann nicht mehr Kirche mit dem Anspruch, das Evangelium aller Welt zu verkündigen, den Juden ein Jude, den Griechen ein Grieche und den Schwachen ein Schwacher zu werden – um möglichst viele zu gewinnen (1Kor 9,19).

Die Spannung

Mit diesen beiden Polen, ‹Einbettung in die Lebenswelt› und ‹Evangelium für alle Welt›, zeigt sich allerdings eine Spannung zwischen Mittel und Zweck. Religiosität ist nicht Selbstzweck, und schon Jesus hat in seiner Verkündigung die menschlichen Vorstellungen und Sehnsüchte auch gern wider den Strich gebürstet. Er hat das Reich Gottes verkündigt, nicht das Reich der Menschen. Er hat sich auf die Seite der Schwachen und Sprachlosen geschlagen, nicht auf die Seite der Einflussreichen und Trendsetter. Er hat Möglichkeiten eröffnet, die Hoffnungen und Wünsche nicht einfach erfüllen, sondern verändern, anders einbetten, ihnen eine andere Bedeutung geben. Und er hat den Menschen nicht einfach bei seinem Nennwert genommen, sondern ihn mitsamt seiner Religiosität erneuert und geheilt.

So darf sich auch die Kirche nicht unkritisch an der Lebenswelt ihrer Mitglieder, weder den treuen noch den distanzierten, orientieren. Aber ebenso ist dasjenige, was seit hundert Jahren immer so gemacht wurde, ein schlechter Ratgeber für eine Zeit, in der sich das kommunikative Verhalten der Menschen und sein Selbstverständnis als Mitglied einer Gemeinschaft radikal verändert haben. Andererseits liefert sich die Kirche dem Mainstream aus, wenn es ihr nur noch darum geht, wie sie im religiösen Wettbewerb bestehen kann. Sie gibt ihren fundamentalen Anspruch auf Einheit und Integrationsfähigkeit auf, wenn sie dem Lockruf der Milieu-Pluralität nachgibt und versucht, jedem und jeder alle Ansprüche zu erfüllen. Es sind in jüngster Zeit vor allem Kolumnisten in säkularen Medien wie der NZZ, welche die Kirche auf ihrer Widerständigkeit und ihrer Gegenströmigkeit behaften,[28] während (evangelischerseits) kirchliche Publikationen die Anpassung an die Gegenwart eher fordern und feiern.[29]

So besteht also die Herausforderung an die Kirche darin, Herausforderung zu bleiben, von der sich Menschen aus unterschiedlichen Milieus herausfordern lassen können. Dazu muss sie zuhören – den Menschen, aber auch ihrer eigenen Botschaft. Sie muss ihr eigenes kritisches Potenzial wieder entdecken, auch und gerade der Gesellschaft gegenüber. Und sie muss sich darauf besinnen, dass sie gerufen ist, sich nicht für sich selbst, sondern für die Schwachen und Ausgeschlossenen starkzumachen. Sie hat nicht die Religiosität der Menschen zu bedienen, sondern die heilende Zusage Gottes an die Welt und ihre Versöhnung mit Gott zu bekennen und zu bezeugen. Nur wenn sie sich nicht von aussen definieren lässt, sondern darauf vertraut und davon ausgeht, dass sie Leib Christi ist (hier müsste man das reformiert grundlegende Stichwort der «Erwählung» entsprechend durchdenken), dann steht sie dafür ein, dass sie auf die recht und mit offenem Herzen gehörten Fragen der Menschen etwas zu sagen hat, was nicht nur beantwortet, sondern erneuert.

Hinterfragungen

Sowohl die Religiositäts- als auch die Milieustudie führen – recht durchdacht – die Kirche zur kritischen Selbstbesinnung. Mit diesen Studien erhält man auf sehr anschauliche und lebendige Weise soziologisch aufbereitet und präsentiert, was die Menschen von unterschiedlichen Standorten im gegenwärtigen politischen,

28 So schreibt z. B. der Journalist Thomas Ribi in der NZZ vom 22.9.2012: «Die reformierte Kirche muss sich neu erfinden – nicht als Glaubensgemeinschaft, aber als gesellschaftliche Kraft. Das ist eine Chance: Sie ist gefordert, zu erklären, wofür sie steht, sie muss erkennbarer werden. […] Vor allem aber: Kirche ist kein Dienstleistungsunternehmen, sondern lebt davon, dass Menschen sich auf sie einlassen. Die Reformierten müssen sich neu erfinden, aber sie dürfen sich nicht verraten.»

29 So beginnt z. B. die Würdigung der FAKIR-Studie (Studie zur Finanzanalyse der Kirchen, im Rahmen des NFP 58) des SEK mit dem Satz: «Die evangelischen Kirchen der Schweiz begrüssen die FAKIR-Studie, wie sie heute vorliegt. Ihre Hauptaussage ist: Die Kirchen und Religionsgemeinschaften sind ihren Preis wert.» Die Schweizerische Kirchenzeitung interpretiert ähnlich: «Da uns finanzielle Fragen zukünftig in bedrängender Weise beschäftigen werden, lohnt sich umso mehr ein Blick in die neue Studie. Diese Studie bildet aber nur einen Anfang, es muss noch eine grössere Transparenz der Finanzströme, der Kosten und des Nutzens in den verschiedenen Kantonen erhoben werden. Kirchen dürfen sich nicht weder allein noch hauptsächlich über den gesellschaftlichen Nutzen definieren, trotzdem sind aber solche Zahlen nötig, da es in letzter Zeit massive Versuche gibt, die Kirchen in den privaten Raum abzudrängen.»

wirtschaftlichen, sozialen und kulturellen Koordinatensystem sich erhoffen und befürchten, woran sie festhalten wollen und was sie von der Kirche erwarten. Nichts, was man nicht auch in persönlichen Gesprächen herausfände, aber in dieser Quantität und Systematik noch einmal eindrücklich veranschaulicht.

Vor diesem Hintergrund sind kirchlich eingeschliffene Selbstverständlichkeiten, die nahezu theologischen Status erhalten haben, in aller Offenheit und in theologischer Verantwortung zu hinterfragen:

- Wie verhalten sich Individualität und Gemeinschaft in einer zukunftsfähigen und menschennahen Kirche?
- Was heisst es, Mitglied der Kirche zu sein?
- Wie – wenn überhaupt – gehören neue Formen des Kircheseins zur einen weltweiten Kirche?
- Wie beziehen sich Individuen und Gemeinschaften auf die biblischen Texte – und wie viel Pluralität verträgt dies?
- Welche Rolle spielt der Pfarrer/die Pfarrerin?
- Wie sehr darf bzw. muss sich Kirche in der politischen und zivilgesellschaftlichen Öffentlichkeit engagieren?
- Ist die Rede von bzw. die Suche nach einem reformierten Profil sinnvoll?
- Wie bringt man das subjektive religiöse Bewusstsein und die Rede von der Offenbarung in eine fruchtbare Beziehung?
- Oder in aller Dichte: Wie kann Kirche-Sein hier und heute durchdacht und praktiziert werden, damit Menschen angesteckt und ermächtigt werden, sich auf ihre eigene Weise als Teil dieser Kirche zu verstehen?[30]

Modelle des Kirche-Seins[31]

Die Kirche als Versammlung der Glaubenden, die sich durch ihr Bekenntnis konstituiert, kann jedenfalls nicht mehr das einzige Modell sein, nach dem Kirche gelebt werden kann. Aber das muss sie auch gar nicht – schon in den neutestamentlichen Schriften sind unterschiedliche Selbstverständnisse von Kirche bezeugt. So ist es im paulinischen Verständnis nicht das Bekenntnis der Glaubenden, sondern Christus selbst, der im Abendmahl die Teilnehmenden zum Leib Christi werden lässt, indem sie an seinem Leib und Blut teilhaben (1Kor 10,16f). Diese im Sakrament begründete Einheit wird dann im Bekenntnis dargestellt und bewusst gemacht (Eph 4,4–6). Kirche ist hier als Gemeinschaft mit Christus vorgestellt, die in verschiedenen Formen auch milieuspezifisch realisiert und gefeiert

30 Vgl. dazu Kunz, Lebenswelten/Orientierungshilfe (s. Anm. 24), 43.

31 Vgl. zu den ersten vier Typen von Kirche Rudolf Gebhard, Umstrittene Bekenntnisfreiheit, Zürich 2003, 430ff.

werden kann. Ohne das immer wieder zu vollziehende, gemeinsame Bekenntnis über Milieugrenzen hinaus kann allerdings daraus eine erlebniszentrierte und selbstzufriedene Saturiertheit von Gleichgesinnten werden.

Ein Verständnis von Kirche als die zur Mitarbeit am Reich Gottes Berufenen will diese Statik aufbrechen. So versteht sich die Kirche v. a. auf der Grundlage der Bergpredigt nicht nur als um eine gemeinsame Mitte geschart, sondern auch als auf ein gemeinsames Ziel hin ausgerichtet. Bei allen bekenntnismässigen Unterschieden, die hier gut möglich sind, eint die Mitglieder der Einsatz für Frieden und Freiheit bzw. die Option für die Armen. Ein solches Modell ist natürlich von den Aufbruchsbewegungen der 60er und 70er Jahre und den entsprechenden Milieus geprägt. Andererseits entspricht es mit seiner Alltags- und Öffentlichkeitstauglichkeit den Hoffnungen und Erwartungen vieler Menschen sowohl auf der empfangenden als auch auf der engagierten Seite.

Die Kirche als Religions- und Heilsanstalt betont demgegenüber zwar ebenfalls ihre gesellschaftliche Funktion, dies aber in einem bewahrenden Sinn. Sie soll in enger Verbindung mit dem Staat für die religiösen, sozialen und emotionalen Bedürfnisse des Volks sorgen. Der Staat garantiert dann den Bestand der Kirche, da er ein Interesse an der Sicherung und Vermittlung derjenigen Werte hat, die er selber nicht garantieren kann.[32] Eine solche Sichtweise kann nicht nur an Röm 13, sondern auch an die reformierte Tradition anschliessen, nämlich als Auftrag zur Mitgestaltung des öffentlichen Gemeinwesens. Oder in den Worten Böckenfördes: «als die Chance der Freiheit, die zu erhalten und zu realisieren auch ihre [sc. der christlichen Bürger] Aufgabe ist».[33]

In scharfem Gegensatz dazu steht das heute wohl provokativste Modell. Seine Vertreter[34] wollen die Kirche zu ihrem eigentlichen Auftrag zurückrufen, nämlich heiliges Volk inmitten einer verstockten Gesellschaft zu sein. Als «Aliens», als Fremde, stehen hier die Christinnen und Christen für die Sicht Gottes auf Mensch und Gesellschaft, und das geht nur in einer sich gegenseitig unterstützenden und erinnernden Gemeinschaft. Kirche wird hier zur primären ultimativen und selbstreferentiellen Existenzweise des Christseins und zur Kontrastgesellschaft, die leiblich und konkret Gottes Botschaft an die Welt verkörpert.

32 Im Anschluss an das sogenannte Böckenförde-Diktum, wonach der freiheitliche, säkularisierte Staat von Voraussetzung lebe, die er selbst nicht garantieren könne, ohne seine Freiheitlichkeit aufzugeben (ursp. in E.-W. Böckenförde, Die Entstehung des Staates als Vorgang der Säkularisation, in: Säkularisation und Utopie. Ebracher Studien, Stuttgart 1967, 112f.).

33 A.a.O., 114.

34 Stanley Hauerwas / Wiliam H. Willimon, Resident Aliens. A provocative Christian assessment of culture and ministry for people who know that something is wrong. Nashwill, TN 1989.

Der Diskurs über die Modelle

Es ist nun beileibe nicht so, dass man sich quer durch alle Milieus und Religiositätsformen hindurch auf ein Modell des Kirche-Seins zu einigen hätte. Wie die Ausführungen zeigen, finden sich schon in den neutestamentlichen Schriften unterschiedliche Interpretationsformen dafür, was nun aus dem Häufchen derer werden soll, die sich zu diesem Jesus als dem Christus bekennen. Dies führte aber nicht zu einem «anything goes», sondern zu einer gemeinsamen und fortwährenden Auseinandersetzung untereinander und mit den biblischen Texten und Traditionen. Diese mündete in der Vergangenheit hin und wieder, meist der (kirchen-)politischen Situation geschuldet, in Konzilsbeschlüsse. In der evangelischen und v. a. der reformierten Tradition ist ein allgemeinverbindliches Lehramt aus guten theologischen Gründen keine Option; umso wichtiger werden die Fragen nach dem Charakter dieser fortwährenden Auseinandersetzung. So wird eine wichtige Leitfrage der Kirchenentwicklung (und auch der Auseinandersetzung mit religionssoziologischen Studien) sein müssen: In welcher Form soll der weitere Diskurs über das Wie und Was des Kirche-Seins geschehen, wenn einerseits die theologische Kompetenz der Menschen ernst genommen, andererseits am Auftrag und am Bekenntnis zur Erwählung der Kirche durch einen Anderen festgehalten werden soll? Und wie kann – gegen innen und gegen aussen – daran festgehalten und bekannt werden, dass – um es etwas abgewandelt mit Tillich zu sagen – Kirche nicht nur «eine Funktion des menschlichen Geistes und [...] ein Bereich menschlicher Betätigung», sondern auch «göttliche Manifestation des Heiligen selbst, nämlich des Grundes des Seins»[35] ist und bleibt?

Nur wenn diese grundlegenden Fragen offen und transparent angegangen werden, wenn die bequeme Voraussetzung einer «allgemeinen Religiosität» ergänzt bzw. kontrastiert wird mit der gemeinsamen Reflexion auf das eigene Modell von Kirche, dann kann fruchtbar über die oben erwähnten Fragen der «eingeschliffenen Selbstverständlichkeiten» nachgedacht werden.

35 Zitiert in: Martin Rothgangel, Religiosität als menschliches Gesicht der Offenbarung Gottes. Evangelisch-theologische Perspektiven, in: H.-F. Angel et al. (Hg.), Religiosität. Anthropologische, theologische und sozialwissenschaftliche Klärungen, Stuttgart 2006, 175–198, 186. S. auch Paul Tillich, Systematic Theology III (s. Anm. 16), 98ff.

Wurmlinger Kapelle oder City of God? Ein Plädoyer

Matthias Krieg

In die Lücke[1], die ich nicht füllen kann, werfe ich zwei Gedanken.

Erster Gedanke: Die Perspektive, die geht.
Wer nach Tübingen fährt, sieht sie von der Bundesstrasse her:
die *Wurmlinger Kapelle.*
Wer mit Tübingern redet, erfährt vom Stolz auf ihren Uhland:
Sie hat er damals besungen.
Droben stehet die Kapelle,
Schauet still ins Thal hinab,
Drunten singt bei Wies' und Quelle
Froh und hell der Hirtenknab'.[2]
Gewöhnlich endet die Erinnerung heute mit der ersten Strophe.
Noch immer schaut die Kapelle, was Dichterliebe ihr einst zuschrieb,
dem erhabenen Subjekt, weltüberlegen und weise, apart.
Nur der *Hirtenknab'*, der ist ihr längst entwachsen und entlaufen.
Drunten die *Wies'* sieht sie überdüngt, die *Quelle* steinern gefasst,
während Lieferwagen zu den Supermärkten der nahen Stadt donnern.
Wer die beiden anderen Strophen noch auswendig könnte,
wüsste, wofür die Kapelle steht:
Traurig ist das nächste Wort, denn dort oben ist der Gottesacker.
Wie das Gedicht von 1822 über den Kirchhof im Frühling
ist auch dieses ein romantisches *memento mori*, doch für wen?

Ludwig Uhlands Gedicht ist 1805 entstanden:
zwei Jahre nach dem Berliner *Reichsdeputationshauptschluss*,
der die Säkularisation kirchlicher Güter einläutete;
ein Jahr vor der Sammlung *Des Knaben Wunderhorn*,
in der Achim von Arnim und Clemens von Brentano, die Dichter,
deutschen *Volkes Stimme* redigierten, lektorierten, konzipierten;
zwei Jahre vor Johann Gottfried Herders *Stimmen der Völker*,
der erweiterten Zweitauflage seines Erfolgs von 1778;

1 Die *Lücke* entstand, weil Kirchenratspräsident Ruedi Reich (1945-2012) zur Zeit dieses Vortrages gerade schwer erkrankt war.

2 Ludwig Uhland, Die Kapelle, in K.O. Conrady (Hg.), Das große deutsche Gedichtbuch, Kronberg 1977, 395.

vier Jahre vor den Anfängen der *Christlichen Sitte*,
in der Friedrich Schleiermacher die *Volkskirche* erfand.

Begonnen hatte alles mit einem veritablen Fake:
1762 erschien, herausgegeben vom Schotten James MacPherson,
Fingal, An Ancient Epic Poem in Six Books,
together with Several Other Poems,
Composed by Ossian, The Son of Fingal.[3]
Eine literarische Sensation, die Goethe und Herder begeisterte:
endlich gefunden, das Original des alten gälischen Barden,
endlich da, das nationale Epos aus der Quellzeit schottischer Nation,
endlich rein zu hören, die Stimme auch dieses Volkes.
Zu Lebzeiten verweigerte MacPherson die Edition der Originale.
Was 1807 gälisch-lateinisch erschien, war 1895 als Fake entlarvt.
Doch da war es bereits unwiderruflich erfunden: das *Volk*.

Besang schon Klopstock 1771 in der *Frühlingsfeyer*, einer Ode,
das Untere und Spätere, das Einfache und Bodenständige:
Nicht in den Ozean der Welten alle
Will ich mich stürzen! schweben nicht,
Wo die ersten Erschaffnen, die Jubelchöre der Söhne des Lichts,
Anbeten, tief anbeten! und in Entzückung vergehn!
Nur um den Tropfen am Eimer,
Um die Erde nur, will ich schweben, und anbeten!
Halleluja! Halleluja! Der Tropfen am Eimer
Rann aus der Hand des Allmächtigen auch![4]
Die geschöpfliche Würde der Kleinen, Randständigen, Übersehenen,
deutsch und deutlich verdichtet aus Deuterojesajas Schöpfungslied[5]:
Dort sind es die *Nationen*, die als *Tropfen* erscheinen.
Besang Klopstock sie 1771, so gab ihnen Herder 1778 das Wort:
Seine *Stimmen der Völker in Liedern* schufen den Begriff Volkslied.
Herder versprach sich aus der Fremde tropfenweise Gesundung:
Ich könnte sehr beredt sein, bemerkte er spitz,
wenn ich von dem Nutzen schwätzen wollte,
den manche verdorrte Zweige unsrer Poesie aus diesen
unansehnlichen Tautropfen fremder Himmelswolken ziehen könnten.[6]

3 Vgl. den entsprechenden Artikel in Kindlers Literaturlexikon 9, München 1974, 3528–3529.
4 Karl Ludwig Schneider (Hg.), Friedrich Gottlieb Klopstock. Oden, Stuttgart 1966, Seite 59.
5 Sieh, wie ein Tropfen in einem Eimer sind die Nationen, und wie Staub auf Waagschalen werden sie geachtet. (Jes 40,15)

Herder versprach sich eine neue Nähe zu den eigenen Wurzeln:
Es ist wohl nicht zu zweifeln, schwärmte er begeistert,
dass Poesie und insonderheit Lied im Anfang ganz volksartig
d. i. leicht, einfach, aus Gegenständen und in der Sprache der Menge,
so wie der reichen und für alle fühlbaren Natur gewesen.[7]
Herder versprach sich Eigenständigkeit gegenüber Exotismen:
Wer sie, die Volkslieder, *verachtet und nicht fühlt*, wetterte er,
zeigt, dass er im Tande ausländischer Nachäfferei so ersoffen, oder
mit unwesentlichem Flittergolde der Aussenmummerei so verwebt sei,
dass ihm das, was Körper der Nation ist,
unwert und unfühlbar geworden.[8]

Volkskirche, das Lieblingswort so mancher im *kirchenleitenden Amt*,
stammt also für einmal nicht vom Heiland,
sondern ist ein unübersetzbares Unikum der deutschen Sprache,
eine zeittypische Geburt der deutschen Romantik.
Dieselbe Epoche, die *Volkslieder* und *Volksmärchen* sammelte,
Volkstanz und *Volksmusik* hervorbrachte,
auch das *Volksbuch* und die *Volksschrift*,
übrigens sehr zum Ärger der preussischen Zensur,
die 1825 die *Volksschrift* verbot,
dieselbe Epoche entwarf auch die *Volkskirche*.

Das *Volk* ist ein Produkt der romantischen Sehnsucht nach Ursprung,
in Herders Worten: nach nackter Einfalt und angeborener Lustigkeit,[9]
nach reiner Herkunft im Kontrast zur Dekadenz der Eliten.
Das Volk ist es nun, das von unten die Kulturnation trägt:
durch sein bodenständiges Leben, vor allem durch seine Stimme,
die sich in seiner Poesie verdichtet: *et ego in Arcadia*!
Nicht die Elite, das Volk ist nun der lebendige *Körper der Nation*.
Vor der Romantik gab es derlei Volk nicht:
Untertanen gab es, *Stände* und *Zünfte*, *Klassen*, die *Menge*,
bestenfalls *das gemeine Volk*, bei Heinrich Heine *der grosse Lümmel*.
Das Volk im Denken und Empfinden der Romantik also ist
einerseits ein *literarischer Mythos*:[10]

6 Christel Käschel (Hg.), Herder. Stimmen der Völker in Liedern. Leipzig 1968, 334.
7 Zitiert bei Christel Käschel, 369.
8 Zitiert bei Christel Käschel, 370.
9 Zitiert bei Christel Käschel, 373.
10 Konrad Feilchenfeldt in der Einleitung zur Taschenbuchausgabe von Des Knaben Wunderhorn. Frankfurt 1975^4, 15.

nämlich der von der *Wiedergeburt eines Reichs deutscher Nation*[11]
anstelle aussichtsloser Kleinstaaterei und dekadenten Adels;
andererseits eine poetische Utopie:
diejenige vom einfachen Leben, in dem
Scholle und Geist, Sitte und Glaube,
Gedicht und Gebet, Sprache und Kultur
eine Eichendorff'sche oder Stifter'sche Legierung werden,
aber eben: als Vision,
oder mit Eichendorffs grossem Roman von 1812 gesagt:
eine *Ahnung und* keine *Gegenwart.*

Nicht umsonst endete 1779 die Erstausgabe der *Stimmen der Völker*
mit einem Volkslied, das keines ist, aber *im Volkston* gedichtet:
Abendlied von Matthias Claudius, mit dieser Strophe in der Mitte:
Seht ihr den Mond dort stehen?
Er ist nur halb zu sehen,
und ist doch rund und schön.
So sind wohl manche Sachen,
die wir getrost belachen,
weil unsre Augen sie nicht sehn.[12]
Herder selbst merkte dazu an, hier möge man erkennen,
welches Inhalts die besten Volkslieder sein und bleiben werden.[13]
Die Volkskirche als eine epochale romantische *Ahnung*:
nur halb zu sehen, und ist doch rund und schön.
Nicht umsonst gibt Christa Wolf ihrem Roman über Kleist den Titel
Kein Ort. Nirgends,
nennt sie die Aufzeichnung eines Gesprächs über ihre Forschungen
Projektionsraum Romantik.[14]
Nicht umsonst betont der Germanist Berkowski:
Nicht danach zu fragen, was ist, sondern was möglich sei,
sei das Anliegen der deutschen Romantik gewesen.
Damit hat Schelling das Wesentliche getroffen:
Möglichkeit und nicht die noch bestehende Wirklichkeit.
Darum, schreibt Berkowski, *darum ging es den Romantikern.*[15]

11 A.a.O., 13.

12 Christel Käschel (Hg.), Herder. Stimmen der Völker in Liedern, Leipzig 1968, Seite 333.

13 A.a.O., Seite 415.

14 Vgl. von Christa Wolf/Gerhard Wolf die Sammlung eigener Texte Ins Ungebundene gehet eine Sehnsucht. Gesprächsraum Romantik. Berlin (Ost) 1985.

15 N. J. Berkowski, Die Romantik in Deutschland. Leipzig 1979, 31.

Die *Volkskirche* war nie mehr als eine poetische Utopie,
sechs Jahre nach dem Berliner *Reichsdeputationshauptschluss*,
diesem unpoetischen Zungenbrecher der neuen *Kameralistik*.
Wie wenig die Romantiker selbst sie für real erreichbar hielten
und wie nahe ihre Sehnsucht stets beim Weltschmerz weilte,
machte Caspar David Friedrich 1810 sichtbar:
mit seinem *Mönch am Meer* und seiner *Abtei im Eichwald*,
zwei Jahre nach Erfindung der Volkskirche durch Schleiermacher,
zwei Jahre vor Eichendorffs *Ahnung und Gegenwart*.

Doch in der Restauration wurde sie dann zur politischen Grösse,
während *Volk* mit *Nation* identifiziert und so ideologisiert wurde.
Hybridbildungen vergifteten fortan Mythos und Utopie.
Nationalstaatlichkeit und Kolonialismus taten das Ihre.
Zuletzt fielen Symbolwert und Realwert institutionell in eins.
Was säkular nicht mehr war, wurde juristisch zum Rechtstitel.
Territoriale Flächendeckung auf jedem Quadratmeter,
pastorale Vollversorgung von der Wiege bis zur Bahre.
Beide sind seither das unpoetisch-kameralistische Erbe,
das der Landeskirche schwer auf der Tasche liegt
und ihrer Pfarrschaft schwer auf der Seele lastet:
Cuius regio, eius resignatio.

Spätestens nach dem *Volksempfänger* und dem *Volkswagen* aber,
von weiteren völkischen Geiltrieben ganz zu schweigen,
kann die *Volkskirche* dem Zwielicht nicht mehr entkommen,
in das deutsche Geschichte dieses deutsche Wort gerückt hat.
Nicht umsonst liess Herder schon 1779 sein Nachwort
zu den *Stimmen der Völker* im Ton Kohelets verklingen:
Von Volksliedern zu reden hat seine Zeit,
und von Volksliedern nicht mehr zu reden, auch die seine.[16]
Einst utopisch, zwischenzeitlich malträtiert, heute anachronistisch:
Wie so manches Wort,
das seine ursprüngliche Schönheit eingebüsst hat,
gehört die *Volkskirche* ins *Museum der Schönen Wörter*.
Die Wurmlinger Kapelle war und ist ihr romantisches *memento mori*.

16 Christel Käschel (Hg.), Herder. Stimmen der Völker in Liedern. Leipzig 1968, 335.

Zweiter Gedanke: Die Perspektive, die kommt.
In der neuen Zürcher Kirchenordnung von 2010
findet die alte Volkskirche der Romantik zu ihrer *hommage*:
Als Volkskirche, liest man da, *als Volkskirche leistet sie ihren Dienst*
in Offenheit gegenüber der ganzen Gesellschaft.[17]
Gesellschaft ist das neue Leitwort: *die ganze Gesellschaft.*
Berührt aber ein *Symposion* über *Urbanität und Religiosität*,
wie es gerade eben leibhaftig begonnen hat,
die ganze Gesellschaft, also auch die Landschaft?
Oder blendet es *urbi et orbi* aus, was die Dörfer zu sagen hätten?

Pikanterweise stammt die virtuelle Brücke von 1809 nach 2010,
dieser zweihundertjährige Spagat von Prämoderne zu Postmoderne,
selbst auch aus der Romantik, wie Berkowski zeigt:
Einer beginne, der andere fahre fort,
der dritte kehre zum ersten zurück usw.
Das Ideal des romantischen Symposiums
spiegelte sich in den grossen Kompositionen der Romantiker.
Was also mit den Referaten von heute geschehen wird,
war bereits romantischer Usus: *Sammelbände* –
nur leider kaum aus Novellen
wie Achim von Arnims *Wintergarten* von 1809,
wie Ludwig Tiecks *Phantasus* von 1812–17,
wie E. Th. A. Hoffmanns *Serapionsbrüder* von 1819–21:
Sammelbände waren gewissermassen aufgeschriebene Symposia,[18]
sagt Berkowski, und in der *Jenaer Schule*,
in der sich die beiden Friedrichs trafen,
der Schleiermacher und der Schlegel,
habe Schlegel, man staune, den Begriff *Urbanität* entwickelt:[19]
1794 behandelte er *die neuere griechische Komödie.*
Zu deren Entwicklung, schrieb er, hätten beigetragen
erstens *die attische Geistesbildung*,
zweitens *der natürlich entwickelte Witz*
und drittens *die eigenthümliche Sprachfeinheit.*
Bildung, Esprit, Rhetorik: drei Kennzeichen von Urbanität.
1796 beschrieb Schlegel *Caesar*, indem er seine

17 Abstimmungsvorlage für den 27. September 2009, Kirchenordnung der Evangelisch-reformierten Landeskirche des Kantons Zürich, Artikel 5.2, 13.
18 N. J. Berkowki, a.a.O., 10.
19 A.a.O., 11.

geistreiche Art der fröhlichen, gesellschaftlichen Stimmung
hervorhob und diese als *Urbanität* bezeichnete.[20]
Geistreich, fröhlich, gesellschaftlich: drei Attribute von Urbanität.
Am Ende der virtuellen Brücke bleiben rhetorische Fragen:
Athen, Rom, Zürich – vereint sie etwa ein romantischer *genius loci*?
Oder folgt Urbanität der Austreibung aller Genien, Geister, Götter?
Ist nicht die Stadt seit jeher gottlos wie Sodom, Ninive, Babylon?

Am Weg von der romantischen *Volkskirche*
zur gegenwärtigen *Gesellschaft* liegt die proletarische *Volksbühne*.
Bertolt Brechts Jugendstück von 1921 mythisiert Chicago:
Im Dickicht der Städte regiert nicht die Urbanität eines Schlegel,
nein, die Logik von Schlägern bestimmt Geist und Wort.
In meinem Stück, schrieb Brecht 1954 in Berlin,
sollte die pure Lust am Kampf gesichtet werden.
Schon beim Entwurf merkte ich, dass es eigentümlich schwierig war,
einen sinnvollen Kampf,
d. h. nach meinen damaligen Ansichten,
einen Kampf, der etwas bewies, herbeizuführen.
Die Stadt als vorrationaler, atavistischer Kampfplatz,
die Stadt als Dschungel voller Testosteron und Konkurrenz.
Survival of the fittest.
Der gealterte Brecht resümiert denn auch:
Dämmerhaft zeichnet sich eine Erkenntnis ab:
dass die Kampfeslust im Spätkapitalismus
nur noch eine wilde Verzerrung der Lust am Wettkampf ist.[21]

Und Zürich?
Vor der Reformation Wallfahrtsort mit vielen Klöstern.
In der Reformation Ursprungsort der reformierten Bewegung.
Seither ein Tummelplatz reformierten Gedenkens und Vergessens.
Die Reformierten waren eine urbane Bewegung, immerhin,
Bildung war das Markenzeichen ihrer Urbanität, immerhin.
Reformierte wie der Schotte MacPherson mit seinem *Ossian*,
der Deutsche Schleiermacher mit seiner Idee der *Volkskirche*,

20 Friedrich Schlegel, Vom künstlerischen Werthe der alten griechischen Komödie, in: Studien des classischen Alterthums. Zweither Theil, in: Fried. v. Schlegel's sämmtliche Werke (Band 4.2 der Originalausgabe), Wien 1846, Seiten 22–37 (darin Seite 36), bzw. Cäsar und Alexander. Eine welthistorische Vergleichung, in: a.a.O., 200–236 (darin 218).

21 Bertolt Brecht, Stücke 1, Frankfurt 1961, Seite 11.

auch die Gebrüder Grimm mit ihrer Sammlung von *Volksmärchen*,
haben die Romantik nachhaltig mitgeprägt, immerhin.
Und Zürich?
Urban ja, sicher,
im weltweiten *rating* und *ranking* oft gar zuvorderst.
Aber auch *religiös*?

City of God, der Roman von E. L. Doctorow, erschien im Jahr 2000,
ein Jahr vor *Nine-Eleven*, dem Datum, das er bereits reflektiert als
etwas, das so welterschütternd wäre wie Auschwitz und Dachau.[22]
City of God ist das poetische *Dickicht* eines New Yorkers,
die literarische Spiegelung des postmodernen Molochs,
ein Sprachdschungel, den mancher Literaturkritiker nicht verstand.
Der Plot des Romans ist aber so trivial wie tiefsinnig:
Während der *Reverend* der *Episcopalians* ein Nickerchen macht,
wird aus seiner Kirche das grosse Messingkreuz gestohlen.
Tage später erhält das Rabbinerpaar einer progressiven Synagoge
eine anonyme Mail, auf dem Dach seiner Synagoge brenne es.
Dort findet sich das Kreuz, und eine Beziehung bricht sich Bahn.
Rund um den Plot klebt Doctorow wirr und wild diverse Textsorten,
scheinbar mit der Zufälligkeit von Zetteln auf einer Pinnwand.
Einige von ihnen tauchen, gefunden und verloren, immer wieder auf:
der Dialog mit dem Freund,
das Drehbuch zu einem Film,
der Essay über Urknall und Gestirne,
die *defensio* der theologischen Dissertation,
die Erzählung aus einem litauischen Ghetto,
die Beschreibung von Vogelarten in Manhattan,
der Jazzstandard nebst poetischer Paraphrase,
immer wieder auch Formen des Gebets.
Andere Textsorten wie E-Mail, Predigt, Tagebuch, Lebenslauf, Liste
sind selten und vorübergehend, *passagère* wie der Passant der Stadt.

City of God, der unübersetzte *Titel* knüpft gleich doppelt an:
Die reformierten Puritaner waren 1620 in Neuengland gelandet,
um die Vision der Bergpredigt von der *Stadt auf dem Berg* zu leben.
Die urbane Leuchtkraft New Yorks ist seither unübersehbar,
ist sie aber auch religiös?
Augustin, der im Roman zu Wort kommt, hat die *civitas Dei* gelehrt:

22 Edgar L. Doctorow, City of God. Köln 2001, 74.

New York, der urbane Schmelztiegel und Hexenkessel, klar doch,
aber als *City of God*?

Doctorow konterkariert den *Reichsdeputationshauptschluss* von 1803.
Kameralistischer Sinn entpuppt sich als anthropologischer Unsinn:
Nichts mit Säkularisierung!
Nichts mit Austreibung aller Genien, Geister, Götter!
Nichts mit *Rückkehr der Religion*!
Sie war nie fort.
New York ist auch ein religiöser Hexenkessel und Schmelztiegel:
Alle in diesem Roman sind am Transpirieren und Transzendieren.
Ruhelos suchen sie, finden und verlieren, konstruieren und bauen ab.
Die Suche nach einem glaubwürdigen Gott[23] leitet diesen Roman.
Alle in diesem gottlosen Roman sind *gotttrunkene Menschen*.[24]
Jeder Weg, jedes Mittel, jedes Angebot ist gleichzeitig möglich.
Grenzüberschreitungen noch und noch, bis die Territorien verblassen.
Erfahrungen und Geschichten in Fülle, bis die Fragmente zerkrümeln.
Religion trieft aus allen Poren und singt in allen Zungen.
Aussen und Innen, Heiliges und Profanes, Sender und Empfänger,
alles einmal Verfestigte gerät transzendierend in Fluss.
Postmoderne Urbanität und Religiosität als *Metaphernsalat*.[25]
Im religiösen *Dickicht* herrscht atavistische *Lust am Wettkampf*.
Survival of the fittest!
Und Zürich? Auch eine *City of God*?

Der Mensch tritt hier zwar auf als das *animal rationale* der Moderne,
ahnt aber, was er immer war: der *homo religiosus* des Atavismus.
Er kann so wenig ohne Religion sein,
wie er ohne Brot und Wasser, ohne Sex und Schlaf sein kann.
Und einmal reicht nicht.
Er braucht den Stoff und beschafft sich ihn.
Die Stadt, ob New York oder Zürich, bietet dafür den Markt.
Das Bedürfnis ist basal, seine Stillung profitabel und profilierend.
Der Mensch kann transzendieren, und er muss.
Er ist sich selbst nicht genug, fragt über sich hinaus,
kann aus sich heraustreten, zwischen sich und sich unterscheiden.
Er sucht nach dem, was nicht er ist und nicht er gemacht hat.

23 A.a.O., 147.
24 A.a.O., 217.
25 A.a.O., 79.

Er gibt sich dem hin, was er aus sich selbst nie war, nie ist, nie wird,
was ihm vielmehr voraus ist und ihm entgegenkommt.
Grenzüberschreitung gehört zum Wesen des Menschen.
Nicht *dass* er so ist, steht in Frage, sondern *wo* er Grenzen überschreitet.
Die grosse Religion bietet dafür die klassischen,
die institutionellen und regulierten Orte: den *Heiligen Kosmos*.
Aber längst gibt es vor der grossen die kleine Transzendenz,
die sich tausendfach Nahrung sucht,
nicht selten wild, schräg, verborgen,
nicht selten sinister, passagère, punktuell,
institutionell jedenfalls kaum je *comme il faut*.
Das ist die *City of God* in der Postmoderne.
Und die ist nicht mehr territorial, sondern mental und habituell.
Die kann man *urbi et orbi* leben, in Stadel wie in Höngg.

Doctorows Roman von 2000 und Knoblauchs Essay von 2009[26]:
Sie lesen sich wie Praxis und Theorie, wie Text und Metatext.
Der Poet aus New York und der Soziolog aus Berlin:
Wer sich von beiden beeindrucken lässt
und dabei die eigene urban-religiöse Biografie überblickt
und das Gewicht der alternden Institution an sich hängen spürt,
der ahnt: Es wird kritisch werden,
ob wir auch religiös dort ankommen, wo wir urban schon sind,
ob unsere Kirche die Urbanität und Religiosität überhaupt erkennt,
ob wir gut und tief und liebevoll verstehen, was Transzendieren ist,
dabei die *kleinen Transzendenzen* nicht wegen der grossen verachten,
die *unsichtbare Religion* nicht wegen der sichtbaren,[27]
das Kommende nicht wegen des Gegangenen,
Zürich nicht wegen Wurmlingen.

26 Vgl. Hubert Knoblauch, Populäre Religion. Auf dem Weg in eine spirituelle Gesellschaft, Frankfurt 2009.

27 Vgl. Thomas Luckmann, Die unsichtbare Religion, Frankfurt 1991.

Kirche in Grenzsituationen

Henk de Roest

Während einer Zusammenkunft von 250 Personen, Reformationstag 2009 in Amsterdam, wurde ein kleines Buch präsentiert mit Beispielen aus den Missionsaktivitäten, die von den 28 individuellen Kirchgemeinden organisiert worden waren. Das Buch bekam den Titel: «Es hat schon begonnen ...». Einer der Anwesenden machte dabei die Bemerkung, dass es jetzt den Anschein habe, dass dort, wo Säkularisierung und das Verlassen der Kirche in den grossen Städten angefangen haben, Kreativität und Begeisterung in der Stadt beginnen. Nach einer jahrelang andauernden Malaise hat sich die Stimmung verändert. Und tatsächlich, in den sechziger und siebziger Jahren des zwanzigsten Jahrhunderts brach das Christentum in den grossen Städten der Niederlande zusammen. Im Moment gibt es aber Zeichen dafür, dass sich die Mitgliederzahl stabilisiert, und es gilt, vor allem von ansteckenden Beispielen von Erneuerungen zu erzählen. Mit Erwartungen müssen wir zurückhaltend sein, aber wir sollten uns eine Frage stellen: «Was geht hier vor?» In den folgenden Überlegungen hoffe ich, mit Ihnen vorläufige Antworten zu finden.

Kurzer Rückblick auf die Entkirchlichung in Amsterdam

In den sechziger und siebziger Jahren fand in Amsterdam eine sehr schnelle Entkirchlichung statt. Das hat dazu geführt, dass in den vergangenen Jahrzehnten etwa 30 Kirchgebäude abgerissen und viele weitere dem Gottesdienst entzogen wurden.[1] Letztere werden heute als Balletttanzschule, Laden, Café-Restaurant, multikulturelle Bühne oder Pop-Tempel verwendet. Der Kirchenhistoriker Peter van Rooden behauptet, dass das Christentum in Amsterdam in raschem Tempo zusammenbrach.[2] Den Grund dafür sucht er nicht in der Modernisierung. Im Gegenteil, die Modernisierung der niederländischen Gesellschaft ging ab 1880 gerade mit der Bildung mehrerer, nebeneinander existierender sozialer Welten einher, die auch in der Politik vertreten waren. Diese Welten oder Formen sozialer Organisation, waren sozialistisch, protestantisch, römisch-katholisch oder säkular. Als moralische Gemeinschaften in einem Durkheim'schen Sinne verkörperten sie Rituale und Gesetze. Es galt eine starke soziale Kontrolle. Ein Austausch über die Grenzen dieser Welten hinweg war nicht üblich. Erst in den sech-

1 Het Parool, 25.11.2000

2 P. van Rooden, Oral history en het vreemde sterven van het Nederlandse christendom, in: Bijdragen en Mededelingen betreffende de Geschiedenis der Nederlanden 119 (2004), 524–551.

ziger Jahren führte die kulturelle Revolution zum Ende dieser Gesellschaftsordnung. Das Ideal des reflexiven und expressiven Selbst, das selber darüber bestimmt, wie sein Leben Form annimmt, untergrub die Normen und selbstverständliche rituelle Verhaltensmuster, die das Leben jahrzehntelang geordnet hatten. Die grossen Gemeinschaften, inklusive der sozialistischen, lösten sich auf. In *Oral history* kommen Menschen zu Wort, die noch bis in die sechziger Jahre kirchlich waren. Die Erzählungen zeigen, dass in manchen Fällen zwar schon von Widerstand oder einer bewussten Distanzierung die Rede war, aber dass man sich meistens passiv von der Kirche entfernte. Die Beschreibung eines ‹Verdampfens› dieses religiösen Musters geht mit positiven Erinnerungen einher, wobei die zunehmende Reflektiertheit ins Auge springt. Eine Amsterdamerin erzählt, dass sie damit aufhörte, vor dem Essen zu beten, als die Kinder selbständig waren, «weil man dann denkt: wozu sollte man das noch machen?» Der Glaube ist, so eine andere Frau, langsam verschwunden. Van Rooden behauptet, dass in diesem Fall keine bewusste Entscheidung für ein anderes Lebensmuster getroffen wurde, aber dass der Glaube verschwand, ohne dass dies aufgefallen wäre. Der Glaube dieser Befragten war in den Jahren zuvor nicht reflektiert gewesen, aber selbstverständlich, nicht ‹durchdacht›, aber rituell; nicht eine Art und Weise, sich als Individuum auszudrücken, aber eine Art und Weise, Mitglied einer Gemeinschaft zu sein. Die grossen moralischen Gemeinschaften bröckelten in hohem Tempo ab. Obwohl es in den fünfziger Jahren noch ganz üblich war, dass tausende von Kirchgängern z. B. die Bethlehemkerk in Amsterdam-Nord besuchten, auch einen Abendgottesdienst, musste diese Kirche Anfang der neunziger Jahre geschlossen werden. Und in die Muiderkerk, die früher regelmässig bis zum letzten Platz gefüllt war, kommen heute durchschnittlich noch 60 Kirchgänger.

Die heutige Situation in Amsterdam

Im kirchlichen Bereich gibt es im heutigen Amsterdam eine sehr grosse Vielfalt, vor allem im Stadtteil Süd-Ost. In diesem Stadtteil wurden über 80 verschiedene Kirchgemeinden gezählt, die durch Einwanderung entstanden sind, manche nicht grösser als 10 Mitglieder. Alleine schon im ‹Kirchensammelgebäude› De Kandelaar feiern 15 verschiedene Kirchgemeinden ihre Gottesdienste.[3] Am 1. Januar 2008 hatte der Stadtteil Süd-Ost fast 79 000 Einwohner (Amsterdam insgesamt fast 750 000). 63,4 Prozent hatten einen nichtwestlichen Hintergrund, 8,2 Pro-

3 King of Kings Baptist Church, New Bethel Revival ministry, Damascus Christian Church, Pentecost Revival Church, Love Christian Church, Arise for Jesus Ministry, United Assemblies of God, Ebenezer Gospel Ministry, Glad Tidings Assemblies of God, Word of Faith Ministries, El Encuentro Con Dios, Assemblee De Deur, Universal Christian Faith ministries, Cross Fire ministries. Quelle: www.dekandelaar.nu (abgerufen im August 2010).

zent einen westlichen Hintergrund und 28,4 Prozent einen niederländischen Hintergrund. In ganz Amsterdam gehörten 10 Prozent (74 300 im Jahr 2005) zu den christlichen Einwanderern, von denen 24 000 regelmässig zur Kirche gehen. Es finden Gottesdienste in 37 Sprachen statt. In einer kürzlich erschienenen Dissertation behauptet Mirella Klomp: «Every Sunday afternoon a cacophony of sounds spreads over the area. In churches, car parks and school buildings, dozens of Christian congregations gather for worship.»[4] Es ist schwer, sich aus den wenigen Forschungsergebnissen ein Bild zu machen, aber es scheint eine gute Einschätzung zu sein, dass 3,5 Prozent der Amsterdamer regelmässig eine Messe oder einen Predigtgottesdienst besuchen. Verteilt über alle verschiedenen Kirchgemeinden sind dies 27 500 Menschen. Davon sind 24 000 Christinnen und Christen mit einem Migrationshintergrund.

Die protestantische Gemeinde Amsterdam

Die Mitgliederzahl der protestantischen Kirche in den Niederlanden zeigte bis 2003 einen stetigen Rückgang von 5 Prozent pro Jahr. Von 2005 bis 2006 gab es einen Rückgang von 19 812 auf 19 082 Mitglieder, in Prozenten: - 3,68 Prozent.[5] 2003 betrug das Defizit über eine Million Euro. Für 2005 wurde ein Haushalt mit einem Defizit von € 720 000 erstellt. Die Situation im Jahr 2003 wurde als eine negative Spirale beschrieben.

1. Viel weniger Kirchgänger, führt zu
2. weniger Anziehungskraft auf (neue) Personen, führt zu
3. weniger ehrenamtlichen Mitarbeitern, führt zu
4. weniger Mitteln, führt zu
5. Verlust an Werbekräften, was wieder zu einem
6. weiteren Rückgang der Kirchgänger führt (siehe 1.).

Die protestantische Gemeinde (PGA) musste zu ihrem Entsetzen feststellen, dass der Boden unter ihren Füssen ins Wanken geraten war und sie in absehbarer Zeit verschwinden würde. 2005 begann sie einen Prozess der Genügsamkeit, Verbesserung und Erneuerung. Einer der Kernpunkte war eine neue Struktur, in die man über mehrere Kerngruppen hundert Personen einbeziehen wollte. Der Gedanke war, dass der Prozess in diesen Personen Begeisterung wecken würde und sie damit zu Botschaftern für Veränderung und Erneuerung in den Kirchgemeinden würden. Jugendliche wurden nachdrücklich zur Teilnahme eingeladen, aber auch

4 Siehe Mirella Klomp, The Sound of Worship. Liturgical performance by Surinamese Lutherans and Ghanaian Methodists in Amsterdam. PThU-diss. 2009, 7.

5 Programmdokument «Op weg naar een wervende kerk. Een proces van stedelijke vernieuwing in de Protestantse Gemeente Amsterdam», 2005, 3.

Personen, die kürzlich die Kirche verlassen hatten, und nichtkirchliche Personen mit bestimmten Kenntnissen wurden gebeten mitzumachen. Die sich immer langsam drehende Mühle der kaum inspirierenden Versammlungen kam sofort zum Stillstand. An deren Stelle traten die Kerngruppen, in denen Menschen waren, die ein Gespür hatten für pastorale Fragen, soziale Themen, Bildung, Finanzen, Publizität und Kommunikation, Jugendliche und Missionserneuerung. Die Kerngruppen bekamen die Freiheit, sich in Übereinstimmung mit den Ortsteilgemeinden Pläne auszudenken und Entscheidungen umzusetzen. In kurzer Zeit entstanden viele Pläne. Um den Prozess der Kircherneuerung zu unterstützen, wurde unmittelbar neben dem Museum De Hermitage ein neues protestantisches Zentrum in Amsterdam eröffnet.

Fünf alte Häuser bilden zusammen den «Hof van (H)Eden». Es gibt hier ein diakonisches Zentrum, das sich mit der Problematik sozialer Ausgrenzung und neuer Armut befasst, es gibt ein administratives Zentrum, von dem aus die Kirchgemeinden mit Beratung, Bildung, Betreuung und Jugendarbeit unterstützt werden. In einem dritten Haus bietet man illegal in der Stadt arbeitenden Personen Unterstützung an, und im Mission House wohnen Jugendliche aus der ganzen Welt, die in Amsterdam ein Jahr lang Lebenserfahrung sammeln. Ein Haus steht für pastorale Hilfe an Menschen, die auf der Strasse leben, zur Verfügung, und eine kleine Wohnsiedlung um einen Innenhof bietet Jugendlichen, die lernen, selbstständig zu wohnen, eine Unterkunft. Die PGA sieht es als ihre Aufgabe an, einerseits dem Alltagsleben, mit allem was dazu gehört an Liebe, Freude, Streit und (Un-)Recht, ihre Aufmerksamkeit zu schenken. Die Kirche verbindet von alters her das menschliche Alltagsleben mit dem Namen Gottes, der sagt: «Ich bin dabei, Ich lasse dich nicht allein.» Andererseits will sie Raum schaffen für die Vision der guten Schöpfung Gottes, in der alles seinen Platz finden wird und die Tränen getrocknet werden. Daran erinnert der Garten mit Bäumen, Blumen, Rasen. Ein freier Raum, in dem man sich erfreuen und sich ausruhen kann. Ein ‹Garten des Lobs›, der auf den Garten Eden, auf das Paradies, verweist. Und auf den Garten, in dem Maria von Magdala am Ostermorgen den Gärtner anspricht, auf der Suche nach dem Mann, der ihr das Leben gab: Jesus aus Nazaret.

2010 können wir feststellen, dass der Rückgang der Mitgliederzahlen mit 4–5 Prozent pro Jahr ein Ende gefunden hat, und dass die Mitgliederzahl sich um die 19 200 bewegt (getaufte und konfirmierte Mitglieder), wobei die Zahl der konfirmierten Mitglieder im Vergleich zu 2006 um 753 zugenommen hat.

	(nur) getauft	konfirmiert[6]	Mitglieder insgesamt	Veränderung im Vergleich zum Vorjahr
2010	5399	13 673	19 072	-1,17%
2009	5531	13 766	19 297	0,21%
2008	5719	13 537	19 256	-0,93%
2007	5975	13 461	19 436	1,86%
2006	6162	12 920	19 082	

Die Gesamtzahl der Eingeschriebenen (inklusive Gastmitglieder) beträgt im Moment 27 377, und auch diese Zahl ist in den letzten Jahren gewachsen.

Für die Einnahmen gilt das gleiche Bild wie bei den Mitgliederzahlen. Sie verringern sich – entgegen aller Erwartungen – nicht mehr dramatisch:

2004 1 567 339 Euro
2005 1 511 286 Euro
2006 1 567 239 Euro
2007 1 604 248 Euro
2008 1 604 015 Euro
2009 1 576 830 Euro

Ausserdem ist es interessant, dass es eine neue Entwicklung gibt, die zum ‹Kernwort› Erneuerung passt. Die folgende Karte wurde für eine Lesung zum Reformationstag 2009 gemacht.[7] Sie zeigt die protestantischen Kirchengebäude im Jahr 1980. In der Zeit zwischen 1980 und 2010 sind die schwarzen Kreise, über die Hälfte der Gesamtzahl der Kirchen, verschwunden durch Zusammenlegung oder Aufhebung. In Amsterdam-Nord sind z. B. 3 von 10 Kirchen geblieben.

1980 sehen wir:

6 In den Niederlanden heisst dies, damals meist zwischen 18 und 25 Jahre alt.
7 Vortrag Siebrand Wierda, Reformationstag 2009,
siehe www.protestantsamsterdam.nl/ hervormingsdag 2009 (abgerufen im August 2010).

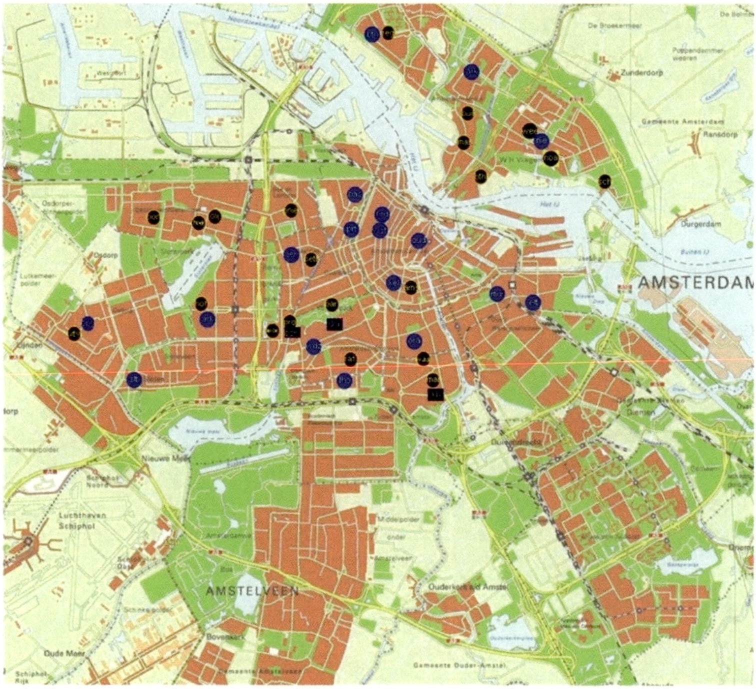

2009 stellt sich die Situation wie folgt dar:

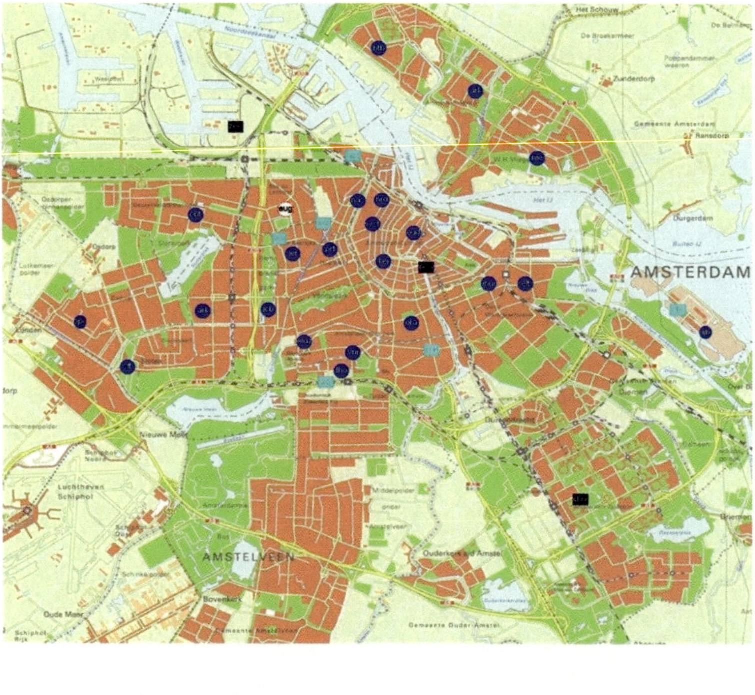

Was wir sehen ist, dass die blauen Kreise wiederkehren. Es sind die Kirchengebäude, die es noch gibt. Es fällt aber auf, dass neue Orte dazu gekommen sind. Hellblau, sechs an der Zahl. Es sind sechs neue protestantische Kirchenorte. Zwei davon sind zielgerichtet und streben die Bildung einer neuen Glaubensgemeinschaft an, in enger Zusammenarbeit mit der Nachbarschaft, als ‹Tochter› einer ‹Muttergemeinde›. In IJburg macht die Kirche, die anfangs ökumenisch war, aber wo man dann doch wieder auseinandergeraten war, einen Durchstart. Im September 2010 hat ein neuer Missionspastor mit seiner Arbeit begonnen. Alt-West führt erkundende Untersuchungen durch. Im Herzen des finanziellen Zentrums an der Süd-Achse sind die Bibelstunden und die speziellen Gottesdienste um die Feiertage ein unerwarteter Erfolg. Junge Leute in Anzügen und Kostümen lesen Exodus zusammen und wundern sich über die Befreiung aus dem Sklavendienst. Es finden also nicht nur Kirchenschliessungen statt. Was hier passiert, ist sogar mehr als Kirchenerneuerung. Es werden *neue Kirchenorte* gegründet.

Wenn wir genauer hinschauen, sehen wir überraschende Signale von sich stabilisierenden Mitgliederzahlen. Die organisatorische Vitalität, gemessen an Mitgliederzahl, Gebäuden, Leitung, materiellen Ressourcen und Zeit, die der (Organisation) Kirche gewidmet wird, ist stärker geworden. Es gibt einige neue Glaubensgemeinschaften, und die Einsicht wächst, dass Zielsetzungen wichtig sind und dass man für bestimmte Zielgruppen neue Gemeinschaften mit neuen Formen von Engagement kreieren soll. In den ‹alten› Gemeinden sehen wir Erneuerung, einerseits im Eingehen von Bündnissen mit nichtkirchlichen Organisationen (‹Ko-kreation›) und andererseits in einer Rekontextualisierung des Evangeliums in neuen Liedern, Kunst, Symbolen und Ritualen. Auf städtischer Ebene wird der Austausch von Ideen stark stimuliert und ermutigt, Experimenten wird eine Chance gegeben. Cross-denominationelle Begegnungen werden organisiert und Inspirationsreisen für Pfarrer und ehrenamtliche Mitarbeiter, z. B. nach London, werden ermöglicht. Zugleich gibt es in den traditionellen Gemeinden auch Widerstand gegen den Geist der Erneuerung. Gerade als alternde Gemeinde braucht man Seelsorge. Diese Gemeinden betonen, dass Erneuerung nicht zur Vernachlässigung der Seelsorge führen darf. Ein Pfarrer sagte in einem Interview: «Der christliche Glaube hat immer den Einzelmenschen, den unendlichen Wert des Individuums bestätigt. Das soll in diese Erneuerungswelle nicht vergessen werden.» Dazu brauchen wir, fügte er hinzu, auch Geld, und so sollen die finanziellen Ressourcen nicht nur für Projekte benützt werden.

Wir sehen also, dass in Amsterdam ein Dilemma sichtbar wird: Mission oder Versorgung. Die Frage in der nächsten Zeit wird sein, ob das wirklich ein Dilemma ist oder ob ein dritter Weg sichtbar wird, auf dem man aus einer drohenden Sackgasse kommen kann.

Kirche-Sein in Amsterdam: ein Beispiel

Die Oranjekerk steht im Viertel De Pijp. Die Gemeinde beschreibt sich auf ihrer Website mit den Worten: offen, einladend, gastfreundlich und vielfarbig. In ihren Gottesdiensten und Aktivitäten möchte die Oranjekerk offen für aktuelle Themen sein, aber der Tradition nicht den Rücken kehren. Der Eingangsbereich der Oranjekerk ist etwas Besonderes: Er besteht aus einem schmiedeeisernen Zaun in der Form eines Computerchips. So drückt die Kirche ihre Verbundenheit mit der modernen Zeit und ihre Offenheit für die heutige Welt aus. In der Gemeinde legt man Wert darauf, dass man für einander da ist, aber ebenso für die Nachbarschaft, in der sich die Kirche befindet. Zu den Gottesdiensten und Aktivitäten der Oranjekerk kommen Menschen aller Art. Die Oranjekerk ist der Meinung, dass alle Aktivitäten, die von der Kirche organisiert werden, einen Missionscharakter haben. Die Kirche ist an mehreren Nachmittagen in der Woche offen, man hat bei der Kirche einen biblischen Garten geschaffen, mitten in der unruhigen Stadt, als eine Oase der Ruhe, in der Gemeindemitglieder und Menschen aus der Nachbarschaft den Garten gemeinsam pflegen. Es gibt multikulturelle Kontakte mit der Selimyemoschee, und die Gemeinde organisiert Kunstausstellungen für Menschen aus der Nachbarschaft, Künstler und Mitglieder der Gemeinde. Die Oranjekerk steht mitten in De Pijp, und in diesem Viertel gibt es etwa neunzig Künstlerwerkstätten. Regelmässig werden ‹Tage der offenen Werkstatt› durchgeführt (Werkstattwochenenden), und die Oranjekerk dient an diesen Wochenenden als Logistikzentrum. Daneben organisieren sie mehrmals im Jahr eine grosse Ausstellung. Mehrere Künstler aus dem Viertel sind auch kirchlich aktiv. Die Kirche ist vor neun Jahren renoviert worden. Es wurden damals in Zusammenarbeit mit dem Amsterdamer Kunstfonds neue Kunstelemente in der Kirche angebracht. Im liturgischen Zentrum der Kirche spielt Kunst eine wichtige Rolle.

Einmal im Monat am Sonntagnachmittag gibt es Musik für Bewohner der Nachbarschaft, Gemeindemitglieder, Musiker und Musikgeniesser, es gibt ein Projekt für gemeinsames Kochen, es wird zusammen mit ehemaligen psychiatrischen Patienten gegessen, es gibt Filmabende. Ein Filmabend besteht aus drei Teilen: 1. Teil: eine gemeinsame Mahlzeit, zu der etwa 60 Menschen kommen. Es wird ein Gericht zubereitet, das geschmacklich zum Land passt, in dem der Film spielt. 2. Teil: der Film selbst, zu dem meist um die hundert Besucher kommen. 3. Teil: die Nachbesprechung des Films, an der etwa 60 Besucher teilnehmen. Es gibt insgesamt etwa 20 ausserkirchliche Teilnehmer. Vor ungefähr sechs Jahren hat die Oranjekerk vom zentralen Kirchenrat Amsterdams eine Subvention bekommen, um das Projekt «Kirche auf der Strasse» zu organisieren. Das Projekt hatte zum Ziel, die Mauern zwischen der Kirche und der Nachbarschaft niederzureissen. In den letzten Jahren ist es der Kirche tatsächlich gelungen, am Netzwerk des Stadtteils teilzunehmen. Sowohl die Kirche als auch der Stadtteil haben Untersuchungen durchgeführt, um zu einer Plattform religiöser Gemeinschaften zu kommen. Im Moment verläuft der Prozess zögerlich. Es gab aber schon ein interkulturelles Projekt zum Gebet, einen Abend zu «dem Fremden», und einmal im Jahr gibt es den Tag des offenen Gebetshauses.

Raum dafür, sich in Grenzsituationen zu verändern

Was geht in Amsterdam vor? Forschungsergebnisse zeigen, dass Veränderungen oder Erneuerungen christlicher Glaubensgemeinschaften im städtischen Kontext unter bestimmten Voraussetzungen stattfinden. Diese können günstig oder ungünstig sein.[8] So verringert eine tiefe Verwurzelung im Boden, aus dem heraus man lebt, die Angst vor Veränderungen. Der Raum, den eine Gemeinde ihren Mitgliedern bietet, um auch Fehler zu machen und daraus zu lernen, hat einen Einfluss. Tiefverwurzelte Überzeugungen oder Verhaltensregeln (sogenannte *mental models*) beeinflussen in hohem Masse den Spielraum für Veränderungen, und auch die Sicht der Menschen auf die Rolle der Kirche und das, was sie von der Kirche erwarten, spielt eine grosse Rolle. Wie sehen das jetzt in den doppelten Reaktionen auf die Erneuerungen in Amsterdam. Das Vorhandensein nonkonformistischer Individuen und Gruppen scheint ebenfalls unentbehrlich für eine tatsächliche Erneuerung zu sein. Es geht dabei um Menschen, die den Mut haben, Grenzen zu überschreiten.

Um Veränderungen zu ermöglichen, ist es auch wichtig zu erkennen, dass man mit Menschen zu tun hat, die als ‹die eigenen› akzeptiert werden. Aus der empirischen Forschung, aus Fallstudien, geht z. B. hervor, dass eine Kirchgemeinde in der Stadt vor allem dann, wenn ein neuer Pastor oder eine neue Pastorin sich nach einiger Zeit eingearbeitet hat und man sich an ihn oder sie gewöhnt hat, ein neues Profil bekommen kann.[9] Es stellt sich heraus, dass der moderne Pastor in der Praxis auch ‹Gemeinwesenarbeit› betreibt. In dem Zusammenhang ist es interessant zu wissen, dass die Gefahr einer Burn-out Krise bei Berufskräften geringer ist, wenn sie ihre leitende Funktion als Teil ihrer Kernaufgaben ansehen, wie Monika Udeani nachgewiesen hat.[10] Wer das Leiten als eine spirituelle Tätigkeit betrachtet und von einem spirituellen Gemeindeengagement spricht,[11] legt eine Basis für eine lernende Glaubensgemeinschaft. Vertrauen ist dabei ein zentraler Begriff.[12] Die Forschung zeigt auch, dass vor allem ein Gefühl der

8 Siehe Sake Stoppels, Voor de verandering. Werken aan vernieuwing in gemeente en parochie. Zoetermeer 2009, 101ff.

9 Siehe Rein Brouwer, Geloven in gemeenschap. Het verhaal van een protestantse geloofsgemeenschap. Kampen 2009.

10 Monika Udeani, Auferbauung – eine vergessene Dimension der Gemeindeleitung. Würzburg 2006.

11 Siehe Hans-Jürgen Abromeit u. a., (Hg.), Spirituelles Gemeindemanagement. Chancen – Strategien – Beispiele. Göttingen 2001.

12 Reiner Strunk, Vertrauen. Grundzüge einer Theologie des Gemeindeaufbaus. Stuttgart 1987, 20.

Dringlichkeit, der ‹heiligen Dringlichkeit›, zu neuer Kreativität und zu grundlegenden Veränderungen führen kann. Einblick in die Entwicklungen im lokalen Kontext spielt auch eine Rolle. Das Gebot der Kontextualität beinhaltet, dass eine Kirche sich ändern muss, wenn die Gesellschaft sich ändert. So hat sich herausgestellt, dass wer lernt, ein Dorf oder ein Viertel mit neuen Augen zu betrachten, sehen wird, welche Bedeutung die Kirche haben könnte, und umgekehrt, wie das Dorf oder das Viertel eine Ressource für die Kirche werden kann. So wird die Frage «Was können wir für einander bedeuten?» zum Ausgangspunkt. Gerade indem man auf die Fragen aus dem Viertel eingeht und sich die Wünsche der Menschen anhört, können in der Stadt bedeutungsvolle Kirchenorte entstehen.

Mit dem Bewusstsein der Dringlichkeit, spirituellem Management, einer aufmerksamen Wahrnehmung des Kontexts und der Bedeutung nonkonformistischer Individuen nenne ich vier Voraussetzungen, die in den letzten Jahren in Amsterdam erfüllt worden sind. In den einzelnen Kirchgemeinden kann zwar eine Verzögerung in der Reaktion auf die Veränderungsvorschläge ihrer Mitglieder auftreten, und es gibt Kirchgemeinden, die eine grosse Zahl von Praktiken und Überzeugungen haben, die gegen Kritik immun scheinen. Jede Kirchgemeinde kennt Gewohnheiten, die sich festgesetzt haben. Mit nonkonformistischen Individuen in ihrer Mitte, die sich ausserdem auf zentralem Niveau in Kerngruppen treffen, fängt die Veränderung aber an. In mehreren Glaubensgemeinschaften ist gerade dadurch, dass man den Bewohnern des Viertels gut zugehört hat, dass man an einer Plattform oder einer anderen Kontaktgruppe des Viertels teilgenommen hat, etwas in Bewegung gekommen. Es kam eine Verbindung zustande zwischen dem Appell der Schrift und dem Appell des oder der anderen.

Im Fall Amsterdam erkenne ich, dass gerade die Grenzsituation des unter einem ins Wanken geratenen Bodens, kombiniert mit der festen Überzeugung, dass die Schätze der christlichen Tradition damit verschwinden würden, scheinbar günstige Voraussetzungen für eine lernende Gemeinde bilden. Wir haben eine Reise in ein neues Leben als Missionskirche in der Stadt gesehen, als die Kirche kurz vor dem Sterben zu sein schien. Die Kirche kommt unter eine kritische Grenze, zum Beispiel der Mitgliederzahl oder der finanziellen Mittel, und gerade diese Einsicht, dass der Boden erreicht wurde, ist ein Katalysator, um die Umgebung mit neuen Augen zu sehen, eine bestehende Struktur niederzureissen und eine neue zu schaffen. Sie befähigt dazu, das loszulassen, was der Veränderung bisher im Wege gestanden hat. Eine tiefgreifende Umorientierung kann stattfinden, unter der Bedingung, dass man dem Untergang rechtzeitig ins Auge sieht.

Amsterdam ist aber auch ein Beispiel dafür, dass eine Reise in ein neues Leben anfangen kann, wenn eine Gemeinde ganz und gar neu, quasi frisch geboren ist.[13] Wozu sind wir gerufen? Was ist unsere Missionsberufung? Das ist die Hauptfrage für jede neue Glaubensgemeinschaft. Diese neuen Gemeinden stellen sich immer wieder die folgenden Fragen:

Wozu sind wir Kirche? Was bedeutet es, am Leben Gottes teilzunehmen?

Wo sind wir Kirche? Wie sieht unsere geografische, soziale und kulturelle Umgebung aus? Was ist unsere lokale Verantwortung?

Für wen sind wir Kirche? Wie können wir sie erreichen? Wie können wir ihnen zuhören?

Von *welchen Traditionen* wollen wir uns inspirieren lassen, und welche Erfahrungen haben wir damit schon gemacht? Was sind die Zwiespältigkeiten in diesen Traditionen?

Wann sind wir Kirche? In welcher Zeit leben wir? Welche Kommunikationsmittel passen dazu? Was ist unsere Berufung in dieser Zeit?

Wie werden wir unserer neuen Gemeinde eine *Struktur,* ein *Gebinde* verleihen, passend zu dem was wir beabsichtigen?

Welches sind die *Mittel*, die uns zur Verfügung stehen können?

Wir sehen, dass die neuen Gemeinden in Amsterdam kleine Organisationen sind, die sich andauernd verändern. Es gibt noch nur wenige Gewohnheiten, obwohl schon eine gewisse Institutionalisierung stattfindet. Sie sind trotzdem flexibel. Die Zahl der Aktivitäten ist beschränkt. Es gibt in diesen Organisationen auch eine deutlich geringere Differenzierung von Funktionen. Kernmitglieder nehmen viele Aufgaben parallel in Angriff. Fast jeder trägt Verantwortung. Die frisch geborenen Gemeinden sind auch vom Einsatz und der Vision eines Initiators oder einiger Initiatoren abhängig. Es sind verletzliche Organisationen mit einer niedrigen organisatorischen Vitalität. Überleben und wachsen, so lautet die Parole.

13 In England beschäftigt die Anglikanische Kirche sich schon seit Jahren mit diesem Thema. 1994 erschien der Bericht «Breaking New Ground: Church Planting in the Church of England». Dieses Dokument geht ausführlich auf die Kirchgründung im Rahmen der Missionspräsenz ein. Im EKD-Bericht «Kirche der Freiheit» 2006 ist Gemeindegründung nicht unmittelbar im Bild, aber der Bericht strebt ein neues Verhältnis von Glaubensgemeinschaften an. 2006 bestand die EKD zu 80 Prozent aus territorialen Gemeinden, 15 Prozent Profilgemeinden (Citykirchen, Jugend- und Kulturkirchen) und 5 Prozent Studenten-, Besucher- und Touristenkirchen. 2030 soll das Verhältnis 50:25:25 sein. Siehe Stefan Paas, De kerk in de 21e eeuw. Lessen uit gemeentestichting, in: Gert Noort, Stefan Paas, Henk de Roest & Sake Stoppels, Als een kerk – opnieuw – begint. Handboek voor missionaire gemeentestichting. Zoetermeer 2008, hoofdstuk 19.

Zum Schluss

In Amsterdam haben wir das Bewusstsein der Dringlichkeit zuerst auf Verwaltungsebene erkennen können. Mit der gebotenen Vorsicht können wir jetzt, fünf Jahre nach der *Wende* behaupten, dass es danach aussieht, dass tatsächlich ein neuer Elan entstanden ist. Aus dem unmittelbaren Interesse des Lebens und Überlebens ist eine neue Neugier entstanden. Man entdeckt die eigene Lage aufs Neue, nimmt Differenzen wahr im Vergleich mit anderen, merkt, dass es neue Möglichkeiten gibt, aber auch dass man beschränkt ist und bleibt durch kontextuell bedingte und situationsbezogene Konditionen. Die Grenzsituationen führen die Gemeinden jedoch zurück zu den *theologischen* Grundfragen: Wofür sind wir Gemeinde, wozu tun wir das, was wir tun, für wen organisieren wir Aktivitäten, was wollen wir nach aussen kommunizieren, welche Rolle wollen wir spielen im lokalen Kontext? Interessant ist, dass diese Fragen jetzt nicht nur in den erneuerungsbereiten Gemeinden sondern auch in den in auf Seelsorge gerichteten Gemeinden gestellt werden. Die Grenzüberschreitungen eröffnen ein neues Handlungsrepertoire und zeigen die Schattenseiten der eigenen eingespielten Routinen.

In Amsterdam hat es wieder begonnen.

Orte von Kirche – verschieden und komplementär. Französische Perspektiven

Isabelle Grellier[1]

Der Wandel der Mentalitäten und Lebensstile lässt Christinnen und Christen nicht unberührt. Er zwingt sie, in Frankreich wie in Zürich oder Chicago, sich grundsätzlich damit auseinanderzusetzen, wie sie das Evangelium leben. Besonders spürbar ist dieser Wandel im urbanen Milieu. Wie im Titel angekündigt, werde ich mich auf den folgenden Seiten mit der Situation in Frankreich befassen. Vorab möchte ich präzisieren, dass meine Überlegungen in einem ganz spezifischen Beobachtungsfeld wurzeln, nämlich in der Welt des französischen Protestantismus – ja eigentlich in erster Linie in der lutherisch-reformierten Welt.

In diesem Zusammenhang sei daran erinnert, dass der Protestantismus in Frankreich in höchstem Masse minoritär ist. Nur im Elsass weist er nach wie vor eine gewisse Dichte auf. Überall sonst liegt der Anteil Protestanten – welcher Richtung auch immer – an der Gesamtbevölkerung bei lediglich ein bis zwei Prozent. Dazu ein Beispiel: Die Église réformée de France – zweifellos nach wie vor die wichtigste protestantische Kirche in Frankreich, obwohl gewisse evangelikale Denominationen heute ebenso stark sind – ist in einigen französischen Departementen nur mit einer einzigen Kirchgemeinde vertreten. Diese eine Gemeinde soll Gläubige versammeln, die vielleicht 100 oder 150 Kilometer voneinander entfernt leben! Eine Situation, die zwangsläufig die Handlungsmöglichkeiten der Gemeinden bestimmt. Doch die schwache Stellung des französischen Protestantismus kann – und das werde ich aufzuzeigen versuchen – auch Chance sein: Wenn die alten Strukturen nicht mehr lebensfähig sind, müssen wir andere, neue Lebensstile erfinden; wenn ein einziger Pfarrer für ein ganzes Department zuständig ist, müssen sich die Mitglieder der Kirche für deren Überleben einsetzen. Daher die oft bescheidenen Angebote kirchlichen Lebens und kirchlicher Präsenz, wobei der Schwerpunkt, ohne starke institutionelle Unterstützung, auf zwischenmenschliche Beziehungen und persönliches Engagement gelegt wird. Was ja den Mentalitäten der Menschen von heute vielleicht eher entspricht.

Wie die Kirche denken? Der klassische theologische Ansatz setzt eher auf die traditionellen Attribute und Aufgaben der Kirche und versucht, sie an die gegenwärtige Situation anzupassen. Mich hingegen spricht eher jener praktisch-theologische Ansatz an, der Kirche situativ denkt: Ausgangspunkt sind die vielfältigen und anspruchsvollen Initiativen, mit denen Frauen und Männer versuchen, die

1 Aus dem Französischen von Elisabeth Mainberger-Ruh (Zürich).

Botschaft in einem präzisen Kontext in die Praxis umzusetzen. Solche Erfahrungen zwingen uns, unser Kirchenverständnis zu überdenken im Dialog zwischen der kirchlichen Tradition und den aus diesen Erfahrungen gewonnenen Einsichten.

Dass ich für diesen Ansatz optiere, hat mit einer theologischen Überzeugung zu tun, der gut protestantischen Überzeugung nämlich, dass die Kirche grundsätzlich eher zur Kategorie des Ereignisses als zur Kategorie der Institution gehört. Kirche ist das Ereignis des gemeinsam gehörten Wortes – sei es in der Institution, sei es ausserhalb. Man nehme deshalb nicht so sehr die Institution und ihre Merkmale zum Ausgangspunkt, sondern suche die Kirche dort, wo die Botschaft des Evangeliums – in welcher Form auch immer – angenommen und umgesetzt wird. Damit will ich der Institution ihre Bedeutung nicht absprechen; sie ist nützlich, ja notwendig, wenn es darum geht, das gemeinsame Leben der Gottsuchenden zu organisieren, sie auf deren Weg zu begleiten und deren Zeugenschaft zu wecken. Gefährlich wird sie aber immer dann, wenn sie vergisst, dass sie bloss Instrument im Dienst des Wortes ist, immer dann, wenn sie sich für die Alleinkonzessionärin der evangelischen Botschaft hält.

Breiten Raum gebe ich hier folglich konkreten und ganz unterschiedlichen, bescheidenen oder gewichtigeren, punktuellen oder längerfristigen, von Gemeinden oder Einzelpersonen organisierten Initiativen. Aufzeigen will ich, wie jede auf ihre Weise etwas über das Evangelium in seinem Kontext aussagt, wie sie, um Dietrich Bonhoeffers Formulierung aufzunehmen, versucht, dem Handeln Gottes Raum zu geben. Die hier getroffene Wahl ist selbstverständlich subjektiv, zugleich aber versuchte ich der grossen Vielfalt dieser Initiativen Raum zu geben. Denn gerade diese Vielfalt spiegelt etwas vom Evangelium, das allen alles sein will und jede und jeden von uns bei den eigenen Sorgen und Gefühlen abholt.

Diese Initiativen werde ich nicht in systematischer Form präsentieren, mich vielmehr auf einige ‹Architekturregeln› stützen, die ich in einem 2005[2] erschienenen Sammelband formuliert habe. Von Architekturregeln spreche ich, weil wir es in jenem Werk für bedeutsam hielten, die Metapher einer Baustelle zu gebrauchen. Denn in einer Welt des raschen Wandels muss auch die Kirche akzeptieren, ständig auf der Suche zu sein, neue und provisorische Bauten zu errichten – eine permanente Baustelle. Nachdem wir das ‹Terrain› – die urbanen Realitäten – analysiert und das ‹Fundament› – die theologischen Grundlagen – gelegt hatten, präsentierten wir in jenem Sammelband fünfzehn ‹Baustellen›: von uns als aussagekräftig erachtete Versuche, in der Stadt das Evangelium zu leben und zu vermitteln. Diese Initiativen analysierte ich und formulierte anschliessend zehn

2 Isabelle Grellier/Patricia Rohner-Hégé (Hg.): Habiter la ville: attention chantier! L'Église dans la Cité. Strassburg/Lyon 2005. Die Zitate der nachstehenden Seiten sind, sofern nichts anderes vermerkt, diesem Sammelband entnommen.

Regeln von ‹Architekturen›, deren Umsetzung möglich ist, wie diese ‹Baustellen› vor Augen führen. Im weitesten Sinn stütze ich mich hier auf die damaligen ausführlichen Überlegungen, um einige Wegmarken zu setzen, die uns helfen können, unsere Art und Weise des Kirche-Seins in der Stadt zu denken; Wegmarken, die nicht zeitlos, sondern je nach Kontext diskutiert und revidiert sein wollen.

Unser Blick auf die urbane Gesellschaft

Ursprünglich wollte ich damit beginnen, einige Merkmale der urbanen Welt in Erinnerung zu rufen. Schliesslich habe ich darauf verzichtet, einerseits aus Platzgründen, andererseits aber auch, weil es zwischen Städten in Frankreich und Städten in der Schweiz oder in Deutschland zweifellos kaum fundamentale Unterschiede gibt. Allerdings möchte ich, bevor ich weiterfahre, kurz darauf eingehen, wie wir diese urbane Welt betrachten. Betrachten wir die Realitäten des urbanen Lebens eher als Hilfe oder eher als Hemmnis für das Evangelium?

Die Frage hat eine objektive und eine subjektive Seite, wobei letztere vielleicht wichtiger ist als erstere. Allererst geht es darum, das urbane Leben in seiner Vielschichtigkeit zur Kenntnis zu nehmen: Zersplitterung unserer Leben in zahlreiche voneinander getrennte Bereiche; Fülle von materiellen, kulturellen und sogar spirituellen Angeboten; wachsende Kluft (zumindest in Frankreich) zwischen Reichenghettos und Armenghettos; Anonymität und Einsamkeit vieler Menschen usw. Nur in einem präzisen Umfeld lässt sich mehr oder weniger objektiv analysieren, dass es für Christen darum geht, dem Handeln Gottes Raum zu geben. Da die meisten Merkmale urbaner Kultur entweder eher positive oder eher negative Seiten aufweisen, können wir, so scheint mir, darin Aspekte finden, die in Übereinstimmung mit dem Evangelium oder aber eher im Widerspruch zu ihm stehen. Nicht weniger wichtig ist es indes, sich der eigenen Sichtweise bewusst zu sein, beeinflusst diese doch die Art und Weise, wie wir das Evangelium leben. Ist es ein misstrauischer und (ver-)urteilender Blick, der uns zur Aussage bewegt, das Evangelium stehe im Widerspruch zu diesen Realitäten, oder aber ein verständnis- und liebevoller Blick auf jene Männer und Frauen, die diese Realitäten leben, erfüllt von der Überzeugung, dass das Evangelium für sie vor allem anderen eine Gnadenbotschaft ist?

Rudolf Bultmanns Überlegungen im Aufsatz «Anknüpfung und Widerspruch» können uns helfen, diese Alternative zu überwinden. Denn für Bultmann kann genau das, was in jeder Person dem Evangelium im Wege steht, sich ihm widersetzt, jener Ort werden, wo das Evangelium dem Menschen begegnet. Zwar lädt das Evangelium den Menschen zu einer radikalen Entäusserung ein und widersetzt sich insofern jener Sorge um uns selbst, von der wir besetzt sind; aber, so Bultmann: «Die den Menschen, der er selbst sein will und der sein Selbst verloren hat, bewegende Frage nach seiner Eigentlichkeit ist der Anknüpfungspunkt für Gottes Wort.»[3] Diese Überzeugung lädt uns ein, unseren Blick auf die urbane Welt zu ändern und uns zu vergegenwärtigen, dass der Mensch von Gott so geliebt wird, wie er ist, und dass selbst seine Irrwege ein Anknüpfungspunkt für das Evangelium sein können.

Einige Hilfestellungen, die Kirche in der Stadt heute zu denken

Ich nehme nun einige dieser ‹Architekturregeln› auf, die meiner Auffassung nach helfen können, die Modalitäten kirchlicher Präsenz in der Stadt von heute zu denken. Ich werde sie kommentieren, wobei ich mich jeweils auf mindestens eine, meist jedoch mehrere da oder dort entdeckte ‹Baustellen› stütze. Auch wenn diese Initiativen auf unterschiedlichen theologischen Voraussetzungen beruhen, auch wenn sie die Frage nach der Kirche in der Stadt nicht gleich beantworten, so ist ihnen bei aller Diversität doch eine gemeinsame Thematik eigen.

Die meisten dieser Wegmarken sind um der Dynamik willen in der Infinitivform und noch dazu dialektisch formuliert. Es ist der Versuch, die Komplexität der Realität zu berücksichtigen. Die erste Aussage aber kommt als Feststellung und Mahnung zugleich daher:

Man sperrt die Wahrheit nicht ein

Die urbane Welt ist hin- und hergerissen zwischen zwei Extremen: Auf der einen Seite ein radikaler Relativismus, wonach in Sachen Glaubensüberzeugungen und Wertvorstellungen alles auf dasselbe hinausläuft und es kein allgemeingültiges Kriterium zur Beurteilung dessen gibt, was wahr ist; auf der anderen Seite Integrismen, die sich als Besitzer der Wahrheit betrachten und alles ablehnen, was ihrer Sichtweise zuwiderläuft. Lange Zeit haben die Kirchen unangefochten für sich in Anspruch genommen, im Besitz der geoffenbarten Wahrheit zu sein. Die von uns erforschten Initiativen zeugen, so scheint es, von einem zurückhaltenderen, komplexeren und zweifellos angemessceneren Verhältnis zur Wahrheit: Jeder nach seiner Fasson bedeutet in christlicher Perspektive, dass sehr wohl etwas existiert, das als Wahrheit bezeichnet werden kann, dass sich diese uns aber grundsätzlich immer entzieht und dass Christinnen und Christen aufgerufen sind, Suchende zu bleiben.

Ich beziehe mich hier auf zwei Initiativen, die sich dieser Wahrheitsfrage gegenüber unterschiedlich situieren, sich aber beide auf die religiöse Pluralität in der urbanen Welt einlassen. Die erste, «Action Quartiers» genannt, ist das Werk

3 Rudolf Bultmann: Anknüpfung und Widerspruch, in: Glauben und Verstehen. Gesammelte Aufsätze. Bd. 2. 5., erw. Auflage. Tübingen 1968, 117–132, zit. 120.

des Heilsarmeeoffiziers und ausgebildeten Pädagogen Didier Chastagnier. Mit seiner Gitarre und seiner Clown-Nase begibt er sich regelmässig auf die Spielplätze einer grossen Wohnsiedlung in Strassburg; dort lädt er die sich selbst überlassenen Kinder zum Spielen ein und erzählt ihnen Geschichten. Sein Ziel: Den Kindern die ihnen oft fehlenden Leitplanken vermitteln und die das Zusammenleben stärkenden Wertvorstellungen teilen. Doch darin hat das Evangelium ganz klar seinen Platz: Die dem Kontext angepassten Geschichten stammen aus der Bibel, die Kinder werden (selbstverständlich zusammen mit ihren Eltern) zu Weihnachtsfeiern eingeladen. «Da wir offen sagen, wer wir sind (evangelische Christen), ohne allerdings überzeugen und missionieren zu wollen, haben wir das Vertrauen der Familien gewonnen, auch der muslimischen», so Chastagnier (S. 96). Dank dieses Vertrauenskapitals ist die ‹Action Quartiers› unglaublich stark gewachsen und hat ihre Aktivitäten diversifiziert; sie entspricht offenkundig einem starken existenziellen und spirituellen Bedürfnis in diesen benachteiligten und multireligiösen Stadtvierteln. Zweifellos begreift der Gründer den christlichen Glauben als Wahrheit, die Begegnung aber wird unter Respektierung anderer Überzeugungen gelebt und sie betont das Einigende. Hinweisen möchte ich vor allem auf die Clown-Nase, jene Clown-Nase, die so ganz und gar nicht dem Bild vom ‹Herrn Pfarrer› entspricht, das im Elsass nach wie vor lebendig ist. Sie ist Symbol für ein Verhältnis zur Wahrheit, das sich von dem in den Kirchen gängigen unterscheidet; sie ist Trägerin des Humors und markiert eine Distanz; so zeigt sie auf, dass das gesprochene Wort ein blasser Widerschein einer Wahrheit bleibt, die stets noch vor uns liegt.

Spiel, Märchen und Kunst ganz generell betrachte ich als eine angemessene Art und Weise, etwas über eine Wahrheit auszusagen, die wir nicht in unsere Wörter einsperren können. Kein Zufall zweifellos, dass diese Elemente in zahlreichen der von mir beobachteten Initiativen präsent sind.

Ein weiterer Kontext: Die zweite Initiative nennt sich ‹Association culturelle et religieuse inter-communautaire pour la Paix›. Sie ist in Rouen aus dem Geist von Assisi entstanden, jenem Gebetstreffen, zu dem Johannes Paul II. religiöse Würdenträger der ganzen Welt eingeladen hatte. Dahinter steht die Überzeugung, dass der interkulturelle und interreligiöse Dialog eine Notwendigkeit ist in Städten, in denen Frauen und Männer unterschiedlicher Zugehörigkeit nebeneinander leben, häufig ohne einander zu begegnen – während der Andere, da anders, gleichwohl häufig als Sündenbock bei sozialen Schwierigkeiten herzuhalten hat. Doch darüber hinaus sind die Vereinsmitglieder der Überzeugung, dass der Dialog zwischen den Religionen eine Bereicherung für alle jene ist, die diese Herausforderung annehmen. Denn sie zwingt alle, wachsam zu bleiben, vorgefasste Meinungen vom Andern aufzugeben und eigene Denkmuster zu revidieren. «Auseinandersetzungen akzeptieren und unsere Divergenzen austragen, ohne vom Platz zu gehen oder das aufzugeben, was mich ausmacht, Klischees und vorgefasste Meinungen überdenken und unablässig hinterfragen, das heisst [...] eine Art gute Nachricht zu werden» (S. 104), so Pfarrer Bernard Antérion; dazu müssen wir «bereit sein loszulassen». Vielleicht aber müssen wir bereit sein loszulassen, um der Wahrheit etwas näher zu kommen ...

Lernen ‹Ich› zu sagen und das ‹Wir› zu leben

Der Protestantismus hat mit der Rehabilitierung der Autonomie des Subjekts und der Gewissensfreiheit gegenüber einer autoritären Kirche in hohem Masse zum modernen Individualismus beigetragen. Doch vielleicht war er zu erfolgreich ... Das von ihm gepriesene verantwortliche Individuum ist nicht selten zum egoistischen Individuum mutiert. Und der Bruch der überkommenen Solidaritäten bringt es mit sich, dass die Ballungszentren häufig Orte grosser Einsamkeit sind. Wir stehen heute vor einer zweifachen Herausforderung: Die Realität und die Notwendigkeit der Solidarität, aus der wir leben, aufwerten und zugleich die Entfaltung des Individuums dort befördern, wo es zerrieben wird. Diesem Ziel haben sich zahlreiche protestantische Initiativen verschrieben.

Als Beispiel nehme ich hier den Verein TO7, der insbesondere ein Haus für Arbeitslose in einem sogenannt sensiblen Viertel in Toulouse betreibt. Die Tätigkeit von TO7 ist Teil der diakonischen Aufgabe der Kirche – einer nicht bloss als materielle Hilfe, sondern als Angebot von echten Beziehungen verstandenen Diakonie. TO7 ist eine Beratungsstelle, bei der man sich informieren, Unterlagen vorbereiten, sich in den eigenen Aktivitäten begleitet lassen kann; es ist auch ein Ort «für nichts», wo man sich ganz einfach begegnen, bei einem Essen zusammen sein kann. Bei den regelmässig organisierten Essen mit Diskussion zu ganz unterschiedlichen Themen lernen die Teilnehmenden, sich auszudrücken und sich auszutauschen, um an einer gemeinsamen Reflexion teilzuhaben: lernen ‹Ich› zu sagen, falls das bisher nicht möglich war. Bis zu dem Tag, so der Pfarrer und Animator, «da das eigene Wort öffentliches Wort werden und sich mit einem anderen öffentlichen Wort auseinandersetzen kann», bis man also fähig ist, «zu argumentieren, über sein Viertel zu reden, sich zu verteidigen und die anderen zu verteidigen» (S. 169). Das bedeutet, dass für die Verantwortlichen das Projekt ‹Ich›-Sagen-Lernen vom Lernen des ‹Wir› nicht zu trennen ist – eines echten ‹Wir›, das nicht auf die Aufhebung der Individualität baut, sondern auf das gemeinsame Einbringen der Differenzen. TO7 versteht sich als Ort des Widerstands gegen alle Fehlentwicklungen, welche die Möglichkeit eines echten ‹Wir› ausmerzen, handle es sich um Intoleranz oder um das Aufkommen von Kommunitarismen. In den Augen des Animators ist das Wort des Evangeliums bei dieser Arbeit ein kostbares Plus, denn dieses Wort «schafft Kommunikation, Klarsicht, Leben, es baut das Selbstverständnis und das Verständnis des andern auf, es begründet eine Geschichte» (S. 166). Das bedeutet, dass TO7, eine von der Église réformée de France geschaffene Institution, ihre Bindung an die Kirche bewahren will, selbst wenn sie Freiwillige jeglicher religiösen Couleur zusammenbringt.

Viele andere Initiativen – für Jugendliche oder für Erwachsene mit dem Fokus Kunst, Spiritualität oder Sport – hätten hier als Beispiel für das Erlernen einer Gemeinschaft präsentiert werden können, die sich als «Gemeinschaft der Ungleichen» versteht (ich nehme hier eine prägnante Formulierung des Philosophen Roberto Esposito auf). In einer zwischen Individualismus und Tribalismus hin- und hergerissenen Welt hat die christliche Botschaft eine wichtige Rolle zu spielen, lädt sie doch dazu ein, die beiden Dimensionen Individuum und Gemeinschaft zusammenzuhalten.

Auf Umwegen auf das Bedürfnis nach dem Heiligen eingehen und für Spiritualität neue Ausdrucksformen erfinden.

Der Protestantismus hat eine starke Akzentsetzung auf die Bibeltexte radikalisiert. Deshalb signalisiert er seit je seine Vorbehalte gegenüber jenem Umgang mit dem Heiligen, der letztlich Gott aus der Welt verdrängen und religiöse Regeln zur Trennung von Gottesliebe und Nächstenliebe aufstellen soll. So hat er in hohem Masse zu der für die Neuzeit charakteristischen Desakralisierung der Welt beigetragen.

Gleichwohl müssen wir zur Kenntnis nehmen, dass sich in unseren Städten ohne offizielle Götter ein starkes Bedürfnis nach dem Heiligen manifestiert. Das Heilige tritt dort in vielfältigen Formen wieder auf: an Sport, Unterhaltung und Showbusiness gebundene Zivilreligionen; vielfältige esoterische Bewegungen; auf der Basis der grossen Religionstraditionen gebastelte individuelle Glaubensinhalte; Glaube an das Übernatürliche usw. In den Städten ist die «Wiederverzauberung der Welt» in Gang und sie findet grösstenteils ausserhalb der institutionellen Religionen statt – zuweilen auch in ihren traditionellsten oder gar obskurantistischen Strömungen.

Die meisten der von mir beobachteten protestantischen Initiativen verfolgen tendenziell eine Strategie der Desakralisierung. Prioritär sind intellektuelle Reflexion, vernünftiges Argumentieren, zwischenmenschliche Begegnung und ethisches Engagement und nicht so sehr eine rituelle Strategie.

In den verschiedenen Projekten steht Spiritualität nicht aussen vor, bleibt aber so etwas wie die arme Verwandte, gehört sie doch in der protestantischen Welt nach wie vor eher in den Bereich des Intimen und Individuellen. Für manche spielt sich Spiritualität in erster Linie in der zwischenmenschlichen Begegnung und im Engagement für die Armen ab. So präsentierte denn der frühere Animator von TO7 den Ort als «den erstaunlichsten, weltlichsten Gebetsort» (S. 169). Dies ist Ausdruck des an vielen solchen Orten vorhandenen starken Willens, Spiritualität nicht zur abgehobenen, vom Engagement abgekoppelten Realität mutieren zu lassen.

In einer Welt des Konsums macht sich das Bedürfnis nach Zeiten und Orten der Sammlung und nach Innerlichkeit bemerkbar; diese verkörpern so etwas wie den Protest gegen die Herrschaft von Haben und Schein. In Lille etwa betreibt ein ökumenischer Verein einen Ort der Stille und des Gebets im Zentrum eines Shoppingcenters – eine Irreverenz vor dem Gott Mammon, dessen Aushängeschild und Diener das Shoppingcenter ist.

In solchen Initiativen verläuft die Öffnung auf Gott hin häufig nicht über die traditionellen Formen von Gottesdienst oder Gebet, sondern über andere Kanäle. Einer davon ist die Kunst, sofern sie Suche nach einem Anderswo ist und versucht, etwas über das Unsagbare auszusagen. Die Kunst kann auch etwas über Gott aussagen durch die Dimension des Umsonst, dessen Trägerin sie ist. Erwähnt sei hier die Aktion des «Parvis des Arts» in Marseille; entstanden ist sie aus dem Willen einer Gruppe von Theologiestudierenden, Kunst und Glauben zusammenzubringen. Angeboten werden sowohl Unterhaltung – namentlich Theater –, aber auch kreative Workshops: Zeichnen, Malen, Pantomime, Gesang, Theater. Alle diese Workshops fördern den Ausdruck und die Entdeckung der Innerlichkeit. Es geht nicht darum, so Olivier Arnéra, Gründungsmitglied und künstlerischer Leiter des ‹Parvis des Arts›, die Kunst in den Dienst des Glaubens zu stellen, doch ist «Kunst eine Gabe, eine Gnade, die in sich selbst aufzeigt, dass wir Menschen nach dem Bilde Gottes sind» (S. 146). Einige Teilnehmende haben die vom ‹Parvis des Arts› organisierten Praktika als spirituelles Abenteuer erfahren.

An dieser Stelle möchte ich auf eine weitere Initiative eingehen: die seit über zwanzig Jahren mehr oder weniger regelmässig stattfindenden Nächte der Ethik. Organisiert werden sie von Professor Olivier Abel am Institut protestant de Théologie. Diese Nächte sind allererst Anlass zur Reflexion auf hohem intellektuellem Niveau, geben aber auch einem gewissen Ritual Raum, als wollten sie die zugrunde liegende existenzielle Dimension betonen und stützen. In einer Reihe knapp gehaltener Statements, unterbrochen von musikalischen Intermezzi und Momenten der Entspannung, bietet Olivier Abel – zuweilen im Dialog mit weiteren Referentinnen und Referenten – einen Initiationsweg durch das weite Feld der ethischen Reflexion an. Dieser Weg ist zugleich ein existenzieller Durchgang durch die Nacht. Die Teilnehmenden sind geladen, sich in unbekannte Welten, Welten der Finsternis, führen zu lassen, die der Redner mit Worten zu zähmen versucht, die aber einen Teil ihres Geheimnisses bewahren. Ohnehin «soll man nicht versuchen, alles zu verstehen», bemerkt Olivier Abel. Es ist, als wolle der Lehrende, der er ist, hinter eine andere Rolle zurücktreten: die Rolle des ‹Zelebranten› einer Zeremonie. Die Nacht, Ort des Heiligen schlechthin, verleiht diesem Weg seinen so ganz besonderen Charakter: die Nacht, die uns zwingt, uns mit den notwendig zu durchlaufenden Ängsten zu konfrontieren; die Nacht, die offen macht für neue Solidaritäten; die Nacht, die in die Morgendämmerung und in mögliche Neuanfänge mündet. Kaum zufällig finden diese durchwachten Nächte in der Nacht von Karfreitag auf Karsamstag statt.

Angesichts gewisser Formen des Heiligen, die dazu tendieren, die Menschen an magische Mächte auszuliefern und sie ihrer wahren Fragen zu berauben, geht es darum, einen neuen Umgang mit dem Heiligen zu erfinden. Er hilft uns, unsere Grenzen zur Kenntnis zu nehmen, und er bezeichnet respektvoll das Geheimnisvolle und Wertvolle in unseren Leben. Denn die Öffnung auf das Heilige hin kann sich als fruchtbarer Bruch mit dem Alltag erweisen, als ein Bruch, der nicht Flucht vor diesem Alltag ist, sondern notwendige Distanznahme, um dessen Sinn und existenzielle Tiefe wiederzufinden und angesichts der dem urbanen Leben eigenen Zersplitterung zur Einheit zurückzufinden.

Gegen das den Menschen entstellende Elend in Worten und Taten protestieren

Stark präsent ist die diakonische Dimension in Initiativen, mit denen Christen und Christinnen ihren Glauben in die Praxis umzusetzen versuchen. Zuweilen handelt es sich um ein Engagement rein karitativer Natur (Mahlzeiten, Nahrungsmittelpakte, finanzielle Unterstützung), meist jedoch ist es gepaart mit mittel- oder langfristiger Sozialarbeit: Bildung, Alphabetisierung, Hilfe zur gesellschaftlichen Wiedereingliederung usw. Begleitet wird dieses Handeln in vielen Fällen vom politischen Protest gegen Strukturen, die solches Elend verursachen oder es tendenziell fortbestehen lassen.

Das Handlungsspektrum ist also sehr breit. Auf der stärker karitativ orientierten Seite seien die «Tables du CASP» erwähnt, in der Region Paris organisierte Mahlzeiten für Menschen, die vom Centre d'Action sociale protestant (CASP) begleitet werden. Zu diesen Mahlzeiten wird eingeladen, als würde man Freunde einladen. Es wird alles getan, um die Eingeladenen wie hohe Gäste willkommen zu heissen, dafür sorgen die Qualität des Essens und der Tischdekoration, vor allem aber die jedem und jeder zuteilwerdende Aufmerksamkeit sowie die Offenheit für eine Beziehung. Was den sozialpolitisch orientierten Bereich betrifft, sei aus einer Vielzahl von Initiativen nochmals auf die Tätigkeit von TO7 hingewiesen; hier wird ganz besonders darauf geachtet, dass die Marginalisierten zu Akteuren ihres Lebens und ihrer politischen Optionen werden und dass sie über das Faktum der Exklusion informiert werden – daher die Anlaufstellen der Mission populaire évangélique, Sozialzentren, in denen der Bezug auf das Evangelium klar deklariert wird.

Nicht unbedingt originell – alle diese Initiativen. Gespeist werden sie von der Forderung nach Gerechtigkeit und der Einladung zur Geschwisterlichkeit, wie sie in der Bibel präsent sind. Was damit bezweckt wird: den Angesprochenen etwas von jener Würde (zurück-)zugeben, die ihnen eine Gesellschaft, die die Menschen an ihrem Portefeuille misst, vielfach verweigert. Im Zentrum steht die Beziehung, eine auf dem Austausch basierende Beziehung, die es den Marginalisierten erlaubt, in der Welt der Menschen wieder einen Platz zu finden. Für den Christen, der diesen Menschen in Schwierigkeiten nahesteht, ist diese Beziehung Anstoss für einen menschlichen und spirituellen Weg, für eine Begegnung mit Gott. Und ist es im Übrigen nicht besser, «in sensiblen Zonen zu leben als in unsensiblen?» – so die Frage von Corinne Akli, der langjährigen Pfarrerin in Aubervilliers und Präsidentin des von der Gemeinde geschaffenen Präventionsvereins.

Auf dem Spiel steht in diesem Engagement die Glaubwürdigkeit der Botschaft des Evangeliums, aber auch die Würde der Wohlhabenden. Armut kann den Menschen entstellen, doch mehr noch gilt das für den Reichtum, wenn er sich mit Egoismus paart und wenn das Bewusstsein für die notwendige zwischenmenschliche Solidarität abhandenkommt. Spricht eine Gesellschaft einigen ihrer Mitglieder ihre Würde ab, verleugnet sie ihre eigene Würde – das hat die Église réformée de France anlässlich ihrer Jahressynode in Erinnerung gerufen.

Das Elend, das den Menschen entstellt, ist nicht einfach wirtschaftlicher Ordnung, es spielt sich auch auf der Ebene von Beziehung, Kultur und Spiritualität ab. In diesem Zusammenhang sei insbesondere die ökumenische Initiative der Strassenseelsorge Strassburg erwähnt. Im Bewusstsein, dass die Bitte um Hilfe die Beziehung verfälscht, haben Christen beschlossen, sich mit leeren Händen auf die Strasse zu begeben, um jenen zu begegnen, die dort leben: mit einem Beziehungsangebot an jene, die dies wünschen. Diese ausdrücklich im Namen der Kirche durchgeführte Aktion wird von den Obdachlosen offenkundig gut aufgenommen; es entstehen Beziehungen, die es allen erlauben, lebendiger zu leben.

Die Grenzen überschreiten, die unsere Angst vor der Andersheit schafft

Etwas zeichnet die meisten der von mir beobachteten Initiativen aus, nämlich deren Fähigkeit, jene Grenzen zu überschreiten, in die wir uns nur allzu oft einigeln; jene Grenzen, in die eine säkulare Gesellschaft die Kirche einsperrt und welche die Kirchen selbst fördern, wenn sie allzu radikal unterscheiden zwischen ihnen selbst und ‹der Welt›, zwischen ‹innen› und ‹aussen› – übrigens ein Bruch, den zu bejahen die protestantische Auffassung von der unsichtbaren Kirche verhindert.

Die Stadt mit ihrem Nebeneinander von Menschen unterschiedlicher Herkunft und Zugehörigkeit ist von einer Logik der Trennung durchdrungen; diese gründet auf der Vorstellung, dass Nähe zum fremden anderen nachteilig ist – selbstverständlich vor allem dann, wenn dieser andere ärmer ist als man selbst. Diese Logik der Trennung stützt sich auf eine Misstrauenshaltung und verstärkt diese wiederum. Gemäss den Kriterien von Reichtum, Herkunft usw. ist der städtische Raum in ein Nebeneinander von kleinen Ghettos aufgesplittert. Namentlich in den Städten spielt die religiöse Zugehörigkeit – welche die französische Laizität auszublenden versucht – zunehmend eine wichtige Rolle, wobei der Islam für gewisse Bevölkerungsteile, die sich an den Rand gedrängt fühlen, zum Identitätsträger wird. Während unsere Gesellschaft in der Utopie lebt, die Grenzen niederzureissen, stärkt sie diese in mancherlei Hinsicht in oft skandalöser Manier.

Grenzen sind nicht per se schlecht: Sie können eine Art Signaltafel für die für uns konstitutiven Unterschiede sein und eine Aufforderung zur Respektierung dieser Unterschiede. Dann sind Grenzen dazu da, überschritten zu werden – allerdings unter bestimmten Voraussetzungen, in einer bestimmten Geisteshaltung, nämlich im Sinne der Respektierung dieser Unterschiede und der so bedeuteten Intimität.

Grenzen überschreiten: Genau das tut die Strassenseelsorge, wenn sie hinausgeht und die Begegnung mit den Obdachlosen sucht; genau das tun viele diakonische oder kulturelle Vereine, die der Ort enger Zusammenarbeit und fruchtbarer Dialoge zwischen Menschen mit unterschiedlichen kulturellen, religiösen und politischen Bezugssystemen sind. Dieser Wille steht auch im Zentrum der Initiative einer katholischen Gemeinde in einem multikulturellen Viertel von Strassburg: la Fête des peuples. Es war der Wunsch des dortigen Pfarrers J. P. Buecher, die Kirche in einen Ort zu verwandeln, wo alle im Viertel lebenden Bevölkerungsgruppen einander näherkommen können. Das Fest der Völker bietet allen den Raum, sich zu präsentieren und in der eigenen Kultur anerkannt zu werden; die Leute beginnen füreinander da zu sein. «Seit gestern werde ich auf der Strasse gegrüsst», so ein im Viertel lebender älterer Mann strahlend am Tag nach dem ersten Fest. Mentalitäten und Herzen verändern sich: «Nach einem Fest der Völker», bemerkt J. P. Buecher, «haben wir zwischen uns Zeichen aufgestellt, die besagen, dass es untersagt ist, gedankenlos über den Fremden, über die Andere zu reden, sonst würde es jeglicher Logik entbehren.»[4]

Am unverrückbarsten sind oft Grenzen, die jene trennen, die sich eigentlich am nächsten sind. In einigen Städten gibt es mehrere voneinander getrennte Gemeinden, die in einer schrumpfenden Kirchenlandschaft konkurrieren. Gemeindegrenzen niederreissen ist dem kirchlichen Leben meist förderlich: Auf die Konkurrenz folgt eine auf Spezialisierung fussende Zusammenarbeit; die spezifischen Bedürfnisse jedes Stadtviertels können besser berücksichtigt werden. In Bordeaux

4 In: Isabelle Grellier/Fritz Lienhard (Hg.): Comprendre les électeurs de l'extrême droite et s'engager pour une autre espérance. Lyon/Strassburg 2005.

geht die Zusammenarbeit noch weiter, wird doch die Église réformée de Bordeaux – sie umfasst drei Viertel des Departements Gironde mit zahlreichen Kirchen und vielen Initiativen – von einem einzigen Presbyterialrat geführt. Dieser Rat ist verantwortlich für das spirituelle Leben, sucht aber auch die Zusammenarbeit mit den verschiedenen Formen christlicher Präsenz in der Stadt. Diese Struktur, obwohl etwas schwerfällig, ermöglicht eine echte Dynamik der Komplementarität von Wort und Tat, von Gemeinden, kulturellen Initiativen und diakonischen Institutionen.

Grenzen überschreiten, ohne Unterschiede zu leugnen, um sich jenen zuzuwenden, von denen man sich getrennt fühlte oder die man als unterlegen betrachtete. Die schwache Stellung des französischen Protestantismus kann dann zur Chance werden, wenn sie uns zwingt, die Grenzen der Denominationen und der Religionen zu überschreiten, um die Zusammenarbeit mit Leuten aus ganz unterschiedlichen Milieus zu suchen. Mit dem ihr eigenen Humor propagiert Corinne Akli eine «Theologie des schlechten Umgangs» (S. 138) und erinnert daran, dass Jesus Umgang mit den ‹Unangepassten› hatte und dass sie ihn aufgenommen haben.

Ich könnte eine weitere ‹Architekturregel› vorstellen; sie betrifft unter anderem die Frage nach den oft grossartigen alten Bauten im Stadtzentrum, in deren Besitz die Kirchen sind und für die sie häufig keine Verwendung mehr haben. Ich habe die Regel auch bereits formuliert: *Sich der Neuheit Gottes öffnen, die wiederbelebt, ohne zu zerstören.* Es gilt, die notwendigen Veränderungen zu denken und sie frei von Nostalgie anzupacken. Aber auch ohne zu denken, man müsse die Vergangenheit ausradieren, und ohne die Erneuerung, zu der Gott uns einlädt, mit der in unserer Epoche grassierenden Ideologie der Neuheit zu verwechseln.

Alle von mir analysierten Initiativen tragen auf ihre je eigene Art dazu bei, unablässig *die Sinnfrage im säkularen Raum zu stellen*, in jenem Raum also, der zumindest in Frankreich diese Frage nur allzu gern ausblendet. Gerade hierin aber liegt, meiner Meinung nach, die Berufung der Christen: nicht stereotype Antworten erteilen, als würden sie die Wahrheit besitzen, vielmehr Begegnung und Diskussion fördern in der Überzeugung, dass wir im Dialog gemeinsam etwas vom Evangelium entdecken können.

Zum Abschluss

Sie haben zweifellos bemerkt, dass ich vom Titel etwas abgewichen bin und mehr von Initiativen als von Orten gesprochen habe. Der Grund dafür ist, dass in den dargelegten Konstellationen die Priorität beim Ereignis und nicht der Dauer, bei den Projekten und nicht der Institution liegt. Dieses Verständnis von Handeln scheint mir mit den urbanen Mentalitäten in weiten Teilen übereinzustimmen und unsere Zeitgenossen eher anzusprechen. Zudem entspricht es grundsätzlich protestantischem Kirchenverständnis.

Neben vielen anderen könnten diese Initiativen im Lichte der traditionellen Aufgaben der Kirche (*leitourgia, martyria, diaconia, koinonia*) neu interpretiert werden, wobei sich jede stärker in die eine oder andere oder in mehrere dieser Aufgaben zugleich einschreibt. Kirche im Vollsinn gibt es nur, wenn alle vier Aufgaben ausgeübt werden, deshalb kann keine dieser Initiativen den Anspruch erheben, für sich allein Kirche zu sein. Jede ist in ihrem Umfeld fruchtbar, aber sie alle entfalten ihren eigentlichen Reiz nur, wenn sie zu ihrer Begrenztheit stehen und sich der Komplementarität untereinander und mit den traditionelleren Orten von Kirche, Gemeinden und Bewegungen bewusst sind.

Pluralität, Kontextualität, Solidarität, Zeugnis: In diese Begriffe wollte Isabelle Graesslé die traditionellen Prägungen der Kirche zumindest vorläufig fassen.[5] Wenn ich die verschiedenen Initiativen beobachte, die versuchen, in unseren Städten das Evangelium heute zu sagen und zu leben, dann scheinen sie mir gute Wegmarken zu sein, um die Kirchen in jenen Übergängen zu leiten, die sie heute zu bewältigen haben.

5 Vgl. Isabelle Graesslé: L'ecclésiologie en héritage: de l'impasse au partage, in: Études théologiques et religieuses 2003/3, S. 351–366.

Führungskräfte lehren, die Stadt mit prophetischer Vorstellungskraft zu betrachten

David Frenchak, Carol Ann McGibbon[1]

Was die Kultur, die Ziele und Grundsätze im Bereich Stadt und urbane kirchliche Dienste[2] in der Schweiz angeht, so sind wir zuerst und vor allem Gäste und Lernende. Wir bilden uns nicht ein, Rezepte oder Lösungen zu haben für die Herausforderungen und Probleme, mit denen man hier in den Städten und Stadtkirchen konfrontiert ist. Wir versuchen stattdessen, das Grundprinzip unserer Sicht und unseres Verständnisses von urbaner Mission[3] im Kontext der Städte der USA vorzustellen. Wir überlassen es der Leserin und dem Leser, darüber nachzudenken, zu prüfen und zu entscheiden, was sich allenfalls auf ihre Anliegen und Probleme in den Städten der Schweiz übertragen lässt, und wie das Gesagte die kirchliche Arbeit in der Stadt beeinflusst.

Während man in der Welt die umfassenden Kräfte von Urbanisierung und Globalisierung sowie den aussergewöhnlich bedeutsamen Zusammenhang zwischen beiden Vorgängen realisiert hat, wacht auch die Kirche langsam auf und wird aufmerksam auf die daraus erwachsenden komplexen Herausforderungen.

Soziologen und Demografinnen haben den Mai 2007 als das Datum identifiziert, an dem die urbane Weltbevölkerung endgültig die 50-Prozent-Marke überschritten hat. Dies hat lange gedauert, aber tatsächlich ist Urbanisierung ein eher neues und kurzfristiges Phänomen. In den letzten 107 Jahren schnellte die urbane Weltbevölkerung von 13 Prozent auf 50 Prozent. Es wird prognostiziert, dass es im Jahr 2020 500 Städte mit mehr als einer Million Menschen geben wird. Schon heute gibt es mindestens ein Dutzend Städte mit einer Bevölkerung von über 10 Millionen.

Urbanisierung ist allerdings mehr als Bevölkerungsverdichtung. Sie hat mit spezifischen Formen von menschlichen Beziehungen zu tun, mit Kommunikation, wechselseitigen Bezügen und komplexen Mustern des kulturellen, wirtschaftlichen, politischen und sozialen Lebens, die über die eng verbundenen Lebensformen kleiner Gemeinschaften hinausgehen. Die Kirche ist häufig schlecht ausgerüstet, um auf diese Herausforderung der Globalisierung zu reagieren. Die

1 Aus dem Englischen von Dorothee Bertschmann und Christina Aus der Au, die Fussnoten stammen von ihnen.

2 Das Wort «ministry», häufig gebraucht im kirchlichen Sprachgebrauch, ist nicht einfach wiederzugeben auf Deutsch. Es handelt sich oft um einen Dienst an einer besonderen Gruppe (z.B. «Children's Ministry», bei uns mit «Kinderarbeit» wiedergegeben). Wo nicht anders angezeigt, wird mit «kirchlicher Dienst» oder «(kirchlicher) Auftrag» übersetzt.

3 Im Original: «ministry».

meisten Modelle von Kirche und kirchlichem Auftrag widerspiegeln ein ländliches oder bäuerliches Bild der Gesellschaft. Wenn die Kirche in ihrer Sensibilität für und ihrer Antwort auf die Herausforderungen und Chancen urbanen Lebens hinterherhinkt, könnte dies sehr wohl damit zusammenhängen, dass theologische Seminare und Fakultäten es versäumt haben, kirchliche Führungskräfte auf urbane Gemeinden vorzubereiten. Gemäss einer kürzlich durchgeführten Studie von Robert Kemper bieten lediglich ein Drittel aller anerkannten nordamerikanischen theologischen Seminare wenigstens einen Kurs an, der mit dem kirchlichen Auftrag in einer spezifisch urbanen Gesellschaft zu tun hat.

Als theologische Ausbildnerinnen und Ausbildner sind wir in der Praxis von urbanem Auftrag[4] zu Hause. Dabei sind wir Zeugen eines langsamen Paradigmenwechsels geworden. Der urbane Kontext wird nicht mehr als Missionsfeld betrachtet, sondern als etwas, was schon einen entscheidenden Einfluss auf die Fragestellung des kirchlichen Auftrags und auf die Entwicklung von Theologie und kirchlicher Praxis hat. Wenn alle Theologie – verstanden als die menschliche Aktivität, Gott zu entdecken – kontextuell ist, dann muss Theologie hier urban sein. Das heisst, sie muss aus dem dynamischen, komplexen, vielschichtigen Schmelztiegel des urbanen Lebens heraus entstehen.

Die Nachricht, dass «die Welt in die Stadt gekommen» ist, ist eine sehr alte Neuigkeit für die Bewohner der meisten städtischen Nachbarschaften. Internationales Essen, Kultur, Politik und Sprache haben längst in den städtischen «hoods»[5] ihre Heimat gefunden und dort Wurzeln geschlagen. Die Quartierbewohner und -bewohnerinnen sind den religiösen Institutionen weit voraus was die praktischen Realitäten dieses Lernprozesses anbelangt.

Deshalb wird eine sachkundige, urbane Theologie nicht mehr länger nur aus den Universitäten kommen. Sie wird erst dann sowohl die globalen als auch die lokalen Realitäten erfolgreich reflektieren können, wenn sie aus dem Nachdenken und den Erfahrungen von urbanen Menschen in realen und konkreten Situationen herauswächst und aus der Analyse aller politischen, kulturellen und ökonomischen Kräfte, die deren Gemeinschaft[6] und ihre Lebensqualität formen.

Diese neue Situation bedeutet, dass eine bewusste theologische Reflexion über Städte heute mehr denn je nötig ist und dass neu entstehende kirchliche Gemeinschaften nicht einfach nur missionarische Aufgaben haben – im Sinn von Mitleid und Wohltätigkeit –, sondern als Akteure von Transformationsprozessen mitten im öffentlichen Raum wirken. Einige Bereiche der Kirche sind seit vielen Jahren in ein weites Spektrum von Initiativen involviert, die Städte im Blick haben und

4 Im Original: «urban ministry».

5 Slang für Nachbarschaft, Quartier.

6 «Community» wurde mit «Gemeinschaft» oder «Gemeinwesen» übersetzt. Gemeint ist im Rahmen dieses Aufsatzes die Bewohnerinnen und Bewohnern eines Stadtteils.

sich dort auf Mission und kirchliche Dienste konzentrieren. Entscheidende Formen urbaner theologischer Reflexion oder urbaner theologischer Praxis entstehen als Initiativen von Basisgruppen und Individuen, die mit dem Alltag in diesem dynamischen Kontext vertraut sind.

Wir verstehen urbanen kirchlichen Auftrag als öffentlichen Auftrag. Wir definieren urbane Dienste als jegliche Aktivität der Kirche, die jenseits der Kirchentür zugunsten von und gemeinsam mit der weiteren urbanen Gemeinschaft stattfindet. Theologische Ausbildung im Kontext unserer Arbeit durch die Seminary Consortium for Urban Pastoral Education (SCUPE) (Arbeitsgemeinschaft der theologischen Seminare für urban-pastorale Ausbildung) heisst, dass wir Leiter und Leiterinnen im kirchlichen Bereich darauf vorbereiten, Theologie im öffentlichen Raum zu treiben.

Der kirchliche Auftrag im öffentlichen Leben ist von widerstreitenden Weltanschauungen und von widerstreitenden Theologien geprägt. Wir sind daher der Ansicht, dass Theologie nicht so sehr einfach eine neutrale und rationale Wissenschaft ist, die man lernt, als vielmehr ein Handeln: etwas, was Theologen und Theologinnen tun. Wir möchten hier auf drei zentrale Voraussetzungen eingehen, die helfen sollen, unsere Weltanschauung und unseren theologischen Ansatz zu verstehen:

Erstens möchten wir hervorheben, was es für uns bedeutet, Pfarrerinnen und Pfarrern zu zeigen, wie sie Theologie im urbanen, öffentlichen Raum treiben können.

Zweitens möchten wir die Art und Weise beschreiben, wie Kirchgemeinden sich mit ihrem urbanen Kontext identifizieren und ihren Auftrag und ihre Partizipation an der öffentlichen Gemeinschaft verstehen.

Und schliesslich möchten wir dasjenige weitergeben, was wir als die Folgerungen für die Ausbildung von kirchlichen Führungskräften für die urbane Welt, in der wir leben, betrachten.

Die Welt – die Nationen der Welt, unsere Nation und unsere Gesellschaft – erlebt eine dramatische Verschiebung: weg von der Prägung durch das ländliche Paradigma und Wertesystem hin zu einem globalen und urbanen Paradigma und Wertesystem. So scheint es uns von zentraler Wichtigkeit, die Folgerungen dieser Verschiebung für die Ausbildung von kirchlichen Führungskräften zu bedenken. Dies gilt nicht nur für diejenigen, die gewählt wurden, um vollzeitlich als «städtische» Pfarrerinnen und Pfarrer zu wirken, sondern für alle Pfarrerinnen und Pfarrer, deren Auftrag in einer im weitesten Sinn urbanen Gesellschaft gilt. Es geht vor allem um die Frage, wie wir christliche Führungskräfte mit Hilfe von Ausbildung und Ressourcen am besten darauf vorbereiten, damit sie sich den komplexen sozialen Realitäten dessen, was wir Städte nennen, effektiv zuwenden können. Gleichermassen wichtig ist uns die Frage, in welcher Weise diese Verschiebung zu grösserer Urbanität die Ausbildung aller künftigen Pfarrer und Pfarrerinnen betrifft. Wir werden uns hier zwar vor allem auf die erste Frage konzentrieren, wir sind aber überzeugt, dass alle Pfarrer und Pfarrerinnen verstehen sollten, wie wichtig es ist, im öffentlichen Raum Theologie zu treiben.

Der Grund, warum diese Ausgangsfrage von zentraler Wichtigkeit ist, liegt darin, dass wir als Christen glauben, dass die Kirche eine Berufung und einen Auftrag hat, nämlich sicherzustellen, dass Gott in unseren Städten geehrt wird und dass dies lebenswerte Orte sein können, in denen man wohnen und Kinder grossziehen kann.

SCUPE, die Ausbildungs-Institution, die wir vertreten, wurde gegründet, um christliche Führungskräfte für ihren Dienst in dem komplexen Umfeld von Städten vorzubereiten. Sie wurde vor vierunddreissig Jahren von einer Arbeitsgemeinschaft theologischer Seminare ins Leben gerufen, weil es klar war, dass die klassischen Modelle, Strukturen und Programme der einzelnen Seminare ursprünglich nicht für einen urbanen Kontext entworfen worden waren, und weil die Arbeitsgemeinschaft den Wert und die Wichtigkeit von kontextueller urbaner theologischer Ausbildung erkannte.

Diese Ausbildungsstätten hatten verstanden, dass die Ausrüstung von Führungskräften für die Stadt die Zurüstung von christlichen Führungskräften beinhalten muss, die umfassend über die politischen, sozialen, kulturellen und religiösen Systeme informiert sind, die man in der Stadt findet. Führungskräfte, die über adäquate Ressourcen verfügen und Zugang zu den notwendigen Informationen und Netzwerken haben, damit sie in der Stadt Dinge ins Rollen bringen können, und Führungskräfte, die eine Grundausbildung haben, die sie befähigt, einen wirkungsvollen Dienst in der Stadt zu leisten. Sie hatten verstanden, dass dies zweierlei bedeutet: ein neues Curriculum für akademische Kurse und eine Pädagogik, die sich signifikant von derjenigen des klassischen Ausbildungsmodells unterscheidet.

Es gibt dafür ein Modell, welches das klassische Modell theologischer Ausbildung ergänzt und das als das «kontextuelle» Modell theologischer Ausbildung bezeichnet wird. Dies ist das Modell von SCUPE, und es prägt die Art und Weise, wie wir Führungskräfte für den Dienst in der Stadt vorbereiten. Wir glauben, dass es ein wirkmächtiges Modell ist, das in der Ausbildung aller Pfarrer und Pfarrerinnen hilfreich sein könnte.

Dieses kontextuelle Ausbildungsmodell ist von Paulo Freire, einem Philosophen und Pädagogen aus Brasilien beschrieben worden. In seinem Buch beschreibt er Hoffnung als das universale «ontologische Bedürfnis».[7] Er argumentiert, dass alle menschliche Existenz wesentlich der Hoffnung bedarf und dass

7 Paolo Freire, Pedagogy of Hope: Reliving Pedagogy of the Oppressed. New York 1994, 8.

diejenigen, deren Auftrag es ist zu erziehen und auszubilden, dies auf der Grundlage von Hoffnung tun. Hoffnung sei die notwendige Bedingung, sozusagen ein ontologisches Fundament, um die Welt in einen gerechteren Ort zu verwandeln.

So ist es nach Freire die zentrale Aufgabe kontextueller Ausbildung, «Gelegenheiten für Hoffnung aufzudecken, ungeachtet der möglichen Hindernisse».[8] Für Freire sollte eine gute Ausbildung im Grund ein Unternehmen der Hoffnung sein, das auf den soziokulturellen Kontext hin ausgerichtet ist, in dem die Ausbildung stattfindet. Ausbildung sollte primär als öffentliche, kulturelle Aktivität betrachtet werden: «Ausbildende als Kulturschaffende».[9] Menschen brauchen «mögliche Träume», vor allem in widrigen Umständen.

Freires Philosophie der Erziehung und Ausbildung will Ausbildung von Mittelschulen bis hin zur Universität systematisch ansprechen. Unsere Herausforderung besteht darin, die Konsequenzen speziell für die theologische Ausbildung wahrzunehmen.

Um die Diskussion zu erleichtern erlauben wir uns, Freires grundlegendes Verständnis von Erziehung auf unser Modell von urban-pastoraler Ausbildung zu übertragen und auf die theologische Ausbildung, die auch transformative Ausbildung ist, die erfolgreiche Führungskräfte für den Dienst in der Stadt vorbereitet.

1. Theologische Ausbildung ist ein Unternehmen der Hoffnung, das auf den soziokulturellen Kontext der urbanen Realität ausgerichtet ist.
2. Die zentrale Aufgabe der theologisch Unterrichtenden besteht darin, kontextuelle Gelegenheiten für Hoffnung aufzudecken, sie zu fördern und darauf aufzubauen.
3. Theologisch Unterrichtende sind kontextuelle Theologen und Theologinnen.
4. Die Vorbereitung für einen kirchlichen Dienst ist eine kulturelle Aktivität.
5. Professorinnen und Professoren sind folglich Kulturschaffende.
6. Theologische Ausbildung kann und soll dahingehend ausgewertet werden, inwiefern sie *Führungskräfte* darauf vorbereitet, Theologie in der Stadt zu treiben.

Der letzte Punkt führt zur kritischen Frage, was «einen erfolgreichen Leiter in urbanem kirchlichem Dienst» ausmacht. Oder sogar noch wesentlicher: «Was ist Leadership?» Das eine herausragende Charakteristikum, das sich in fast allen Unterlagen zu Führungsaufgaben findet, ist, dass es immer um Veränderung geht. Bei SCUPE definieren wir Menschen in führenden Positionen als «Leute, die Verantwortung auf sich nehmen, um die Wirklichkeit so zu verändern, dass sie

8 Ebd., 9.
9 Paolo Freire, Teachers as Cultural Workers. Letters to Those Who Dare Teach. Boulder 1998.

Gott verherrlicht». Das unterstreicht, dass Führung immer mit Veränderung und Wandel zu tun hat.

Führungskräfte, die Verantwortung übernehmen, um die Wirklichkeit zu verändern, benötigen drei verschiedene Arten von Wissen:

- erstens: ein solides Verständnis der existierenden Realität mit all ihren politischen, sozialen, spirituellen und kulturellen Komplexitäten und Investitionen,
- zweitens: die Vision einer alternativen Realität, die Gott verherrlicht,
- drittens: eine Strategie, wie man von der existierenden Realität zur alternativen Realität kommen kann.

Wenn alle drei vorhanden sind, dann besteht Grund zur Hoffnung.

Der erste Schritt im Zyklus des Wissens oder im Ausbildungsprozess ist sowohl von intellektueller als auch von persönlicher Art. Und obschon vieles daran konkret ist, weil es persönlich ist, ist es häufig dasjenige Wissen, das am schwierigsten zu erreichen ist. Es erfordert die Akzeptanz der Tatsache, dass «wir nicht wissen, was wir nicht wissen». Es bedeutet, dass wir all unsere Vorurteile, Stereotype, Meinungen und Einstellungen beiseitelegen, zusammen mit all den Dingen, die wir durch Kultur und Erziehung gelernt haben und die eine negative Einstellung gegenüber dem Unbekannten verstärken.

Dies ist notwendig, weil Empathie ein wichtiger Bestandteil kontextueller theologischer Ausbildung ist. Negative Wahrnehmungen, die in einer beschränkten Erfahrung gründen, verunmöglichen Empathie. Dies ist eine unbequeme Einsicht für diejenigen unter uns, die mit viel Einsatz und sorgfältiger Planung ein angenehmes Leben angestrebt haben. Wenn wir es ernst meinen damit, erfolgreich Leitende in einem urbanen kirchlichen Dienst zu sein, müssen wir unsere angenehmen und behaglichen Orte aufgeben, wo immer sie auch sind. Wir müssen akzeptieren, dass wir uns in Situationen, Umstände und an Orte begeben müssen, wo wir nicht erkannt oder anerkannt werden als diejenigen, die wir sind. Wir werden genügend Glauben brauchen, um in eine Kultur einzutauchen, in der wir in der Minderheit sind. Die Inkarnation, die Menschwerdung Jesu, ist das Vorbild.

Das bedeutet, dass es ein Risiko ist, wenn jemand eine überzeugende Leitungsperson für Veränderung in der Stadt sein will. Der Auftrag von SCUPE ist die Ausbildung von erfolgreichen Führungskräften in der Stadt, und so müssen wir das pädagogische Prinzip verstehen und akzeptieren, dass es nicht genügt, ein Buch über die Stadt zu lesen, wenn man die Realität des Lebens in der Stadt kennen will – man muss die Stadt erfahren. Man muss in die Stadt kommen, nicht als Tourist oder Touristin, sondern als Lernende und Lernender. Man muss sein Urteil zurückstellen und neugierig mit dem urbanen Kontext und seinen Menschen interagieren.

Man muss lange genug in der Stadt leben, um in der Lage zu sein, nicht nur aus dem Kopf, sondern auch aus dem Herzen über die sozialen Realitäten zu sprechen, die die Lebensqualität derer prägen, die dort leben. Vor allem die Realitäten derjenigen, die einen nur ungenügenden Zugang zu ökonomischen, politischen und sozialen Ressourcen haben.

Mit der Erinnerung an die Inkarnation ist es wichtig zu verstehen, dass wir den Ort wechseln, aber nicht verleugnen, wer wir sind. Was ist unsere Rolle und Position – wenn wir annehmen, dass wir nicht Touristen sind –, wenn wir uns in eine neue Existenz hineinbegeben? Wir sind, mehr als alles andere, kontextuelle Theologinnen und Theologen. Wir sind geprägt von der Frage: Wo sehen wir den Fluss von Gottes Wirken an diesem Ort und wie können wir Partner in diesem Werk werden?

Die zweite Art von Wissen ist ein spirituelles Wissen. Wir sagen unseren Studenten und Studentinnen immer wieder, dass sie zuerst und vor allem praktische Theologinnen und Theologen sind und dass ihre Aufgabe darin besteht, Theologie sowohl von der Kanzel als auch auf der Strasse zu treiben. Sie können keine Theologie treiben ohne eine prophetische Vorstellungskraft.

Grundlegend für die Herausforderung, in der Stadt Theologie zu treiben, ist die prophetische Vorstellungskraft. Wir glauben, dass Vorstellungskraft und Phantasie eine Gabe Gottes an jeden Menschen sind. Es ist eins jener köstlichen Dinge, die uns vom Rest der Schöpfung, von allen anderen Arten von Lebewesen, trennen. Wir Menschen haben die Fähigkeit, eine Wirklichkeit jenseits der unmittelbar vor uns liegenden Wirklichkeit zu sehen. Andererseits sind wir leider mit der Herausforderung konfrontiert, dass diese Vorstellungskraft von vielen, wenn nicht gar den meisten, kläglich vernachlässigt wurde und abgestumpft ist.

Prophetische Vorstellungskraft ist nichts anderes als geheiligte Vorstellungskraft, Vorstellungskraft, die gebraucht wird, um sich zuallererst vorzustellen, wie ein Ort aussähe, wenn es ein Ort zur Ehre Gottes wäre. Wenn jemand von prophetischer Vorstellungskraft gepackt wird, können wir davon ausgehen, dass eine Veränderung ansteht. Wenn jemand von einer Vision gepackt ist, wie ein Ort aussähe, wenn er Gott verherrlichte, könnten auch die Pforten der Hölle nicht gegen eine solche Vision ankommen.

Die dritte Art von Wissen, die nötig ist, um Theologie zu treiben, ist sehr praktisch und an Fähigkeiten orientiert. Es geht um die Fähigkeit, eine Strategie und einen Plan zu entwerfen, wie man von den gegebenen Realitäten aus vorwärtsgehen kann und wie man in der Umsetzung der prophetischen Vision die ganze Gemeinschaft involviert.

Dies ist letztendlich die Aufgabe der kontextuellen Theologin, des kontextuellen Theologen: Hoffnung zu wecken. Es ist eine Hoffnung, die nicht in Phantasterei gründet, sondern in unserem Verständnis von Gott und von Gottes Willen für die Stadt. Als Theologinnen und Theologen sind wir herausgefordert, eine Wirklichkeit jenseits der unmittelbar sichtbaren Wirklichkeit zu sehen, nämlich die Wirklichkeit Gottes.

Weil Hoffnung der Ort ist, in dem unsere Ausbildung für urbane Aufgaben wurzelt, darum werten wir auch unseren Unterricht entsprechend aus. Macht er einen Unterschied, nicht nur für die Studierenden, sondern auch für die Städte, in denen sie ihren Dienst tun? Es ist Hoffnung, die uns Theologinnen und Theologen lehrt, wie wir Gemeinschaften wahrnehmen. Darum konzentrieren wir uns bei SCUPE nicht auf die Nöte, sondern vielmehr auf die alternative Wirklichkeit, eine Wirklichkeit, welche die Hoffnung und die Art von Lebensqualität widerspiegelt, die Gott für alle Menschen haben möchte.

Fundierte öffentliche Theologie ist praxisorientiert, aufmerksam und in die gesamte Lebenswirklichkeit ihrer urbanen Gemeinschaften involviert. Sie konzentriert sich ferner darauf, die komplexen gesellschaftlichen Störungen, die in unseren Städten Ausgrenzung bewirken, kritisch zu beurteilen.

Wenn der Lernprozess in öffentlicher Theologie mit erfahrungsbezogener Ausbildung anfängt, dann muss ein wesentlicher Teil dieser Erfahrung darin bestehen, zusammen mit ausgegrenzten Menschen in der Stadt auszuharren.

Wenn öffentliche Theologie visionsorientiert sein soll, dann muss diese Vision nicht nur die Ausgegrenzten einschliessen, sondern ihre Kraft und Authentizität von den Gemeinschaften der Ausgegrenzten selbst beziehen.

Wenn öffentliche Theologie bedeutet, dass wir einen Plan und eine Strategie entwerfen, wie wir von hier nach dort gehen können, dann muss sie diese Strategie und diesen Plan immer gemeinsam mit den Ausgegrenzten entwerfen. Alles andere ist nicht transformativ und führt leicht zu einem paternalistischen Ansatz in unserem Dienst.

Wir möchten unsere Aufmerksamkeit auf den letzten Punkt dieser drei Aspekte öffentlicher Theologie richten – das Entwerfen einer Strategie und eines Planes für Transformation.

Öffentliche Theologie ist nicht nur die Aufgabe von theologischen Spezialisten und Spezialistinnen, sondern eine Bewegung, welche die ganze Kirche und die ganze Gemeinschaft als Theologinnen und Theologen einbezieht. Sie ist der Prozess, in den Gottes Volk die Erfahrungen seiner Kämpfe einbringt, damit durch die wechselseitigen Aktivitäten von Einbeziehen, Wahrnehmen und Reflektieren eine alternative Zukunft Gestalt annimmt.

Der südafrikanische Theologe John De Gruchy beschreibt den ordinierten Pfarrer als praktischen Theologen mit der zentralen Aufgabe kritischen Wahrnehmens und Leitens – in der Gemeinschaft zu leben, die Gaben, Fähigkeiten und

Kämpfe der Menschen zu kennen und die Gemeinschaft zu befähigen zu fragen und mit ihr zu entdecken: «Was verlangt Gott jetzt von uns?»[10]

Diese prophetische Vision, die eine alternativen Wirklichkeit ermöglicht, entsteht nicht aus den Problemen oder Nöten von urbanen Quartieren oder marginalisierten Menschen, sondern vielmehr aus Gemeinschaften heraus, die Hoffnung haben, weil sie Leben, Stabilität und positive Beziehungen untereinander gefunden haben.

Über einen Zeitraum von vierunddreissig Jahren hinweg, in dem wir in der urbanen theologischer Ausbildung involviert waren, war es ein Privileg für uns, enge Beziehungen zu einer grossen Anzahl von städtischen Kirchgemeinden und Basisorganisationen[11] in Chicago und überall in den USA zu knüpfen. Wir sind sehr daran interessiert, die Merkmale erfolgreicher Gemeinwesen-Initiativen zu entdecken, mithilfe derer sich marginalisierte und mit Schwierigkeiten kämpfende urbane Gemeinschaften erfolgreich aus der üblichen Spirale von Armut und Benachteiligung emporarbeiten.

Wir haben auch erfolgreiche Ansätze untersucht, bei denen Gruppen von Menschen am Rand der Gemeinschaft zu Mitgliedern wurden und einen wertvollen Beitrag zum Erfolg der Gemeinschaft leisteten. In den frühen 80er Jahren schloss sich ein SCUPE Komitee-Mitglied mit einem unserer Dozenten zusammen, um diese lokalen Gemeinschaften zu erforschen und mit der Absicht zu dokumentieren, Elemente zu identifizieren, die allen diesen Erfolgsgeschichten von Basisgruppen gemeinsam sind.

John McKnight und John Kretzmanns Forschungsarbeiten zur Entwicklung von Gemeinwesen begannen damit, dass sie Quartiere in Chicago beobachteten, in denen es Hoffnung und Transformation gab. Diese Forschungen entwickelten sich zu einem ressourcenorientierten Ansatz für die Entwicklung von Gemeinwesen (ABCD = asset-based approach to community development), der nun weltweit anerkannt ist. ABCD ist eine gesunde Alternative zu den herrschenden Ansätzen, bei denen bedürfnisorientiert über den kirchlichen Auftrag in der Stadt nachgedacht wird. Der problemorientierte Ansatz, der von Umfragen ausgeht, Probleme analysiert und dann Lösungen identifiziert, die nötig sind, um diese Bedürfnisse abzudecken, präsentierte ungewollt eine einseitig negative Sicht, die oft die Fähigkeit, Gemeinschaft aufzubauen und soziale Integration zu fördern, beeinträchtigte, anstatt dazu beizutragen.

Wenn der bedürfnisorientierte Ansatz die prägende Idee ist, können die Konsequenzen äusserst negativ sein für die Kirche und die Gemeinschaft. Eine der primären Auswirkungen ist die Entmündigung der Gemeinschaft. Die Leute, die

10 John De Gruchy, Theology and Ministry in Context and Crisis: A South African Approach. London 1987, 31.

11 Im Original: «community-based organisations».

in einem Gemeinwesen Gutes tun, kommen dann nämlich zum Schluss, dass der beste Weg, Ressourcen von aussen zu gewinnen, darin besteht, die Probleme in der Gemeinschaft zu dramatisieren. Leider gab es allzu viele kirchliche Führungspersonen, die besonders berüchtigt dafür waren, die Bedürfnisse, Gefahren und Verzweiflung einer Gemeinschaft hochzuspielen, um an Anerkennung und finanzielle Unterstützung heranzukommen. Die Konsequenz daraus ist, dass Leute im Gemeinwesen zu glauben beginnen, was ihre führenden Mitglieder sagen – sowohl über das gescheiterte Gemeinwesen als auch implizit über jeden Bewohner und jede Bewohnerin. Sie beginnen sich selbst als defizitär anzusehen, als unfähig, sich verantwortlich um etwas zu kümmern, weder um ihr Leben noch um die Gemeinschaft. So werden Leute zu dem, als was sie porträtiert werden, nämlich zu unlösbaren Problemen. Es überrascht nicht, dass sich einige Leute von der Gemeinschaft abkoppeln oder beginnen, sich wie «Klienten» oder von Dienstleistungen abhängige Konsumentinnen zu verhalten statt wie aktive, aufeinander angewiesene Mitglieder ihrer Gemeinschaft, die etwas beizutragen haben. So kommt es dass einige Führungskräfte mit den besten Absichten einen Teufelskreis perpetuieren.

Es ist unvermeidlich, dass dann lokale Kirchgemeinden, Organisationen und Führungspersonen beginnen, mehr mit externen Institutionen zu kommunizieren und zu kooperieren als mit Gruppen in ihrer eigenen Gemeinschaft. Dies verstärkt die Sicht dass «nur Experten von aussen wirkliche Hilfe bringen» können und schwächt weiterhin die Beziehungen von einem Nachbarn zum anderen. Geld wird gesprochen aufgrund von Kriterien, die mit Nöten und Bedürfnissen zusammenhängen, anstatt für integrierte und ganzheitliche Ansätze, was zu der «oft beklagten» Verzettelung von Bemühungen um eine Lösung führt. Solche Ansätze leugnen die ursprüngliche Weisheit einer Gemeinschaft und den Gedanken, dass die Mitglieder der Gemeinschaft Teil der Lösung sind.

Die Kirche hat viel anzubieten, damit diese Negativität geheilt und diese Perspektive verändert werden kann. Die biblische Anweisung für die Kirche als dem Leib Christi mit vielen aufeinander angewiesenen Gaben ist die fundamentale Voraussetzung dafür, die inhärenten Gaben und Fähigkeiten jedes Bewohners/jeder Bewohnerin eines urbanen Gemeinwesens zu identifizieren, zu fördern und wertzuschätzen.

Der Prozess, diese Fähigkeiten anzuerkennen, beginnt mit der Konstruktion einer neuen Brille, durch die die Individuen in den Gemeinwesen sich selbst als kompetent anzusehen beginnen: kompetent, ihre Stärken in neuen Kombinationen zusammenzubringen, in neuen Strukturen von Chancen und Gelegenheiten, in neuen Einnahmequellen und Kontrollmöglichkeiten, in neuen Möglichkeiten, etwas hervorzubringen, und neuen Wegen, um jeden und jede in die Gemeinschaft zu integrieren.

Wenn Kirchen «führen, indem sie einen Schritt zurücktreten», werden Gemeinschaften und marginalisierte Menschen sich verändern, von der Abhängigkeit von externer Hilfe zu Visionären und Visionärinnen der gemeinsamen Hoffnung und schliesslich zu ‹Mitproduzierenden› eines gesunden Gemeinwesens, in dem man in Sicherheit leben und Kinder grossziehen kann.

Ressourcenorientierte Gemeinschafts-Entwicklung beruht auf dem Prinzip, dass die Anerkennung von Stärken, Gaben, Talenten und des «Plus» von Individuen und Gemeinschaften mit grösserer Wahrscheinlichkeit zu positiver Aktivität für einen Wandel anstiftet als der exklusive Fokus auf Nöte und Probleme.

Wir haben die Wahl. Wir alle kennen das Bild des Glases mit der Frage: «Ist das Glas halb voll oder halb leer?» Wir wissen natürlich die Antwort, es ist beides. Aber wir haben die Wahl, ob wir uns auf das halbvolle oder das halbleere Glas konzentrieren wollen. Wir können unsere Energie auf das viele richten, das jedes einzelne Gemeinschaftsmitglied zu bieten hat, um einen Wandel zum Guten zu bewirken, und auf das Potenzial der Gemeinschaft, oder wir können uns auf die Bedürftigen konzentrieren und die Gemeinschaft als defizitär betrachten. Wo Leute als treibende Kräfte gemeinschaftlicher Aktion angesehen werden und als Quelle kraftvoller Führungsgaben, wird dies ein bedeutsamer Aktivposten einer Gemeinschaft sein können.

Es gibt einige klare Schritte, die helfen, eine solche Gemeinschaft in diesem Sinn zu ermächtigen:

- Sammeln Sie Geschichten über die Erfolge der Gemeinschaft und identifizieren Sie die Fähigkeiten der Gemeinschaft, die zum Erfolg beigetragen haben.
- Bilden Sie eine Kerngruppe von Geschichtenerzählern und -erzählerinnen, um den Prozess voranzutreiben.
- Machen Sie eine Liste der Fähigkeiten, Gaben und dem Kapital von Individuen, Vereinen und lokalen Institutionen.
- Bauen Sie Beziehungen auf zwischen lokalen Institutionen für gegenseitige förderliche Problemlösungen innerhalb der Gemeinschaft.
- Mobilisieren Sie die Ressourcen der Gemeinschaft voll und ganz für wirtschaftliche Entwicklung und zum Zweck des Informationsaustausches.
- Bringen Sie eine möglichst repräsentative Gruppe zusammen, um eine gemeinschaftliche Vision zu entwickeln und einen Plan zu erstellen
- Setzen Sie Aktivitäten, Investitionen und Ressourcen von ausserhalb der Gemeinschaft wirksam ein, um ressourcenorientierte, lokal definierte Entwicklung zu unterstützen.

Schlussfolgerung

Über alle diese Jahre hinweg war unsere Arbeit mit SCUPE darauf fokussiert, Studierende zu reifen Führungspersonen in der Kirche auszubilden: führenden Persönlichkeiten, die bereit sind, die Gemeinschaft zu analysieren, um die Menschen und Orte zu verstehen, aber auch die Mächte und Gewalten, die auf die Orte einwirken. Führungskräfte, die dafür ausgerüstet sind, ihr Leben als Teil einer urbanen Gemeinschaft zu führen, durch ihre Arbeit und ihr Familienleben – Menschen, die bereit sind, ganz in das Leben der Gemeinschaft einzutreten und die ganze Kirche als Partner in der Transformation des Gemeinwesens zu involvieren.

Wir sind der Aufgabe verpflichtet, künftige Führungskräfte auszubilden, damit sie die urbane Kirche mit der Überzeugung betreten, dass Gott schon im Gemeinwesen vor Ort präsent ist; dass alle wesentlichen Gaben und Fähigkeiten, eine alternative Zukunft für diese Gemeinschaft anzuvisieren und zu realisieren, schon vorhanden sind, und dass es die Rolle der Kirche ist, diese Gaben zu fördern und eine prophetische Einbildungskraft zu fördern, die Führungskräfte des Gemeinwesens zu einer Art von Leben inspiriert, das Gott die Ehre gibt.

Schliesslich engagieren wir uns darin, Zeugnis zu geben von der Paradigmen-Verschiebung, die die massgebliche Theologie für unsere globalen Zeiten erkennt, nämlich eine Theologie, die aus den Städten hervorgeht, die die Stimmen und Erfahrungen derer, die in unseren weltweiten urbanen Gemeinschaften leben, widerspiegelt. Wir engagieren uns darin, öffentliche Theologen und Theologinnen vorzubereiten: Führungskräfte, die den Stimmen urbaner Gemeinschaften nicht nur zuhören, sondern sie verkörpern. Es sind dies Frauen und Männer, die mit kritischen Fähigkeiten ausgestattet sind, das Wort Gottes zu hören und entsprechend zu handeln, die den Mut haben, ein prophetisches Wort der Wahrheit und Gerechtigkeit an die Mächte und Gewalten zu sprechen.

Literatur

Brueggemann, Walter. 2001. The Prophetic Imagination. Philadelphia: Fortress.

Davey, Andrew. 2002. Urban Christianity and Global Order. Peabody: Hendrickson Publishers.

De Gruchy, John. 1987. Theology and Ministry in Context and Crisis: A South African Approach. London: Collins Flame.

Freire, Paulo. 1994. Pedagogy of Hope: Reliving Pedagogy of the Oppressed. New York: Continuum.

McKnight, John und Kretzmann, John. 1997. Building Communities from the Inside Out: A Path Towards Finding and Mobilizing a Community's Assets. Chicago: ACTA Publications.

III Öffentliche Kirche

Kirche im öffentlichen Raum? – Zum Wächteramt der Kirche

Wilhelm Gräb

1. Der politische Machtverlust der Kirche und die Individualisierung des Glaubens

In allen Ländern West- und Mitteleuropas ist ein Rückgang des gesellschaftlichen Einflusses der Kirchen festzustellen. Die Politik nimmt zwar kirchliche Stellungnahmen immer noch zur Kenntnis, die Kirchen sind aber eine Stimme unter anderen, neben den Gewerkschaften und anderen Interessenverbänden. Die Kirchen verlieren zudem unaufhaltsam ihre Mitglieder, was von der Politik ebenfalls aufmerksam beobachtet wird. Der Rückgang in der nominellen Kirchenzugehörigkeit und den Teilnahmefrequenzen, dann der gesellschaftliche Einfluss- und politische Machtverlust der Kirche, all das wird gemeinhin unter dem Begriff der «Säkularisierung» gefasst. Das ist auch zutreffend, wenn man unter Säkularisierung den Übergang nichtreligiöser Funktionen der Gesellschaft, die einst gleichwohl in kirchlicher Observanz standen, in nun genuin weltliche Zuständigkeit versteht. Dann ist die Trennung von Kirche und Staat, die Anerkenntnis der Sachgesetzlichkeit der Wirtschaft, des Rechts und der Bildung ein Vorgang der Säkularisierung. Ebenso ist dann aber umgekehrt auch die Konzentration der Religion auf Religion, auf das, was für den religiösen Glauben wesentlich ist, ein Vorgang der Säkularisierung.

Die Säkularisierung ist eine Folge der funktionalen Differenzierung der Gesellschaft, die für alle gesellschaftlichen Bereiche, so auch für die Religion, mit einer Spezialisierung ihrer Zuständigkeit verbunden ist. Wie die Politik und die Ökonomie, das Recht und die Bildung, wird in der modernen Gesellschaft auch die Religion zu einer Funktion, die zwar für das Ganze der Gesellschaft relevant bleibt, aber zugleich von besonderen Organisationen und Institutionen erfüllt wird. Die politischen Angelegenheiten der inneren und äusseren Sicherheit, der Regelung der nationalen und internationalen ökonomischen und rechtlichen Verkehrsbeziehungen fallen in die Zuständigkeit des Staates und seiner Institutionen. Die religiösen Angelegenheiten, letzter, den Lebenssinn gewährender Gewissheiten, fallen in die Zuständigkeit der religiösen Institutionen, also der Kirche und ihrer lokalen und translokalen Organisationen. Die Säkularisierung, so kann man deshalb auch sagen, ist verbunden mit der Verkirchlichung der Religion bzw. des Christentums. Dann geht die Säkularisierung zwar einher damit, dass die Kirchen gesellschaftlichen Einfluss und politische Macht verlieren, auch die Bindungskräfte der Menschen an die Kirchen schwächer werden, eben weil sie von politischem Druck und gesellschaftlichen Zwängen entlastet sind. Im

Gegenzug gewissermassen wächst der Religion aber auch die Chance zu, als Religion ernster genommen zu werden. Säkularisierung entlastet die Kirchen davon, zugleich Politik machen, die Bildung einrichten und die Wirtschaft regulieren zu müssen.

Säkularisierung ist der Vorgang der Befreiung der Religion zu sich selbst. Die Kirche besinnt sich jetzt auf das, was genau und unverwechselbar ihre Sache ist. Das ist der Glaube. Der Glaube wiederum ist das Vertrauen in einen Sinn des Ganzen von Welt und Leben. Sofern es im und mit dem Glauben um den Sinn des Ganzen der Wirklichkeit geht, geht es mit dem Glauben insofern allerdings immer auch um die grundlegenden Orientierungsfragen in Gesellschaft und Politik, ja sogar um die Einstellung zum Wissen, unser Wirklichkeitsverhältnis und -verständnis überhaupt. Aber sofern die gesellschaftlichen und politischen Stellungnahmen aus dem religiösen Glauben heraus auf Gewissheiten des Glaubens, somit einem personalen Vertrauen aufruhen, sind sie eben selbst kein Wissen. Die gesellschaftlichen und politischen Stellungnahmen einer sich auf den Glauben berufenden Kirche können insofern auch nicht mit objektiv-allgemeiner Geltungsbeanspruchung behauptet werden. Glaubensaussagen setzen den Glauben immer voraus und können Verbindlichkeit nur auf der Basis einer gemeinsamen Glaubensüberzeugung gewinnen.

Der Glaube ist immer persönlicher, individueller Glaube. Das muss aber keineswegs dazu führen, ihn ins bloss Private einzustellen. Wenn es mit dem religiösen Glauben ums Ganze des Sinns geht, den unser Leben hat, dann ist er vielmehr von hochgradig öffentlicher Relevanz. Dann braucht der Glaube auch Institutionen, die seine Artikulation im öffentlichen Raum gewährleisten, also für öffentliche religiöse Kommunikation sorgen. Die entscheidende Frage, die sich mit der Präsenz der Kirche im öffentlichen Raum unter den Bedingungen der modernen, funktional differenzierten Gesellschaft verbindet, ist insofern nicht, ob sie den Anspruch auf diese öffentliche Präsenz zu Recht erhebt. Die Frage ist vielmehr, *wie* sie diesen Anspruch unter den Bedingungen einer säkularisierten, funktional differenzierten Gesellschaft *einlösen* kann.

Die Kirche kann nicht mehr wie in vormodernen Zeiten direkten Einfluss auf andere gesellschaftliche Bereiche nehmen, nicht bei politischen, rechtlichen und wirtschaftlichen Institutionen intervenieren. Alles, was die Kirche sagt und tut, muss vielmehr, wenn die Kirche bei ihrer Sache bleibt, an die Individuen und ihren religiösen Glauben gerichtet sein. Diesen Glauben hat die Kirche zu stärken und zu orientieren. Auf den Glauben und seine Mitteilung konzentriert zu sein, muss zwar nicht, wie gesagt, ausschliessen, dass die Kirche auch zu politischen, ökonomischen, ethischen und sozialethischen Fragen Stellung bezieht. Aber sofern die Kirche öffentlich aussagt, was aus dem christlichen Glauben und der in ihm erschlossenen Sinngewissheit für das politische, rechtliche und ökonomische Handeln folgt, wird sie das unter den Bedingungen einer säkularisierten, funktional differenzierten Gesellschaft, nur im Modus religiöser Kommunikation, d.h. unter Berufung auf die Sinngewissheit des Glaubens, tun können. Sie wird sich zwar darum bemühen, dass ihre ethischen und politischen Stellungnahmen, sofern sie Anspruch auf öffentliche, allgemeine Geltung beanspruchen, auch unabhängig vom Glauben und d.h. in ihrer funktionsspezifischen Sachgemässheit verständlich und nachvollziehbar sind. Aber Überzeugungskraft und transpersonale Verbindlichkeit können ihre ethischen und politischen Stellungnahmen nur auf der Basis der sie tragenden religiösen Überzeugung gewinnen. Kirche im öffentlichen Raum muss in der säkularisierten, funktional differenzierten Gesellschaft immer auf der Basis des Glaubens kommunizieren.

Der Glaube aber ist eine unvertretbar individuelle Angelegenheit, die je persönliche Glaubensüberzeugung. Die unter den Bedingungen der säkularisierten Moderne zu sich selbst befreite Glaubenskommunikation der Kirche ist diejenige der gläubigen Individuen. Soll die Kirche im öffentlichen Raum die Öffentlichkeit der religiösen Kommunikation herstellen und die öffentliche Relevanz der religiösen Sinngewissheit zur Geltung bringen, dann müssen ihre Stellungnahmen als Ausdruck spezifisch religiöser Sinngewissheit verständlich werden. Die Kommunikation der religiösen Sinngewissheit aber ist daran gebunden, dass sie sich am Ort der Individuen aus freier Einsicht einstellt.

Die Frage nach der Kirche im öffentlichen Raum und ob ihr gar gegenüber anderen gesellschaftlichen Sphären, dem Staat und der Wirtschaft, dem Recht und der Bildung, ein Wächteramt zukommt, muss sich heute somit auf die Frage der Kommunikation des Glaubens selbst konzentrieren, letztlich darauf, wie die Kirche die einzelnen Menschen dort erreichen kann, wo sich ihnen die Sinngewissheit des Glaubens einstellt. Praktisch-theologisch gilt es zu überlegen, wie die einzelnen Menschen in eine Kommunikation ihres Glaubens einbezogen werden können, so dass sie dann auch sich daran beteiligen, als die gesellschaftlichen und politischen Wesen, die sie zugleich sind, ihrem Glauben öffentlichen Einfluss zu verschaffen, in Politik und Staat, Wirtschaft und Gesellschaft. Will die Kirche öffentlich sich zur Geltung bringen, so kann sie das nur mit den gläubigen Menschen und gewissermassen durch die sie hindurch, vermittels der Funktionen, die diese auch in Politik und Staat, Wirtschaft und Gesellschaft wahrnehmen.

Die öffentliche Aufgabe der Kirche ist die religiöse Kommunikation, die öffentliche Kommunikation des Glaubens. Diese richtet sich an die je individuelle Glaubenseinsicht. Die Aufmerksamkeit auf oder gar die Forderung nach öffentlicher Präsenz der Kirche verlangt unter den Bedingungen der modernen Gesellschaft somit ganz entscheidend die Anerkennung der Individualität des Glaubens. Finden wir uns zu dieser bereit – im protestantischen Christentum sollte dies eigentlich nicht schwer fallen – dann fällt ein anderes Licht auf die Säkularisierung. Dann wird der unbezweifelbare Verlust der politischen Macht und des gesellschaftlichen Einflusses der Kirche nicht unbesehen mit einem Verlust der politischen Macht und des gesellschaftlichen Einflusses des Glaubens bzw. der Religion gleichgesetzt. Dann kann vielmehr anerkannt werden, dass es beim Glauben um die basalen sinn- und lebensorientierenden Einstellungen der Menschen geht. Dann legt es sich zudem nahe, den Glauben, wenn er denn eine basale, lebensorientierende Sinngewissheit darstellt, niemandem abzusprechen. Dann ist schliesslich die entscheidende praktisch-theologische Frage eben die, was die Kirche dafür tut und wie es ihr gelingen könnte, spezifisch den christlichen Glauben und damit die mit dem christlichen Schöpfungs- und Rechtfertigungsglauben erfüllte Sinngewissheit so zu kommunizieren, dass diese in die sinn- und lebensorientierenden Einstellungen der Menschen Eingang findet.

An dieser praktisch-theologischen Frage laufen heute m. E. die entscheidenden Probleme, die sich mit der öffentlichen Präsenz der Kirche verbinden, zusammen. Es sind Probleme, die die Glaubenskommunikation betreffen, somit die Verkündigung der Kirche, ihre Seelsorge und Bildungsarbeit, ihre Nähe zu den Menschen, ihre sozialen Bindungskräfte. Wie kann kirchliche Glaubenskommunikation funktionieren und die Kirche zu einem öffentlich handlungsfähigen Subjekt werden, wenn – wie es unter den Bedingungen der Moderne der Fall ist – der Glaube zu einer Angelegenheit souveräner Individuen geworden ist. Wie kann die Kirche zur öffentlichen Kirche werden, eine relevante Grösse in öffentlichen, die Gesellschaft betreffenden Angelegenheiten, wenn sie nicht mehr die autoritative Instanz ist, die von höherer Warte aus Stellung bezieht, sondern den in religiösen Angelegenheiten selbstbewusst auftretenden Menschen zur kritischen Verständigung über ihre Glaubensgewissheit und die aus ihr folgende Einstellung zu den gesellschaftlich strittigen Fragen verhilft.

Dass die Menschen heute über eine enorm hohe religiöse Kommunikationskompetenz verfügen, sie gewissermassen einen souveränen Glauben dokumentieren, zeigen die narrativen Interviews, die der Soziologe Armin Nassehi[1] im Zusammenhang des Bertelsmann-Religionsmonitors erstellt und ausgewertet hat. Nassehi bemerkt, dass die meisten Menschen sich auf religiöse Fragen einlassen, wenn sie direkt auf solche angesprochen werden, aber sie tun dies weithin nicht mehr in der Sprache der Kirche und der für sie verbindlichen Überlieferungen. Nassehi spricht von der Biografisierung, Kulturalisierung und Ästhetisierung der Religion.

Unter der Biografisierung der Religion versteht er den Tatbestand, dass es die Fragen nach dem Sinn des Lebens sind, existenzielle Sinnfragen, auf die Menschen nicht nur angesprochen werden können, sondern die sie auch so aufnehmen, dass sie religiös antworten. Es ist aber nicht so, dass Menschen nach Massgabe einer bestimmten Auffassung von Gott oder dem Göttlichen religiös sind,

1 Vgl. Armin Nassehi, Erstaunliche religiöse Kompetenz. Qualitative Ergebnisse des RELIGIONSMONITORS, in: Bertelsmann Stiftung (Hg.): Religionsmonitor 2008, Gütersloh 2007, 11–132.

sondern sie sind religiös, indem sie sich auf souveräne und eigenständige Weise zu den existenziellen Sinnfragen des Lebens verhalten, im Ausgriff auf ein Göttliches, an das sie glauben oder an das sie glauben möchten oder an das zu glauben sie für sich selbst meinen ablehnen zu müssen.

Die Rede von der Kulturalisierung der Religion meint bei Nassehi, dass religiöse Sinnkonstrukte nicht nur kirchlich, sondern durch die mediale Kultur der Gesellschaft vermittelt sind. Die audiovisuellen Massenmedien, inzwischen vor allem das interaktive Internet, sind zu enorm wichtigen Medien religiöser Kommunikation geworden.

Mit der Ästhetisierung der Religion meint Nassehi, dass religiöse Traditionen und Institutionen ihre normative Verbindlichkeit eingebüsst haben. Die Menschen sehen sich in der Position, nur diejenigen religiösen Sinndeutungen und Traditionsanschlüsse für sich zu übernehmen, die ihnen einleuchten und die sie ansprechen. Bei ihrem religiösen Wahlverhalten spielen die Ästhetik religiöser Deutungs- und Ritualangebote, die Aura religiöser Räume, die Gefühlsatmosphären sozialer Beziehungen eine wichtige Rolle.

Was Nassehi als Biografisierung, Kulturalisierung und Ästhetisierung der Religion beschreibt, ist allerdings bereits in der Folge der Aufklärung, während der 2. Hälfte des 18. Jahrhunderts entstanden. Diese Transformationen des Religiösen erleben heute lediglich aufgrund des interaktiven Massenmediums, des Internets, eine weit über die Virtuosen der Religion hinausgreifende Bedeutung. Die erste Diagnose zur Transformation der Religion in der Moderne, auch bereits mit einem energischen Plädoyer für die Selbständigkeit der Religion und die Trennung von Kirche und Staat, finden wir in Friedrich Schleiermachers Frühschrift «Über die Religion. Reden an die Gebildeten unter ihren Verächtern» (1799).

Schleiermacher bereits machte religiöse Erfahrung zudem an den lebensgeschichtlichen Kontingenzen von Geborenwerden und Sterben fest. Er beschrieb sie als eine auf das Ganze des Lebens und der Wirklichkeit, das Universum, ausgreifende Kultur des Verhaltens zum Unverfügbaren. Er sah in ihr ein ästhetisches, sinnlich vermitteltes, im Gefühl schlechthinniger Abhängigkeit lebendiges Verhältnis zum Unbedingten. Die religiösen Inhalte entzog er der Regie des Dogmas. Sie wurden ihm zu Inhalten einer Glaubenslehre und damit zur Verallgemeinerung des individuellen Selbstausdrucks des seine lebensgeschichtlichen Sinnerfahrungen reflektierenden Individuums. Das scheinen mir die Bedingungen religiöser Kommunikation erst recht heute zu sein. Aufgrund der Möglichkeiten, die die interaktiven Medien bieten, können sich Menschen souverän und ohne institutionelle Abstützung in religiöse Kommunikationszusammenhänge einbringen.

2. Die Öffentlichkeit der Kirche als Ort religiöser Deutungskultur in der Gesellschaft

Eine Kirche im öffentlichen Raum ist heute eine Kirche, die als Ort religiöser Deutungskultur öffentliche gesellschaftliche Aufmerksamkeit findet. Dazu müssen die sie theologisch Leitenden a. ein interaktives Kommunikationsverhalten praktizieren, b. das Sinnangebot des Glaubens kommunizieren, c. die religiöse Autonomie der Individuen anerkennen. Diese drei Massgaben will ich noch etwas näher ausführen:

a. Die Kirche muss ein interaktives Kommunikationsverhalten praktizieren

Vorbei ist die Zeit, in der Kirchensprecher wie mittelalterliche Herolde dem erstaunten Publikum ihre Mitteilungen machen konnten. Die Generation Facebook will mitreden, ihre eigene Meinung sagen, Themen kontrovers diskutieren. Was Ernst Lange schon Ende der 1960er Jahre verlangte, dass das Evangelium nicht schlicht proklamiert, sondern unter Berücksichtigung der Herausforderungen durch die Situation der Hörer *kommuniziert* sein will, gilt es heute noch sehr viel energischer zu beachten. Es ist zu bedenken, dass die Vermittlung der kirchlich tradierten Inhalte des Glaubens unter der Bedingung steht, dass diese Inhalte von den Menschen aus eigener Einsicht als für ihr Leben, dann auch für Politik und Gesellschaft, relevant akzeptiert werden wollen.

Die Kirche muss religiös sensible politische und gesellschaftliche Themen besetzen – wie das mit dem Slogan der Ökumene «Frieden, Gerechtigkeit, Bewahrung der Schöpfung» in den 1980er Jahren auch gelungen ist. Welche Themen sind das heute? Vielleicht sind es diese Themen immer noch, aber dann brauchen sie ihre aktuelle Profilierung, die die Globalisierung, die Weltfinanzkrise, die Friedensbedrohung durch den polit-religiösen Fundamentalismus einbezieht. Wer für die Kirche spricht, sollte das so zu tun versuchen, dass es Kontoversen auslöst und die gesellschaftliche Auseinandersetzung mit dem Thema angeregt wird, ohne den religiösen Bezug zu kaschieren oder umgekehrt eine absolut vorgegebene Wahrheit zu behaupten. Auch Kirchenvertretern stünde es in schwierigen ethischen Entscheidungsfragen gut an zuzugestehen, dass es oft keine einfachen Lösungen gibt, dass auch vom kirchlichen Standpunkt, aus der Perspektive religiöser Überzeugungsgewissheit gesehen, Fragen offen bleiben und Kompromisse gesucht werden müssen.

Wer für die Kirche spricht, sollte in Anspruch nehmen, für eine öffentliche gesellschaftliche Institution zu sprechen, ohne die kirchliche Position von einer höheren Warte aus zu formulieren. Öffentlichkeit setzt heute die Partizipationsmöglichkeit aller voraus und das auf Augenhöhe. Gänzlich unangemessen ist es, mit einer bestimmten kirchlichen Position zu aktuellen Fragen, sei es der Einsatz westlicher Truppen in Afghanistan, die PID oder die aktive Sterbehilfe, den Status confessionis zu verbinden, somit abweichenden Auffassungen die Vereinbarkeit mit dem christlichen Glauben schlicht abzusprechen.

Die kirchenleitend entscheidende Frage muss vielmehr sein: Wie können wir in Religionsfragen auf profilierte, aber zugleich auch für andere Meinungen offene und somit zur Diskussion einladenden Weise Themen anregen? Wäre diese Offenheit gegeben, würden sich vielleicht mehr Blogger auf den kirchlichen Internetseiten mit ihrer Meinung zu Wort melden.

b. Die Kirche muss das Sinnangebot des Glaubens profiliert kommunizieren

Die Individualisierung, Kulturalisierung und Pluralisierung religiöser Deutungsmuster fordert und fördert die individuelle Arbeit an der eigenen Identität. Die interaktiven Medien machen nur noch deutlicher bewusst, was in den individualisierten und kulturell pluralisierten Lebensverhältnissen insgesamt liegt, dass die Antwort auf die Frage nach dem eigenen Ich und damit nach einem verhaltenssicheren Selbstkonzept nicht von aussen vorgegeben ist. Die eigene Identität, das lebensführungspraktisch tragfähige Selbstkonzept, muss vom Individuum erarbeitet und immer wieder neu ausgehandelt werden. Identität wird nicht zugeschrieben, sondern kann und muss erworben werden.

Wie aber sieht diese Arbeit an der eigenen Identität dann aus? Ich muss zu einem bestimmten Verständnis meiner selbst finden, zu einem solchen, das mich und mein Verhalten in Übereinstimmung bringt mit meinen Erfahrungen und Erwartungen, mit dem, was mir wichtig ist und mein Leben mit Inhalt füllt. Identitätsarbeit ist Arbeit an der Selbstdeutung, an einem Verhaltens- und Erwartungssicherheit gewährenden Selbstkonzept.

In diese Arbeit an der Selbstdeutung muss religiöse Kommunikation heute eingreifen, wenn sie für die Menschen in den Fragen ihrer Lebensführung relevant werden soll. Das aber heisst dann wiederum, religiöse Kommunikation muss die religiösen Deutungsangebote als Angebote zur Selbstdeutung präsentieren. Es ist zu zeigen, was die Annahme der biblischen Botschaft für das je eigene Selbstverständnis bedeutet und wie dieses im christlichen Glauben sich eröffnende Selbstverständnis sich abgrenzen wie dann auch vermitteln lässt mit den in Kultur und Gesellschaft präsenten Ausrichtungen humanen Selbstbewusstseins.

Das Deutungsparadigma wirkt sich erheblich auf den Kommunikationsstil kirchlicher Äusserungen aus. Am Leitfaden des Deutungsparadigmas rücken die Individuen zu souveränen Subjekten der Glaubenskommunikation auf. Sie entscheiden selbst darüber, ob sie das christlich-religiöse Deutungsangebot, das die Kirche macht – kurz zusammengefasst im Evangelium von Gottes freier Gnade –, zu einem Element ihren Selbstdeutung machen wollen und können oder nicht. Aufgabe der Kirche ist es nicht mehr, den Leuten zu sagen, was sie zu glauben und wie sie zu leben haben. Aufgabe der Kirche ist es, die Menschen auf dem Weg des Findens zu sich selbst, somit in der Arbeit an ihrer Identität zu begleiten.

c. Die Kirche muss die religiöse Autonomie der Individuen anerkennen
Die Menschen schätzen sich selbst zunehmend als solche ein, die über die Wahl ihrer religiösen Ansichten, dann auch die Form und Ausrichtung ihrer religiösen Zugehörigkeiten entscheiden können und entscheiden dürfen. Gern wird zwar dieser Inanspruchnahme religiöser Freiheit die Tendenz zur Patchwork-Religiosität oder gar zur esoterischen Beliebigkeit vorgeworfen. Es wird dabei jedoch übersehen, dass die Ausbildung hybrider Formen religiösen Glaubens mit der neuzeitlichen Ermächtigung des individuellen Subjekts zur religiösen Mündigkeit unweigerlich einhergeht. Die Menschen machen sich in religiöser Hinsicht – und das heisst eben in den Prozessen der Bildung ihrer Identität, in der Frage nach dem Sinn des Lebens – ihren eigenen Kopf.

Aufgrund der Möglichkeiten, die die interaktiven Medien bieten, können sich Menschen souverän und ohne institutionelle Abstützung, auch unter bewusster Abstossung von den Vorgaben der Kirche, in religiöse Kommunikationszusammenhänge mit ihrem persönlichen Glauben und ihren Lebenssinndeutungen einbringen. Die kirchliche Glaubenssprache hat zudem für viele ihre Verständlichkeit verloren. Und vermutlich achtet die Kirche den souveränen, sich selbst entwickelnden Glauben der Menschen nicht genug. Vielleicht hört die Kirche auch zu wenig auf die Menschen und geht deshalb in ihrer Verkündigung und Auslegung der Tradition auch nicht sensibel genug auf die von den Menschen selbst entwickelten religiösen Sinndeutungen ein. Statt ihre Äusserungen aufzunehmen und im Gespräch mit der biblischen und kirchlichen Tradition weiterzuführen und zu vertiefen, fühlen die Menschen sich vielfach nicht verstanden. Die christliche Botschaft wird ihnen nicht so erschlossen, dass sie für sich selbst etwas mit ihr – im wahrsten Sinne des Wortes – anfangen können.

3. Theologie für eine öffentliche Kirche der Glaubenskommunikation

Theologie muss die kirchenleitenden Verantwortlichen dazu befähigen, die Kirche als einen gesellschaftlich relevanten Ort religiöser Deutungskultur zu erhalten und zu fördern. Das bedeutet, dass die Theologie zu einer Glaubenskommunikation anzuleiten hat, die den souveränen Glauben der Individuen achtet und die Deutungsangebote der christlichen Glaubensgehalte in ihrer öffentlichen, gesellschaftlichen Relevanz erschliesst. Dann macht die Theologie die zentralen Inhalte des Glaubens von Schöpfung und Sünde, Rechtfertigung und Versöhnung als lebensorientierende Sinndeutungsangebote verständlich. Sie plädiert für die Interaktivität der Glaubenskommunikation und achtet auf die Unterscheidung von Glaubensausdruck und Glaubensgrund.

Wer theologisch gebildet ist, weiss die elementare Ebene eines Glaubens, der Züge eines vorsprachlichen Sinnvertrauens zeigt, von der inhaltlich ausgearbeiteten und an die biblischen Überlieferungen explizit angeschlossenen Ebene der Glaubensdeutung und des Glaubensausdrucks zu unterscheiden. Die elementare Ebene des Sinnvertrauens ist mit der gefühlsbasierten Selbstbewusstheit menschlichen Lebens gegeben und im Grunde jedem Menschen mitgegeben. Wir Menschen *führen* unser Leben. Es ist uns ein bewusstes Selbstverhältnis eigen, das uns zielorientiert handeln lässt. Wir sind uns in irgendeiner Weise immer auch in dem erschlossen, was uns wichtig ist, worauf wir somit unser Leben gründen und was uns die Zielgewissheit unserer Lebensführung ermöglicht. Das ist unser elementarer Glaube, die Religion 1, die es macht, dass wir uns des uns unbedingt Angehenden unmittelbar bewusst sind. Davon sollten wir die Ebene der Glaubensdeutung und des Glaubensausdrucks, die Religion 2, unterscheiden.

Die Befähigung der Theologie zur öffentlichen Theologie erwächst zum einen aus der Unterscheidung von Glaubensgrund und Glaubensausdruck, von Religion 1 und 2. Mit der Anerkennung der Religion 1, der persönlichen Gewissheit im Glaubensgrund achtet die Theologie die unhintergehbare Individualität des Glaubens, die individuelle Glaubensfreiheit. Mit der Berücksichtigung von Religion 2 arbeitet sie aber auch an einer Sprache des christlichen Glaubens, die ihn verständlich und anregend in die gesellschaftlichen und politischen Herausforderungen einbringt. Sie arbeitet als öffentliche Theologie an einem der gesellschaftlichen Gegenwart angemessenen Glaubensausdruck. So hält sie den Glauben und das, was er dem Leben zu bieten hat, im Gespräch.

«Ob dem menschlichen Denken gegenständliche Wahrheit zukomme». Replik auf Wilhelm Gräb

Christina Aus der Au

Wilhelm Gräbs Ausführungen klingen sehr modern, sehr nachvollziehbar: Der Glaube ist von hochgradig öffentlicher Relevanz, und die Kirche erhebt ihren Anspruch auf öffentliches Gehör zu Recht. Ihre Aussagen können allerdings nicht mit objektiv-allgemeiner Geltungsbeanspruchung behauptet werden, sondern gewinnen Verbindlichkeit nur auf der Basis einer gemeinsamen Glaubensüberzeugung. Der Glaube ist immer persönlicher, individueller Glaube. Der Glaube wiederum ist das Vertrauen in einen Sinn des Ganzen von Welt und Leben und ist als Religion 1 jedem Menschen mitgegeben. Und hier kann der christliche Glaube, die Religion 2, als Angebot zur Selbstdeutung, zur Arbeit an der eigenen Identität präsentiert werden. Dazu gehört auch die Auseinandersetzung mit religiös sensiblen politischen und gesellschaftlichen Themen. Dabei soll die Kirche Kontroversen auslösen, nicht abschliessend beantworten. Sie soll in Religionsfragen auf profilierte, aber zugleich auch für andere Meinungen offene und somit zur Diskussion einladende Weise Themen anregen. Aufgabe der Kirche ist es, die Menschen auf dem Weg des Findens zu sich selbst, somit in der Arbeit an ihrer Identität zu begleiten. Sie soll anstossen, aber nicht abschliessen. Fragen ermöglichen, aber nicht beantworten – und wenn, dann nur unter dem Vorbehalt ihrer eigenen Voraussetzungen.

Dies alles gilt ohne Zweifel – wenn man die Kirche von aussen betrachtet, als eine Stimme, als ein Interessenverband unter vielen. Aber von innen gesehen will, kann und muss Glaube orientieren. Politik, Wirtschaft, Recht, Wissenschaft, Bildung haben ihre eigene Sachgesetzlichkeit, die sich nicht nach religiösen Vorgaben richtet. Und das ist gut so. Aber Politik, Wirtschaft, Recht, Wissenschaft und Bildung sind auch normative Systeme, deren Prämissen und deren Auswirkungen in die Lebenswelt hineinreichen. So reicht die ihnen eigene Zweckrationalität nicht aus, wenn man denn nicht unkritisch der Normativität des Faktischen verfallen will. Glaube vermittelt Orientierungswissen, eine Vorstellung des guten Lebens, des respektvollen und würdigen Miteinanders und eine Option für die Schwachen. Kirche hat – wenn es denn in ihrem Glauben um das Ganze geht – den Auftrag, hier zu orientieren.

Mit welcher Verbindlichkeit? Nur darauf zu verweisen, dass doch schon in der Bibel stehe, dass Geld nicht alles sei und dem Armen geholfen werden solle, das reicht nicht. Der Anspruch, den anderen Weltweisen eine «Nasenlänge» oder gar eine «Pferdelänge» voraus zu sein, wie es Leonhard Ragaz und Karl Barth[1] forderten, ist eine Überforderung und zudem ein Ansatz, der in der Logik des Systems verbleibt: Auf derselben Rennbahn, nur schneller.

Aber, um in diesem Bild zu bleiben: Die Kirche sollte – so argumentieren Theologen wie Wilhelm Gräb – nicht mitrennen. Sie kann dafür sorgen, dass die Regeln eingehalten werden, dass möglichst alle dieselben Startchancen haben, dass keiner den anderen schubst und dass die Verletzten am Rennbahnrand optimal gepflegt werden.

John de Gruchy, der südafrikanische Theologe, nennt dies Kirchentheologie – im Unterschied zu einer Staatstheologie, die eifrig den Rennveranstaltern zur Hand gehen und die Eintrittskarten verkaufen würde. Beide allerdings stehen bei de Gruchy einer prophetischen Theologie gegenüber, die allein sich damals in Südafrika gegen die Apartheit engagiert hat. Hörbar, eindeutig, oft genug unter dem Einsatz ihrer eigenen Existenz. In der Frage der Rassentrennung war nach ihrer Überzeugung der Status confessionis gegeben: der Punkt, an dem die Kirche ihren Glauben verleugnen würde, wenn sie nicht dagegen protestierte. Dies zu entscheiden ist immer eine heikle Sache – und die Entscheidung wird meist nicht von allen Kirchenmitgliedern geteilt. Das war in Südafrika so und auch in der Auseinandersetzung zwischen den Deutschen Christen und der Bekennenden Kirche. Und ebenso in der Diskussion um das Bekenntnis von Accra, in dem die Generalversammlung des Reformierten Weltbundes erklärt, dass die Frage der globalen wirtschaftlichen Gerechtigkeit eine für die Integrität unseres Gottesglaubens und unsere Nachfolgegemeinschaft als Christinnen und Christen grundlegende Frage ist, und die Kirchen dazu einlädt, sich gegen die neokapitalistische Wirtschaftsordnung und das ungebändigte Konsumverhalten zur Wehr zu setzen.

Mit welchem Recht sagt sie das? Und mit welcher Verbindlichkeit? Der Verbindlichkeit der biblischen Botschaft für die Christinnen und Christen. Und für die anderen? Kirche kann hier ihre Argumente sozusagen säkularitätstauglich machen und sich «darum bemühen, dass ihre ethischen und politischen Stellungnahmen, sofern sie Anspruch auf öffentliche, allgemeine Geltung beanspruchen, auch unabhängig vom Glauben und d. h. in ihrer funktionsspezifischen Sachgemässheit verständlich und nachvollziehbar sind».[2] Die Frage ist nur, ob diesen Stellungnahmen dadurch nicht sozusagen der Geist entzogen wird. Das gesteht auch Wilhelm Gräb zu, wenn er gleich daraufhin anschliesst: «Aber Überzeugungskraft und transpersonale Verbindlichkeit können ihre ethischen und politi-

1 Vgl. Karl Barth, Der Römerbrief 1922, Zürich [14]1984, 261.
2 Wilhelm Gräb, Kirche im öffentlichen Raum? s. diesen Band, 115.

schen Stellungnahmen nur auf der Basis der sie tragenden religiösen Überzeugung gewinnen.»[3]

Wie aber kann man diese Verbindlichkeit erreichen? Ist die Kirche damit auf «Preaching to the Choir» beschränkt, wie die Amerikaner sagen, will sagen, ihre Aussagen gelten nur denjenigen, die das alles schon glauben? Oder gibt es noch eine andere, nicht weniger verbindliche Art von Normativität als ein objektiv-allgemeiner Geltungsanspruch.

Kirche könnte neben der Rennbahn einen Backofen aufstellen und dort feines Brot backen, das mit seinem Duft die Wettläufer verwirrt und ablenkt. Sie könnte damit einladen zum gemeinsamen Feiern, zum Beisammensein und darüber Nachdenken, ob das Rennen den Preis wert ist. Ob es andere, lohnenswertere Rennen gäbe. Sie könnte damit darauf aufmerksam machen, was und wer bei diesen Rennen unter die Räder kommt. Sie könnte Alternativen aufzeigen, wie man sein Leben sonst noch gestalten könnte. Sie könnte damit sogar lautstark gegen die Rennen und ihre Veranstalter protestieren. Kirche offeriert dabei nicht nur den Begegnungsraum, sondern hat auch einen klaren Standpunkt. Wahrscheinlich sogar mehrere davon, denn Kirche, das sind nach protestantischem Verständnis die Christinnen und Christen, die durchaus auch unterschiedliche Meinungen vertreten können. Die sich aber alle immer wieder auf dem Hintergrund der Auseinandersetzung mit den biblischen Texten verorten, verändern, neu finden.

Das ist eine existenzielle, dynamische und interaktive Sache und hat nicht den Wahrheitsanspruch des Wissens. Aber auch nicht den Wahrheitsanspruch des Geschmacks, sondern denjenigen der Gewissheit. Gewissheiten sind nicht objektiv vermittelbar. Wohl aber erzählbar, und dabei entwickeln sie die narrative Überzeugungskraft von Geschichten, ihre Zuhörer und Zuhörerinnen hineinzunehmen in eine andere Sichtweise. Und wenn die Geschichte gut erzählt ist und das Brot gut gebacken, dann ist dieser Duft, diese Sichtweise zwingend, umfassend überzeugend und unwiderstehlicher, als es je ein objektiv-allgemeiner Geltungsanspruch war. Dann sind wir bei der Verbindlichkeit des Gleichnisses vom Samaritaner aus Lk 10: Er sah, es jammerte ihn, und er handelte.

Glaube ist die Sichtweise der biblischen Texte – in ihrer ganzen Vielfalt und Pluralität – auf die Welt und den Menschen. Er ist persönlich insofern, als es immer ein Individuum ist, mit seiner Geschichte und seiner Biografie, das glaubt. Glaube ist auch, so meine ich die christliche Botschaft verstanden zu haben, individuelle Sinngewissheit und Selbstdeutung – aber das ist nur der Anfang. Selbstdeutung als Selbst, das aus seiner Verkrümmung in sich selber aufgerichtet wird zur Wahrnehmung des anderen, das dadurch berufen und befähigt wird, «Armen

3 Gräb, a.a.O., 115.

das Evangelium zu verkündigen, Gefangenen Freiheit und Blinden das Augenlicht zu verkündigen, Geknechtete in die Freiheit zu entlassen, und zu verkünden ein Gnadenjahr des Herrn.» (Lk 4,18).

Ist nicht das das Kerngeschäft der Kirche – in der Nachfolge ihres Herrn? Deuten und handeln. Glauben ist handeln. Öffentliches Handeln – auch Sprechhandeln, man setzt auch etwas in Gang, wenn man etwas ausspricht. Nicht mit dem sicheren Anspruch, damit das Gute und Richtige zu tun. Sondern gefangen in der Gewissheit, in der Sichtweise der Geschichte, nicht anders zu können, als sich hier einzusetzen. Dynamisch, in der Auseinandersetzung mit Mitchristinnen und Nichtchristen, in der beständigen Herausforderung, dieses Handeln zu rechtfertigen, zu lokalisieren in und mit den biblischen Erzählungen, sich von diesen hinterfragen zu lassen und sich neu zu finden.

Darunter macht es der Glaube nicht. Und deswegen kann es auch die Kirche nicht darunter machen. Nicht Wächterin hoch oben auf der Zinne, sondern verstrickt in die Ambivalenz und die Auseinandersetzung. Zutiefst verstrickt in die Geschichten von Gott und Welt.

«Die Frage, ob dem menschlichen Denken gegenständliche Wahrheit zukomme – ist keine Frage der Theorie, sondern eine praktische Frage. In der Praxis muß der Mensch die Wahrheit, i. e. die Wirklichkeit und Macht, Diesseitigkeit seines Denkens beweisen. [...] Die Philosophen haben die Welt nur verschieden interpretiert; es kömmt drauf an, sie zu verändern.»[4] Karl Marx hat, so scheint mir, einiges verstanden vom Öffentlichkeitsanspruch einer prophetischen Theologie.

4 Karl Marx, Thesen über Feuerbach (1845).

Reflexionen zum prophetischen Wächteramt. Replik auf Wilhelm Gräb

Pierre Bühler

Henry David Thoreau (1817–1862),
dem Gründer des zivilen Ungehorsams,
zum 150. Todesjahr gewidmet

Die folgenden Gedanken reagieren auf Wilhelm Gräbs Gedanken zu «Kirche im öffentlichen Raum – Zum Wächteramt der Kirche».[1] In dieser Stellungnahme formuliere ich, von der reformatorischen Theologie ausgehend, einige Grundsätze zum Thema; diese werden dann, in einem zweiten Schritt, auf zwei aktuelle Beispiele in kirchlichen Dokumenten kritisch angewandt.[2]

Zuerst jedoch sei ein kleiner *biblischer Einstieg* vorangestellt. Dazu wähle ich die berühmte Wächter-Stelle in Jesaja 21,11f: «Von Seir ruft man mir zu: Wächter, wie weit ist die Nacht? Wächter, wie weit ist die Nacht? Der Wächter hat gesprochen: Es kommt der Morgen und auch die Nacht! Wollt ihr fragen, so fragt! Kommt wieder!» Bei Morgenanbruch, zwischen Nacht und Tag, wird der Wächter aufgerufen zu sagen, wie es mit der Nacht stehe, ob sie bald vorbei sei. Die Ankündigung des Wächters bleibt jedoch zweideutig: «Es kommt der Morgen und auch die Nacht.» Das heisst: Die Nacht ist nie endgültig vorbei, sie kommt wieder, und die Aufgabe der Unterscheidung zwischen Tag und Nacht ist nie abgeschlossen. Der Wächter ist weiterhin gefragt. «Kommt wieder!», wenn ihr wieder wissen wollt, wie es steht. Der Wächter wacht weiter, unaufhörlich.

Damit verbindet sich ein Ruf zur Bescheidenheit, zur Anerkennung der Begrenztheit in der Ausübung dieses unterscheidenden Amtes, und in diesem Zeichen möchte ich meine Überlegungen entfalten. Das Wächteramt müsste nicht allzu selbstsicher in Anspruch genommen werden.

1 Vgl. im vorliegenden Band, S. 113–121.

2 Zum Thema, vgl. Fr. W. Graf, Vom Munus Propheticum Christi zum prophetischen Wächteramt der Kirche? Erwägungen zum Verhältnis von Christologie und Ekklesiologie, Zeitschrift für Evangelische Ethik, 32, 1988, 88–106; R. Preul, Kirchentheorie. Wesen, Gestalt und Funktionen der Evangelischen Kirche, Berlin/New York, 1997, 347–367; aus kirchen- und staatskirchenrechtlicher Perspektive: G. Klostermann, Der Öffentlichkeitsauftrag der Kirchen – Rechtsgrundlagen im kirchlichen und staatlichen Recht, Tübingen, 2000, 181–192.

Einige Grundsätze

Die reformatorische Theologie hat die Aufgabe einer kritischen Wachsamkeit dem Staat und der Gesellschaft gegenüber in Verbindung mit dem Prophetenamt mit unterschiedlichen Akzenten in Anspruch genommen. Einerseits kann man sagen, dass eine solche Wachsamkeit für den Christenmenschen überhaupt, und deshalb für die Christengemeinde als ganze gilt. Betonte Luther, dass man der weltlichen Obrigkeit Gehorsam schulde, so markierte er zugleich, dass diese Gehorsamspflicht ihre Grenzen habe, obschon er in Hinsicht auf ein aktives Widerstandsrecht sehr vorsichtig bleibt.[3]

Im *Heidelberger Katechismus* wird das wache Christsein christologisch mit der Salbung Christi in Verbindung gebracht, und damit ins dreifache Mittleramt Christi eingebunden, was ihm auch die in Christus begründete prophetische Dimension verleiht: «Frage 32: Warum wirst du ein Christ genannt? Weil ich durch den Glauben ein Glied Christi bin und dadurch an seiner Salbung Anteil habe, damit auch ich seinen Namen bekenne, mich ihm zu einem lebendigen Dankopfer hingebe und mit freiem Gewissen in diesem Leben gegen die Sünde und den Teufel streite und hernach in Ewigkeit mit ihm über alle Geschöpfe herrsche.»[4]

Andererseits gilt bei den Reformatoren dieses Wachen ganz besonders für die Amtsträger, auch als ein aktives Auftreten vor der Obrigkeit.[5] Eine Einrichtung dafür in Zürich war der sogenannte «Fürtrag», das heisst: das dem ersten Pfarrer vom Rat zugestandene Recht, in gewissen Situationen vor den Rat zu treten, um ihn «prophetisch» zu mahnen.

Damit haben die Reformatoren eine riskante Aufgabe zum Ausdruck gebracht, die sich zum Ziel gibt, das Staatswesen bei seinen Prinzipien und Regeln zu behaften. Sie wurde in der Geschichte auch vielfältig verfehlt, verpasst, missbraucht. Es gilt jedoch: *abusus non tollit usum*, der Missbrauch hebt den rechten Gebrauch nicht auf. In diesem Sinne möchte ich auf dieses reformatorische Erbe für die heutige Zeit nicht verzichten. In diesem Rahmen führe ich mein kritisches Gespräch mit Wilhelm Gräb.

Auf eindrückliche Weise beschreibt er den komplexen Säkularisierungsprozess, der unsere Situation prägt, und diesem Porträt kann ich nur zustimmen. Die Folgerung jedoch, die daraus gezogen wird, teile ich nicht. Für W. Gräb kann das prophetische Wächteramt in dieser säkularisierten Situation eigentlich nicht mehr

3 Von weltlicher Oberkeit, wie weit man ihr Gehorsam schuldig sei, WA 11; 245–281; vgl. G. Ebeling, Leitsätze zur Zweireichelehre, in: ders., Wort und Glaube III, Tübingen, 1975, 574–610.

4 Der Heidelberger Katechismus, hg. von der Evangelisch-Reformierten Kirche, Neukirchen-Vluyn, 1997, 25.

5 In diesem Sinne vgl. Luther, Der 82. Psalm ausgelegt (1530), WA 31, 1; 189-218; Zwingli, Von dem Predigtamt (1525), Corpus Reformatorum, vol. XCI, H. Zwinglis Sämtliche Werke, Bd. IV, 369–433; Bullinger, Das Amt des Propheten (1532), in: ders., Schriften I, Zürich, 2004, 1–48.

richtig zum Zuge kommen. Für mich jedoch ist dieses reformatorische Erbe durch die moderne Entwicklung nicht einfach hinfällig geworden.

Der Grund für diese unterschiedliche Einschätzung scheint mir folgender zu sein: In aller Anerkennung der modernen Säkularisierung macht die reformatorische Theologie eine Auseinandersetzung gerade mit dieser modernen Säkularisierung nötig, eine Auseinandersetzung, die *fundamental-anthropologischer* Art ist. Das zeigt sich am besten am Verständnis des menschlichen Subjekts. W. Gräb kann sich ganz mit der *souveränen* Handlungs- und Führungsautonomie des neuzeitlichen Subjekts identifizieren: «Wir Menschen *führen* unser Leben. Es ist uns ein bewusstes Selbstverhältnis eigen, das uns zielorientiert handeln lässt».[6] Demgegenüber kann man, in Anlehnung etwa an Emmanuel Levinas, im Subjekt vielmehr den Stand des Untertanen betonen, im Sinne des lateinischen *subiectum* (vom Verb *subjicere*, unterwerfen). Daraus resultiert nicht Untertänigkeit, sondern eine grundsätzliche Verpflichtung, in der der Mensch nicht einfach als isolierter Einzelner, sondern auch im Geflecht seiner Sozialbezüge schlechthin konstituiert wird: als Einzelne, als Gruppe, als Gemeinschaft, als Gesellschaft, als Kirche, als Staat sind die Menschen der ethischen Forderung ausgesetzt und deshalb zur ständigen Rechenschaft darüber aufgefordert, was sie in der Welt tun und lassen. Dieses Unterworfensein macht aus dem Menschen ein zur Verantwortung aufgerufenes Wesen.

Diese grundsätzliche Verantwortungssituation hat reformatorisch ihre Entsprechung in der Rechtfertigungsaussage: *homo est animal iustificandum.*[7] Als Subjekt steht der Mensch vor verschiedenen Instanzen, die ihn in Anspruch nehmen, ihn herausfordern, und so muss er ständig über sich selbst, sein Leben, sein Tun Rechenschaft ablegen.

Diese anthropologische Dimension wirkt sich ebenfalls auf die Konstitution der Mitmenschlichkeit aus, und zwar bis in den öffentlichen Raum hinein. Das menschliche Zusammenleben ist ein ständiger *Prozess um Gerechtigkeit*, und ganz besonders im modernen demokratischen Rechtsstaat, weil dieser auch immer *nur fast gerecht* ist (oder frei nach W. Churchill: die schlechteste Lösung, wenn man von allen anderen absieht!).[8] Dieser Akzent erlaubt eine Präzisierung des Standortes: alle Beiträge zum gesellschaftlichen Prozess um Gerechtigkeit, die im Zeichen dieser Verantwortung stehen, auch die der Christen und der Kirchen,

6 Gräb (s. Anm. 1), 120.

7 In freier Anlehnung an M. Luthers Thesen De homine. Vgl. G. Ebeling, Disputatio de homine. 1. Teil: Text und Traditionshintergrund, Tübingen, 1977, 22: «Paulus fasst in Rm 3: ‹Wir erachten, dass der Mensch durch Glauben unter Absehen von den Werken gerechtfertigt wird› in Kürze die Definition des Menschen dahin zusammen, dass der Mensch durch Glauben gerechtfertigt werde.» (These 32)

8 Dass die demokratische Gesellschaft auch nur fast gerecht ist, betont John Rawls, Eine Theorie der Gerechtigkeit, Frankfurt a. M., 1975.

geschehen nicht aus der höheren Warte des Richters, wie W. Gräb befürchtet, sondern *aus dem Zeugenstand*, und deshalb auf Augenhöhe. In diesem Sinne nehmen sie keine höhere Autorität in Anspruch, sondern geschehen im Zeichen dessen, was Paul Ricœur eine Hermeneutik des Zeugnisses nennt.[9]

Nur in diesem Kontext, bewusst als Zeugenaussage, als *martyria*-Arbeit konzipiert, hat das prophetische Wächteramt der Christen und der Kirchen seine Berechtigung. Und im kritischen Gespräch mit W. Gräb muss hervorgehoben werden, dass es angesichts der Zeugenperspektive mehr ist als einfach ein religiöses Deutungsangebot unter anderen. Erst damit, dass ihm eine Zeugnisfunktion zukommt, wird der Erwartung entsprochen, die sich mit einer staatlichen Anerkennung der religiösen Gemeinschaften verbindet: dass sie sich mit ihrer spezifischen Wahrnehmungsperspektive ebenfalls in den Prozess um Gerechtigkeit einbringen.

Dazu gehört, dass dieses Wächteramt auch Konflikte auslösen kann: Deshalb gehört zu ihm eine gesunde Konfliktkultur, die in heutiger Zeit leider allzu oft innerhalb der Kirchen und in den Beziehungen zwischen Kirche und Staat unterdrückt wird. Auch darin liegt ein reformatorisches Erbe: Wenn die Konflikte nicht mehr anders anzugehen sind, führt das Wächteramt zum Widerstandsrecht, als Möglichkeit, den Protest zu bezeugen.[10]

Der rechtsstaatlich-demokratische Rahmen für die Ausübung eines solchen Widerstandsrechtes ist der zivile Ungehorsam, der geschichtlich auf Henry David Thoreau zurückgeht. Etwas frei nach John Rawls' Entfaltung dieser Kategorie kann der zivile Ungehorsam folgendermassen definiert werden: eine als *ultima ratio* eingesetzte, öffentliche, gewaltlose, gewissensbestimmte, gesetzeswidrige Handlung, die an den Gerechtigkeitssinn der Mehrheit appelliert, um aufgrund der Rechtsprinzipien des Staates nicht tolerierbares Unrecht namhaft zu machen und als Zeugen für die Opfer dieses Unrechts einzustehen.[11]

In diesem Sinne gilt für das prophetisches Wächteramt im demokratischen Rechtsstaat dieselbe Grundbedingung wie für den zivilen Ungehorsam, nämlich die einer *kritischen Loyalität*: Aus Loyalität wird das Unrecht beim Namen

9 Die Hermeneutik des Zeugnisses, in: Paul Ricœur, An den Grenzen der Hermeneutik. Philosophische Reflexionen über die Religion, hg. von V. Hoffmann, Freiburg i. Br., 2008, 7–40. Diese Hermeneutik des Zeugnisses bezieht Ricœur ebenfalls auf Emmanuel Levinas, wie folgender Aufsatz zeigt: P. Ricœur, Emmanuel Levinas, penseur du témoignage, in: Lectures 3, Paris, 1994, 83–105.

10 Vgl. dazu die vom Schweizerischen Evangelischen Kirchenbund herausgegebene Studie: Widerstand? Christen, Kirchen und Asyl, Bern, 1988 (eigentlich eine schöne Zeit, als sich der Kirchenbund in Sachen Asyl noch mit Widerstandsfragen auseinandersetzte!). Vgl. auch: M. Beck Kadima, J.-Cl. Huot (Hg.), Kirche und Asyl. Legitimer Widerstand im Rechtsstaat?, Zürich/Bern/Lausanne, 1996.

11 Vgl. John Rawls (s. Anm. 8), §§ 55–59, 399–430. Dazu, vgl. P. Bühler, La désobéissance civile comme problème de droit dans la démocratie, Studia philosophica 44, 1985, 89–100.

genannt und bekämpft, und diese Loyalität darf nie unkritisch werden; zugleich darf diese Kritik nicht als Verrat an der Loyalität betrachtet werden, denn es geht darum, loyal den Rechtsstaat an sein Recht zu erinnern.

Kritische Analyse zweier konkreter Beispiele

Um diese thesenhafte Entfaltung zu konkretisieren, wird sie auf zwei Beispiele angewandt, das eine aus der Evangelischen-reformierten Kirche des Kantons Zürich und das andere aus dem Schweizerischen Evangelischen Kirchenbund.[12]

Prophetisches Wächteramt in der Zürcher Kirche

Es darf mit Genugtuung beobachtet werden, dass in der Kirchenordnung der Zürcher Landeskirche das prophetische Wächteramt an zwei Stellen erwähnt wird. Das erste Mal geschieht es ziemlich am Anfang, in den allgemeinen Artikeln zur Definition der Kirche: Der erste Absatz des Artikels 4 betont, dass die Kirche ihre Verantwortung in der Gesellschaft «aus dem befreienden Zuspruch Gottes» ableitet. Das konkretisiert dann der zweite Absatz durch das prophetische Wächteramt: «Die Landeskirche nimmt das prophetische Wächteramt wahr. In der Ausrichtung aller Lebensbereiche am Evangelium tritt sie ein für die Würde des Menschen, die Ehrfurcht vor dem Leben und die Bewahrung der Schöpfung.» Es ist hier als ein Eintreten bestimmt, und zwar bewusst breit dreifach ausgerichtet: auf die Würde des Menschen, die Ehrfurcht vor dem Leben und die Bewahrung der Schöpfung. Dieses Thema wird dann später noch einmal aufgegriffen, im Handlungsfeld Diakonie und Seelsorge im 4. Absatz des Artikels 65: «Die Landeskirche nimmt das prophetische Wächteramt auch in ihrem diakonischen und seelsorgerlichen Handeln wahr. Sie benennt Ursachen von Unrecht und Leid. Sie wirkt mit beim Suchen von Lösungen und stellt sich in den Dienst der Vermittlung.» Es kann hier beobachtet werden, dass die Beschreibung wenig Raum für Konflikte und für Widerstand offen lässt: nach dem Benennen der Ursachen von Unrecht und Leid kommt sofort, dass die Kirche sich um die Suche von Lösungen bemüht und sich in den Dienst der Vermittlung stellt.

Umso interessanter ist nun zu beobachten, wie die vor kurzem durch die Kirchensynode verabschiedeten Legislaturziele 2012–2016 des Kirchenrats das Thema wieder aufgreifen.

In der Massnahme 3.1 zum Handlungsfeld Gottesdienst und Verkündigung heisst es: «*Die Landeskirche nimmt ihr prophetisches Wächteramt wahr.* Die Landeskirche führt den Dialog mit Zivilgesellschaft und Staat, Wissenschaft und Wirtschaft, Kirchen- und Religionsgemeinschaften. Sie äussert sich zu aktuellen

12 Die hier zitierten Dokumente sind leicht online, auf den betreffenden Homepages, zu finden.

Sinn-Fragen und kontroversen Werte-Themen. Sie tritt öffentlich ein für Menschenwürde und Ehrfurcht vor der Schöpfung. Sie interveniert, wo Unrecht geschieht und Rechte verletzt werden. Sie stellt sich in den Dienst der Vermittlung und Versöhnung.» Auch hier wieder fällt der allzu friedliche Charakter auf. Zwar wird wieder vom Eintreten und sogar vom Intervenieren bei Unrecht und Verletzung von Rechten gesprochen, doch das wird umrahmt von den Bemühungen, den Dialog zu führen, sich zu aktuellen und kontroversen Themen zu äussern und für Vermittlung und Versöhnung zu sorgen. Wo wäre da Platz für so etwas wie Widerstand im Extremfall?

Im Handlungsfeld Diakonie und Seelsorge kommt diese Thematik der gesellschaftlichen Verantwortung noch einmal, unter der allgemeinen Überschrift «Im Nahbereich, zivilcouragiert und global handeln». Da stehen etwa folgende prägnante Sätze: «[...] Angesichts sozialer Brennpunkte wie Gesundheit, Arbeit, Teilhabe handelt die Kirche mit Zivilcourage. Ihre Diakonie hat das Ganze der Zivilgesellschaft im Blick. [...] Diakonie verbindet angesichts der Globalisierung lokales Leben, zivilgesellschaftliches Handeln und weltweites Denken. Ihre Projekte gelten Themen der Ökologie und Ökonomie, der Armut und Entwicklungspartnerschaft. Sie bemüht sich um konstruktive Beiträge zur vielschichtigen Problematik von Migration und Asyl.»

Etwas enttäuscht ist man dann, wenn man deren Konkretisierung in den Massnahmen sucht, denn diese Massnahmen (neun insgesamt!) sind alle ausnahmslos im Nahbereich angesiedelt. Hätte man nicht erwarten dürfen, dass wenigstens eine Massnahme die hier angesprochene Zivilcourage im globalgesellschaftlichen Bereich konkretisiert, etwa in der «vielschichtigen Problematik von Migration und Asyl»?

Prophetisches Wächteramt im Schweizerischen Evangelischen Kirchenbund (SEK)

Im Laufe des vergangenen Sommers hat der Rat des SEK eine kühne Entscheidung in einem heiklen Feld getroffen: Er hat sich, in Zusammenarbeit mit der Schweizerischen Flüchtlingshilfe, dem Bundesamt für Migration zur Verfügung gestellt, um für eine bestimmte Zeit das ausländerrechtliche Monitoring bei Sonderflügen zur Zwangsausschaffung von illegal in der Schweiz lebenden Ausländern zu verantworten.[13] Es geht dabei um ein beschränktes Rechtsmandat: die Aufgabe, zu beobachten, ob die Ausführung der Zwangsausschaffung im rechtlichen Rahmen bleibt und es zu keinen Übertritten kommt. Es geht nicht etwa darum, zu reflektieren, ob es solche Ausschaffungen geben soll oder nicht, noch darum, was vor und nach der Ausschaffung mit diesen Menschen geschieht.

13 Vgl. dazu: P. Bühler, Monitoring von Ausschaffungen: eine heikle Entscheidung des SEK», Reformierte Presse, Nr. 27/28: 8. Juli 2011, 2.

Weil die Bereitschaft, dieses Monitoring zu übernehmen, viel Kritik ausgelöst hat, unter anderem in kirchlichen Kreisen, die sich für Begleitung und Integration insbesondere von Asylsuchenden einsetzen, hat der SEK ein Dokument zur Rechtfertigung dieses Pilotprojektes herausgegeben, unter dem Titel «10 Fragen – 10 Antworten zum Ausschaffungsmonitoring». Auf die vierte Frage: «Welche Absicht verfolgt der SEK mit seiner Beteiligung?», antwortet der Kirchenbund folgendermassen: «Dem Kirchenbund geht es bei seinem Engagement um die Sicherstellung eines menschenwürdigen und rechtsstaatlichen Umgangs mit den auszuschaffenden Personen und um den Schutz der persönlichen und moralischen Integrität der beteiligten Polizistinnen und Polizisten. Solange es Ausschaffungen gibt, müssen Staat und Gesellschaft dafür sorgen, dass solche Verfahren die Grundsätze von Menschenwürde und Rechtsstaatlichkeit nicht verletzen. Das Monitoringinstrument nimmt einen alten Gedanken der Verhältnisbestimmung von Staat und Kirche auf. Aus der Tradition der alttestamentlichen Prophetie leiteten die Protestanten die öffentliche Aufgabe eines prophetischen oder politischen Wächteramts der Kirche ab.»

Das Monitoring wird hier also faktisch mit der Ausübung des prophetischen Wächteramts identifiziert! Dass es erst noch von «der Tradition der alttestamentlichen Prophetie» her begründet wird, klingt fast wie ein Hohn. Ich glaube nicht, dass sich die Propheten damit begnügt hätten zu beobachten, ob sich alles nach den Regeln abwickle. Sie hätten wohl die Frage nach Recht und Unrecht mit durch Zwangsmassnahmen entwürdigten Menschen gestellt, und das wäre das echte Wächteramt!

Soeben hat der Nationalrat über die seit langem schlimmste Verschärfung des schon mehrmals revidierten Asylgesetzes entschieden. Hier wäre nun das Wächteramt der Kirchen gefragt, im Sinne einer kritischen Loyalität, doch bis jetzt war noch kein Eintreten für die Würde des Menschen zu vernehmen. Hingegen hat der SEK, zusammen mit den anderen Kirchenleitungen und den jüdischen Gemeinschaften, einen «Aufruf der Religionsgemeinschaften zum Flüchtlingssonntag und -sabbat (13.06.2012)» herausgegeben. Hier wird in Anlehnung an Hebr 13,2: «Vergesst die Gastfreundschaft nicht; denn durch sie haben einige, ohne es zu ahnen, Engel beherbergt», betont: «Es ist viel davon die Rede, dass Asylsuchende unsere Gastfreundschaft ausnutzen, missbrauchen und sich nicht wie Gäste aufführen. Das kommt vor, das ist unser Risiko als Gastgeber. Niemand spricht davon, dass die Asylsuchenden jene Engel sind, die uns als Gäste beehren. Das kommt vor, sagt der Hebräerbrief, und auch das ist unser Risiko als Gastgeber. Der Gedanke, es könnte ein Engel sein, ist auch ein Weg, fremden Menschen zu begegnen. Gerade weil sich Engel nicht zu erkennen geben, können wir eigentlich gar nicht anders, als das von jedem Menschen, der uns um Gastfreundschaft nachfragt, anzunehmen.»

Solche Worte, die einladen, die Asylsuchenden als Engel zu betrachten, sind schwer kompatibel mit dem ausländerrechtlichen Monitoring der Zwangsausschaffungen: zu beobachten, ob die gefesselten und geknebelten Engel in den Sonderflügen menschenwürdig ausgeschafft werden! Sie bleiben auch hohl, solange die Kirchenleitungen nicht entschieden gegen die sukzessiven Verschärfungen des Asylgesetzes intervenieren. Zur Loyalität, wie wir gesehen haben, gehört auch die Kritik. Es wäre ein prophetisches Eintreten für die Würde des Menschen, denn im Nationalrat sind die Asylsuchenden zu Sündenböcken entwürdigt worden!

Zum Abschluss

Diese zwei Beispiele zeigen, wie heikel die Vorstellung des Wächteramts sein kann. Man hat sie schnell missbraucht, indem man sie allzu sehr in Anspruch nimmt oder umgekehrt sie banalisiert. Deshalb muss die Bemühung um ein angemessenes Verständnis weiter verfolgt werden. Gerade in der heutigen Gesellschaft gilt es, diese Aufgabe immer neu in Angriff zu nehmen. Um es mit einer aus Russland stammenden Zeichnung zum Ausdruck zu bringen: «Ja nie aufgeben!»

Public Theology – ein globales Programm für die lokale Kirche

Thomas Schlag

Zum reformatorischen Selbstverständnis öffentlicher Artikulation

Kirche ist ihrem Wesen und ihrem Auftrag nach von Anfang an eine öffentliche Grösse. Sie hat sich vom Beginn ihrer gemeindlichen Existenz an auf dem Markt der religiösen Ideen positioniert und artikuliert sowie immer schon versucht, die mitmenschlichen und gesellschaftlichen Verhältnisse im Geist der eigenen Überzeugungen zu beeinflussen und zu prägen.

Im Blick auf die protestantische Kirche, von der im Folgenden vornehmlich die Rede sein soll, schliesst die öffentliche Wortverkündigung von Beginn an programmatisch wie faktisch die Bezugnahme auf die jeweils gegenwärtigen Zeit- und Weltläufte mit ein. Denn Gottes schöpferisches Wort umfasst und regiert reformatorischer Glaubensüberzeugung nach alle irdischen Dinge. Dies kommt deutlich in Zwinglis gerechtigkeitsorientiertem Auftrag an die Kirche und jeden einzelnen Christen zum Ausdruck, der sich in der Frage nach dem Umgang mit der Obrigkeit entscheidend danach auszurichten hat, Gott mehr zu gehorchen als den Menschen (Apg 5,28): «Wollt ihr Oberen also Christen sein, so müßt ihr uns das klare Wort Gottes predigen und es danach wirken lassen; denn ihr seid nicht Herren über die Seelen und Gewissen der Menschen.»[1] So gilt hier: Der öffentliche Anspruch christlicher Verkündigung ergibt sich aus der Überzeugung: «Das göttliche Wort soll über alle Menschen herrschen. Es soll ihnen vorgeschrieben, verkündet und getreulich offenbart und ausgelegt werden. Wir sind schuldig, ihm nachzukommen»[2] – man könnte im Geist fortsetzen: in allen Bereichen des menschlichen Lebens und damit eben auch in allen weltlichen Zusammenhängen.

Dabei stellt nun von Beginn an die Übermittlung des Wortes Gottes an die ganze Gemeinde durch dazu Berufene den entscheidenden Zentralpunkt öffentlicher Wortverkündigung dar: «Man mus Bischove, Pfarrher oder Prediger haben, die öffentlich und sonderlich die [...] vier stück oder heilthum [d. h. Predigt, Taufe, Abendmahl, Absolution, T. S.] geben, reichen und uben, von wegen und im namen der Kirchen, viel mehr aber aus einsetzung Christi, wie S. Paulus Ephe. 4. Sagt: ‹Dedit dona hominibus›. Er hat gegeben etlich zu Aposteln, Propheten, Evangelisten, Lerer, Regirer etc.»[3] Darüber hinaus aber eröffnet auch das Priester-

1 H. Zwingli, Göttliche und menschliche Gerechtigkeit (1523), in: Schriften I, Zürich 1995, 203.
2 A.a.O., 209.
3 M. Luther, Von den Konziliis und Kirchen (1539), in: WA 50, 632,36–633,5.

sein jedes Einzelnen die Möglichkeit und Notwendigkeit individueller öffentlicher Verantwortung im Licht göttlicher und menschlicher Gerechtigkeit. Diese öffentliche Artikulations- und Verantwortungsaufgabe war folglich von Beginn an niemals den zu einer bestimmten professionellen Ausübung Berufenen allein vorbehalten, sondern jedes Glied der Gemeinde und – wie man später sagte – jeder Laie sollte in seinem Lebenszusammenhang zur Verkündigung des Evangeliums beitragen. Und dies gerade aufgrund und in aller zugesagten Freiheit: «Denn wir Christen sind Könige, weil wir durch Christus frei sind von allen Kreaturen und herrschen über das Leben, den Tod und die Sünde».[4] Aufgrund ihrer Taufe sind alle Christen «wahrhafftig geystlichs stands»[5] – es «seyn all Christen man pfaffen, alle weyber pffeffyn, es sey junck oder alt, herr oder knecht, fraw oder magd, geleret oder leye».[6] In ihren ausgebildeten und in ihren getauften Repräsentanten gewinnt die sichtbare Kirche somit ihre Plausibilität als *creatura verbi* vor aller Welt. In diesem Sinn liefert hier ein gleichsam globales Weltdeutungsprogramm wichtige Orientierungskriterien für die lokale Praxis evangelischen Kirche- und Christseins. Dabei kann durch diese Praxis einerseits im Zusammenspiel mit den politischen Öffentlichkeiten auf eine Berücksichtigung des göttlichen Schöpfungsauftrags verwiesen werden, andererseits im Fall prekärer politischer Verhältnisse und problematischer Herrschaftsausübung aber auch bewusste Gegenöffentlichkeit herstellt werden. Die kirchliche Wahrnehmung der weltlich-politischen Verhältnisse spielt sich folglich in der unauflösbaren Spannung zwischen solidarischer Weltzugewandtheit und kritischer Weltkontrastierung ab.

Diese Form der vom Wort Gottes her legitimierten öffentlichen Selbstpositionierung hinsichtlich politischer und gesellschaftlicher Belange hat die Kirche durch die Jahrhunderte hindurch nun in Haupt und Gliedern durchaus wortmächtig und einflussreich vorgenommen – allerdings zugegebenermassen nicht immer «for better» sondern im Sinn der unkritischen Weltzugewandtheit viel zu häufig «for worse». Nicht selten hat etwa kirchliche Obrigkeit in ihrer öffentlichen Wortverkündigung, wenn diese zur reinen politischen Artikulation wurde sowie in den entsprechenden dubiosen theopolitischen Koalitionen das schlechtere Teil gewählt. Man denke hier nur an die Staats- und Schöpfungsordnungstheologien des frühen 20. Jahrhunderts, die sich ebenso stark für bestimmte staatliche und politische Interessen funktionalisieren liessen wie sie ihrerseits eigene und herrschaftliche Machtansprüche zu legitimieren versuchten.

4 P. Melanchthon, Loci communes (1521), 8, 123, hg. v. Lutherischen Kirchenamt der VELKD, Gütersloh 1993, 363.

5 M. Luther, An den christlichen Adel deutscher Nation von des christlichen Standes Besserung (1520), in: WA 6, 407, 13f.

6 M. Luther, Sermon von dem Neuen Testament (1520), in: WA 6, 370, 25–27.

Nicht selten kamen die evangelische Kirche und ihre Gläubigen im Blick auf bestimmte gesellschaftliche Reformen und Dynamiken schlichtweg zu spät: Man denke hier nur an die grossen Linien der Entwicklung europäischer liberaler Demokratien samt ihrer Herausarbeitung der Menschen- und Grundrechte oder an den Widerstand gegen totalitäre Regime in Europa und in der Dritten Welt, bei dem in vielen Fällen nur am Rande, gegen Ende oder gar erst nachträglich auch auf mutige Unterstützung vonseiten der Kirchen gerechnet werden konnte. Und es gehört zu den leider seltenen Glücksfällen protestantischer Kirchengeschichte, sich in den öffentlichen Notlagen wortmächtig zur Not der Armen, Ausgeschlossenen oder Unterdrückten bekannt oder auf deren Seite geschlagen zu haben.

Trotz dieser hochgradig ambivalenten Geschichte protestantischen Kirche- und Christ-Seins gilt: Die Mitgestaltung und Mitverantwortung der Kirche für das öffentliche Leben ist und bleibt Teil ihres geschichtlichen und gegenwärtigen Selbstverständnisses und Erscheinungsbildes. Eine Konzentration bloss auf den innerkirchlichen Nahbereich oder gar der bewusste Rückzug in selbstgewählte Isolation würde ihrer Aufgabe inmitten der Welt vehement widersprechen. Insofern scheint am Beginn des 21. Jahrhunderts hinsichtlich der öffentlichen Rolle und Verantwortung der Kirche im Blick auf die gegenwärtige Lage im Prinzip nichts Neues zu sagen zu sein – vielleicht einmal abgesehen vom Appell an den sachgemässen und seriösen Auftritt, wo immer in und durch die Kirche und ihre Glieder das Wort ergriffen wird. Dieser öffentliche Auftrag steht nun allerdings tatsächlich in verschiedener Hinsicht neu in Frage: Die Problematik der öffentlichen profilierten Präsenz von Kirche stellt sich auf grundlegend neue Weise, weil Kirche selbst mit ihrer Deutungsmacht eminent in Frage gestellt ist – wenn sie denn überhaupt noch ernst genommen wird.[7]

Plausibilitätserfordernisse angesichts politischer Dynamiken

Es sind, kurz gesagt, eine ganze Reihe von neuen Plausibilitätsproblemen und daraus hervorgehenden Erfordernissen zu konstatieren: Der Kirche wird kaum noch eine wesentliche öffentliche Orientierungsfunktion zugetraut und sie selbst traut sich mit ihrem kirchenleitenden Personal je länger, je weniger eine mächtige öffentliche Deutungs- und Orientierungsfunktion zu. Aus dem guten Neutralitätsgebot scheint immer mehr das der Fremd- und Selbstneutralisierung zu werden – zu Recht ist auch in mahnendem Sinn von Selbstsäkularisierung die Rede. Man kann auch kürzer und prägnanter fragen: Wo ist Kirche überhaupt noch öffentlich gefragt? Sind die entsprechenden kirchlichen Artikulationen nichts

7 Vgl. ausführlicher: T. Schlag, Öffentliche Kirche. Grunddimensionen einer praktisch-theologischen Kirchentheorie. Zürich 2012.

anderes und kaum mehr als elaborierte Selbstbeschäftigungsdiskurse? Und wem und wozu könnte die öffentliche kirchliche Selbstpositionierung tatsächlich nützen?

Diese Fragen stellen sich umso mehr, als andere gesellschaftspolitische Akteure in den letzten Jahren immer deutlicher und auch einflussreicher vormachen, wie ein solches Bespielen der öffentlichen Bühne auch gehen und einflussreich sein könnte. Innerhalb der gegenwärtigen zivilgesellschaftlichen Verhältnisse zeigen sich hier ganz neue Formen von Öffentlichkeit, die auch vonseiten der Kirche intensiv wahrzunehmen sind. Im Bereich des Politischen findet dies unter dem Stichwort einer deliberativen Demokratie[8] Gestalt in einer selbstbewussten Bürgergesellschaft. Politik und öffentliche Verantwortung finden sowohl auf lokaler, regionaler wie auf globaler Ebene mehr und mehr auf informelle, interaktive und intermediäre Weise statt.

Nicht nur die Forderung nach Teilhabe und Teilhabegerechtigkeit, sondern auch deren ganz praktische Umsetzung bis hin zur Rede von einer *liquid democracy* stellen wesentliche politische Signaturen der Gegenwart dar. Und es sind dabei zwar in manchen Fällen dann Wutbürger, aber sehr häufig eben auch Mutbürger, die sich in die Geschehnisse einbringen. Eine Zuteilung politischer Wahrheiten von oben funktioniert jedenfalls offenkundig immer weniger. Das Politische lebt nicht nur in der Theorie, sondern auch in der realen Praxis von der Selbstermächtigung zu politischer Mündigkeit. Dies mag nun für die Schweiz mit ihren urdemokratischen Partizipationskulturen eine längst vertraute politische Selbstverständlichkeit sein – gleichwohl lohnt es sich für Kirchentheorie und kirchliche Praxis im Blick auf ihren Öffentlichkeitsanspruch, genauer hinzuschauen, wie sich öffentliche Deutungsmacht hier Bahn bricht und dabei auch neue Gestaltungsformen schafft.

Kirche als intermediäre Institution

Seit einigen Jahren ertönt der Ruf nach einer Kirche als zivilgesellschaftliche, intermediäre Institution: Kirche kann und soll zwischen Individuum und Gesellschaft vermittelnd eintreten. Diese Grundaufgabe wird in der folgenden Weise charakterisiert: «Sie bietet einen Deutungshorizont an, der die verschiedenen Felder persönlichen und gesellschaftlichen Lebens in einem inneren Zusammenhang erkennen lässt. Als Interpretationsgemeinschaft ermöglicht sie es den einzelnen, selbst die Deutung der gesellschaftlichen Wirklichkeit mitzuprägen und an der Weiterentwicklung gesellschaftlicher Sinnmuster mitzuarbeiten. So schafft sie Verbindungen zwischen den einzelnen und vermittelt zwischen ihnen und dem

8 Vgl. J. C. Velasco, Art.: Deliberation/deliberative Demokratie, in: H. J. Sandkühler (Hg.): Enzyklopädie Philosophie, Hamburg ^{2}2010, 360–363.

Leben in der Gesellschaft, ja im Kosmos».[9] Kirche dient somit gleichsam als sinnstiftende Vermittlungsagentur überall dort, wo das Grundrecht auf freie und gerechte Beteiligung nicht wahrgenommen werden kann. Eine solche Aufgabenzuschreibung mag nun nach dem oben Gesagten als überflüssig erscheinen, da doch bereits ein breites Bewusstsein politischer Mündigkeit und entsprechende vielfältige Gestaltungsformen existieren. Kommen somit die Kirche und auch die praktisch-theologische Reflexion hier also mit ihrem Anspruch auf Vermittlung einmal mehr zu spät?

Im Folgenden sei die These vertreten, dass sich eine solche intermediäre zivilgesellschaftliche Aufgabenbestimmung zum einen vom theologischen Selbstverständnis, zum anderen aber auch von den faktisch nach wie vor bestehenden gesellschaftlichen Friktionen her legitimieren und plausibilisieren lässt. Gerade die strukturellen Voraussetzungen für eine echte und wirkungsvolle politische Partizipation sind nämlich nicht automatisch und schon überall gegeben. Die Artikulations- und Gestaltungsfreiheit der Akteure kommt angesichts der gesellschaftlichen Friktionen eben immer wieder an ihre Grenzen. Was auf den ersten Blick bereits als eine teilhabegerechte politische Grundsituation erscheint, ist damit oft keineswegs durchgängig eingelöst, sei es, weil sich politische und ökonomische Entscheidungsprozesse auf wenige Eliten konzentrieren, sei es, weil eben die sozialen Verhältnisse eines erheblichen Teils der Bevölkerung eine solche Mitwirkung an Belangen des Gemeinwesens gar nicht erst erlauben. Kirche hat folglich angesichts der realen gesellschaftlichen Verhältnisse eine im wahrsten Sinn des Wortes notwendige öffentliche Mitverantwortung und unverzichtbare Aufgabe inmitten der Dynamiken und unübersehbaren Umbrüche der gegenwärtigen Gesellschaft.

Die Basis öffentlicher Artikulation bis hin zu konkreten Stellungnahmen besteht aber darüber hinaus im kirchlichen Auftrag und ihrer Sendung. Ihr spezifischer Beitrag zeigt sich dabei in der Übernahme von Bildungsverantwortung, ihrem Eintreten für soziale Gerechtigkeit sowie der Verpflichtung auf Barmherzigkeit unter Bezugnahme auf ihre dogmatische und ethische Grundlegung. In diesem Sinn nimmt die Kirche durch ihr Haupt und ihre Glieder Verantwortung für die *polis* (Jer 29,7) als Öffentlichkeit wahr und befördert eine Kultur der Anerkennung mit.[10] In einer solchen kritisch-aufmerksamen Selbstpositionierung liegt der kirchliche Beitrag zum Gemeinwesen, das sich seine Voraussetzungen nicht selber schaffen kann, sondern – über die eigenen verfassungsmässigen Grundlagen hinaus – auf ebensolche externen Orientierungsmassstäbe angewie-

9 W. Huber, Kirche in der Zeitenwende. Gesellschaftlicher Wandel und Erneuerung der Kirche. Gütersloh 1998, 34.

10 Vgl. W. Huber, Die Rolle der Kirchen als intermediärer Institutionen in der Gesellschaft (2000), in: www.ekd.de/gesellschaft/huber-v5.html (Stand: 14.12.2012).

sen ist. Kirche hat eine orientierende Funktion, die wesentlich auf den Traditionen und Deutungen aufruht, von denen sie selbst – aber auch das säkulare Gemeinwesen nach wie vor – lebt. Allerdings sei an dieser Stelle gesagt, dass der Ideengeber dieses Theorems, Ernst-Wolfgang Böckenförde, keineswegs davon ausgeht, dass sich dieser wertegründende Beitrag allein durch christlich orientierte Begründungsfiguren ergeben kann. Denn die Sinnstiftungsaktivitäten für die bzw. in der Gesellschaft tragen selbst eminent pluralen Charakter[11]. Gleichwohl schränkt dies die kirchliche und christliche Verantwortungsübernahme keineswegs ein, sondern lässt nochmals schärfer nach dem erkennbaren Profil einer öffentlichen Kirche fragen.

Herausforderungen für eine *public church*

Angesichts der angedeuteten gesellschaftlichen Dynamiken mitsamt ihren problematischen Konsequenzen unheiliger Friktionen sowie Desintegrations- und Exklusionstendenzen – sei es von Einzelnen, sei es von ganzen Gruppen – entstehen somit bedeutsame Herausforderungen für die Kirche als *public church*. Diese Signatur ist damit nicht einfach nur Ausdruck für ihre öffentliche Rolle, sondern stellt eine programmatische Bezeichnung dar und ist dezidierter Ausdruck eines politikrelevanten Gestaltungswillens – und dies auf der Grundlage der festen Überzeugung, dass Kirche zu den öffentlichen, globalen wie lokalen, Debatten Wesentliches und Lebensdienliches beizutragen hat. Folglich geht es um nicht weniger als darum, inmitten der weltlichen Herrschaftsverhältnisse Salz der Erde sein zu wollen und auch sein zu können sowie das eigene Licht tatsächlich auf den Scheffel zu stellen, weil man ihm öffentliche Leuchtkraft unbedingt zutraut.

Eine solche öffentliche Rolle macht aber eine seriöse kirchentheoretische Reflexion der theologischen Grundlagen für ein solches Auftreten unbedingt erforderlich. Öffentliche kirchliche Verantwortung bedarf ihrer eigenen theologischen Begründung und Plausibilisierung, sowohl nach innen wie nach aussen. Hier hat eine *public theology* im Sinn der programmatischen und interdisziplinären Neuausrichtung der theologischen Reflexion ihren wesentlichen Ort und ihre zentrale Aufgabe. Ganz im Sinn des Diktums des amerikanischen Theologen William Storrar kann *public theology* bezeichnet werden als gemeinsame Einübung in theologische Reflexion über öffentliche Angelegenheiten, die wiederum durch zerstörerische soziale Erfahrungen motiviert ist, die einer gedankenreichen und glaubwürdigen Antwort bedürfen[12].

11 Vgl. E.-W. Böckenförde, Der säkularisierte Staat. Sein Charakter, seine Rechtfertigung und seine Probleme im 21. Jahrhundert. München 2007.

12 Vgl. W. Storrar, A Kairos Moment for Public theology, in: International Journal of Public Theology 1 (2007), 6.

Die Übernahme und Einübung öffentlicher Verantwortung kann folglich nicht allein in einer bestimmten politischen Praxis bestehen und erst recht nicht darin aufgehen, so dass die theologische Deutung gleichsam erst nach erfolgtem Handeln einsetzen könnte. Die Überzeugungskraft der öffentlichen Kirche besteht demnach nicht allein in einer bestimmten überzeugenden Handlungspraxis, sondern in der Fähigkeit ihrer Akteurinnen und Akteure, sich selbst und anderen gegenüber theologische Rechenschaft über das eigene Urteilen und Handeln abgeben zu können. Dies bedeutet im Rahmen einer *public theology* dann beispielsweise, dass die Rede von einer «Option für die Armen und Schwachen» nicht einfach nur emotionalen Charakter haben kann, sondern mit einer möglichst wirklichkeitsnahen Analyse der realen politischen und ökonomischen Verhältnisse sowie deren theologischer Deutung einhergehen muss. Und dies kann nur durch eine möglichst herrschaftsfreie Kommunikation über die realen Sachverhalte und deren theologische Deutung gelingen. Eine solche reflektierte Grundhaltung vermag dann sowohl vor politischer Funktionalisierung wie vor unreflektiertem kirchlichem Aktivismus mindestens besser zu schützen. Wie ist nun aber von dieser Fassung einer *public theology* aus die konkrete kommunikative und politische Praxis im Blick auf die öffentliche kirchliche Mitverantwortung näher zu bestimmen?

Einübung in theologische Kommunikation

Der Ausgangspunkt für eine theologische Kommunikation über den Auftrag öffentlicher Positionierung und Gestaltung von Kirche besteht darin, den Artikulationsbedürfnissen und -potenzialen ihrer Akteure überhaupt erst einmal den notwendigen Raum zu eröffnen. Ausgangspunkt ist dabei die Annahme, dass Menschen unabhängig von Bildung, Alter und Sozialisation über eine bestimmte theologische bzw. theologisch deutungsoffene Grundkompetenz verfügen und somit im kommunikativen Vollzug innerhalb kirchlicher Praxis theologische Einsichten und Erkenntnisse gemeinsam entwickelt werden können.

Mit dieser Grundannahme soll die traditionelle Unterscheidung zwischen Theologie und Religion, die ja entscheidend mit der Befreiung des Individuums sowohl von dogmatischen wie von kirchlichen Zwängen einhergeht, nicht hintergangen werden. Vielmehr soll, indem im vorliegenden Zusammenhang ausdrücklich von theologischer Kommunikation die Rede ist, dafür sensibilisiert werden, dass jegliche individuelle religiöse Kommunikation immer auch mindestens auf ihre theologische Anschlussfähigkeit hin zu befragen ist.[13] Oder um an die bereits

13 Vgl. dazu T. Schlag/F. Schweitzer, Brauchen Jugendliche Theologie? Jugendtheologie als Herausforderung und didaktische Perspektive. Neukirchen-Vluyn 2011 sowie jetzt T. Schlag/F. Schweitzer, Jugendtheologie. Grundlagen – Beispiele – kritische Diskussion. Neukirchen-Vluyn 2012.

angesprochene neutestamentliche und reformatorische Tradition öffentlicher Verkündigung durch all ihre Glieder selbst anzuschliessen: «Laientheologie ist [...] nicht als naive Theologie der Laien, die, wenn sie nicht ausreichend theologisch geschult und aufgeklärt werden, nicht selten fundamentalistisch und evangelikal zu denken geneigt sind, gemeint, sondern als Theologie, die mit den Nichttheologen in der Gemeinde als der prinzipiell in ihrer Gottesbeziehung mündigen Mehrheit rechnet».[14] Reformatorisch gesprochen ist hier alles Vertrauen auf das Gelingen dieser Kommunikation zu setzen.

Dies bedeutet, dass eine von den Subjekten ausgehende Rede einen klaren Bezug zu dem, durch die *public theology* stark gemachten, gesellschaftskritischen Gedanken der «Option für die Armen und Schwachen» aufzuweisen hat. Gerade in dieser Hinsicht einer *Volkskirche für alle* mit der besonderen Aufmerksamkeit auf die Schwachen als *Kirche für andere und mit anderen* sind die christlichen Leitperspektiven Freiheit, Verantwortung und Hoffnung in möglichst deutlicher Weise durchzubuchstabieren und im Sinn solidarischer Gemeinschaft zum Vorschein zu bringen. Dabei ist die Spannung zwischen einer der Welt prinzipiell zugewandten Kirche und zugleich einer Kirche als Kontrastmoment zu eben jener Gesellschaft produktiv aufzunehmen und aufrechtzuerhalten. Ganz im reformatorischen Ursinn geht es im Ernstfall tatsächlich immer auch darum, notwendige Gegenöffentlichkeiten gegen die etablierten Öffentlichkeiten herzustellen und wirkmächtig zu etablieren. Eine reine Konzentration auf innerorganisatorische Entwicklungsaufgaben hingegen würde diesem Anspruch und Auftrag gerade nicht gerecht.

Nun bleibt aber eine solche praktisch-theologische Fundierung und das Erscheinungsbild einer öffentlichen Kirche oftmals ohne Sensus für und Blick auf die faktischen Handlungsmöglichkeiten und Handlungsebenen, die es grundsätzlich so genau wie möglich auszudifferenzieren gilt: Kirche ist nicht gleich Kirche.

Hier hilft die Differenzierung in unterschiedliche Ebenen von Kirche, damit deutlich werden kann, welche Gestaltungs- und Einflussmöglichkeiten denkbar und gefragt sind. Gerade vor dem Horizont innerkirchlicher wie zivilgesellschaftlicher Dynamik kann der Begriff der Intermediarität seinerseits ausdifferenziert werden in 1. eine Makroebene, auf die überregionale Kirchenleitungs- und Repräsentanzfunktion bezogen, 2. eine Mesoebene, auf die übergeordneten grösseren kirchenleitenden Einheiten im Nahbereich bezogen, und in 3. eine Mikroebene, auf das Feld der einzelnen lokalen Gemeinden und Kirchenmitglieder bezogen. Eine solche Ausdifferenzierung erscheint auch deshalb als sinnvoll, weil

14 D. Stollberg, Zum Verhältnis von Volkskirche, Landeskirche und Gemeindekirche, in: Pastoraltheologie 99 (2010), 197. Zur spezifisch reformierten Verknüpfung des dreifachen Amtes Jesu Christi mit der Teilhabe der Amtsträger und Laien vgl. M. Freudenberg, Reformierte Theologie. Eine Einführung. Neukirchen-Vluyn 2011, 250.

nicht wenige Positionierungsfragen und auch Konflikte durch öffentliche Stellungnahmen gerade im Blick auf die jeweiligen Zuständigkeiten und Verantwortungszuschreibungen entstehen. Will Kirche als öffentliche Kirche relevant sein, ist dann eine möglichst klare Aufgabenbeschreibung hinsichtlich der Artikulations- und Kommunikationskompetenz unbedingt notwendig. Von dort her kann sich dann auch eine bessere Unterscheidungsleistung hinsichtlich der globalen und lokalen kirchlichen Positionierungsaufgaben ergeben.

Was haben die globalen Kontexte mit der lokalen Kirche zu tun?

Unübersehbar und offenkundig sind die einstmals fernen Dritte-Welt-Kontexte ganz in die Nähe des eigenen Lebens gerückt. Auf den globalen Süden kann nicht mehr im Modus diakonischer Exotik geblickt werden, sondern dessen Situation ist längst mit der globalen Industrienationen und deren Konsumverhalten intensiv und dramatisch verwickelt. Der Kampf um die seltenen Erden und die natürlichen Ressourcen ist nicht zuletzt dem eigenen digitalen Verbrauch und der Gier nach frischer Energie geschuldet. Das hiesige Leben wirkt sich dabei allerdings stärker auf die fernen Kontexte aus als deren Leben auf das eigene – noch, mag man hinzufügen. Vor diesen zutiefst voneinander abhängigen und teilweise katastrophalen und nachhaltig entrechtenden Entwicklungen die Augen zu verschliessen, kann kaum als evangeliumsgemäss bezeichnet werden. Insofern ist auch die kritische Wahrnehmung, wonach man eine *public theology* immer nur für einen bestimmten lokalen Kontexte konzipieren könne und bestimmte Adaptionen aus anderen Weltregionen eben für Mitteleuropa nicht passen würden, nur begrenzt überzeugend. Denn aufgrund der globalen Verflochtenheit und der entsprechenden Ungerechtigkeitstransfers sind sich die unterschiedlichen lokalen und regionalen Gesellschaften global erheblich näher als manche es weismachen wollen.

Was sind die Aufgaben der lokalen Kirche – ganz konkret gesprochen?

Vor allen kirchlichen öffentlichen Artikulations- und Positionierungsabsichten liegt die primäre Aufgabe zuerst einmal darin, die komplexen globalen Entwicklungen, die immer auch die lokalen Verhältnisse und vor allem die Menschen in der Gemeinde betreffen, in aller Offenheit und ohne Beschönigung wahrnehmen zu wollen. Dies bedeutet aber etwa im Bereich religiöser Bildung in der Weltgesellschaft, dass sie die bestehenden Ambivalenzen von Kritik und Konsum, eigener Gier und dem Groll auf die Heuschrecken, von bitterer Armut und Bankengewinnen wirklich in dieser Ambivalenz zu thematisieren versucht und es nicht bei den allzu einfachen Schwarz-Weiss-Dualismen belässt.

In einem zweiten Schritt geht es um theologisch-kommunikative Klärungsprozesse, was etwa gemeint ist, wenn von einer «Option für die Armen und für die Schwachen» die Rede ist: Es geht darum, die immer noch zu komfortablen Komfort-Zonen zu verlassen und die blinden Flecken der eigenen Gemeinde aufzuspüren. Von einer solchen sensiblen Grundhaltung aus stellt sich dann im Übrigen auch die Frage nach einer Milieuorientierung noch einmal in einem sehr viel dezidierteren Sinn. Wo Menschen in Not sind, wo der Gemeinde Menschen am Herzen liegen, erschliesst sich die Frage der Zielgruppengenauigkeit praktisch von selbst.[15]

Theologische Kommunikation des Evangeliums wird dann relevant, wenn sie sich mit konkreten Erfahrungen gelingenden Handelns verbindet: Hier kommen die Grundaufgaben von Kirche – ihr Bildungsangebot, Verkündigung, Seelsorge und Diakonie – als eminent öffentliche Verantwortungsbereiche ins Spiel.[16]

Die kirchliche Aufgabe liegt dann auch ganz praktisch im Bereich der Vernetzung mit anderen zivilgesellschaftlichen Akteuren: Kirchgemeinde kann sich mehr denn je nur noch als ein, hoffentlich unverzichtbarer, Player im politischen Nahraum verstehen. Eine theologisch gedeutete Integration in den nahen politisch-gesellschaftlichen Kontext ist dabei nicht einfach «nice to have», sondern stellt eine wesentliche Signatur kirchlichen Handelns in der Öffentlichkeit dar. Damit sei nicht einer durchgängigen Politisierung der kirchlichen Arbeits- und Handlungsfelder das Wort geredet, aber doch für eine durchgängige Sensibilität für die gesellschaftlichen und politischen Verhältnisse plädiert.

Ein kirchliches Wächteramt, wenn man denn davon sprechen will und kann, sollte sich dabei primär in der Perspektive eines «Dienstes der Versöhnung» manifestieren, der in der je nach Situation zu bestimmenden kritischen Positionierung gegenüber gesellschaftlichen Fehlentwicklungen besteht. Das Wächteramt der Kirche hat folglich neben der Funktion öffentlicher Artikulierung immer auch diese notwendige seelsorgerliche Seite im Sinn der Annahme des Einzelnen um seiner selbst willen. Eine solche Sorge um den Menschen und die Gesellschaft hat damit eminent politische Sprengkraft, wenn sie eben die dahinter stehenden weiterreichenden Ursachen mit zum Thema macht und sich nicht als eine seelsorgerlich verbrämte Kompensation gesellschaftlicher Härten missversteht. Schon allein der Mut, mit echten Gerechtigkeitsdiskursen einzusetzen, hat erhebliche Signalfunktion dafür, dass man bestimmte Entwicklungen nicht einfach hinzunehmen bereit ist. Wer dabei allerdings der Kirche gleich mit abverlangt, sie möge dann

15 Vgl. M. Krieg/R. Diethelm/T. Schlag (Hg.), Lebenswelten. Modelle kirchlicher Zukunft. Orientierungshilfe. Zürich 2012.

16 Zur religiösen Bildungsaufgabe im globalen Zusammenhang vgl. T. Schlag, Vom Bürgerrecht auf Erden und im Himmel – Religiöse Bildung in weltzivilgesellschaftlicher Perspektive, in: ZPT 64 (3/2012), 238–250, sowie die weiteren Beiträge in diesem Heft.

auch sagen, was anders werden soll, unterwandert in subtiler Weise alle Versuche, Gerechtigkeit wirklich zum Thema zu machen.

Es geht somit um eine konkrete Weltlichkeit, die aber nicht in den Strukturen und in der Sprache der Welt aufgeht. Solidarität ist zweifellos durch viele gesellschaftliche Akteure und Institutionen möglich. Aber die christliche Grundlegung einer solidarischen Gemeinde als *Gemeinde für andere und mit anderen* stellt einen *unique selling proposition* dar, die die Kirche nicht leichtfertig aufs Spiel oder gar *ad acta* legen sollte.

Schluss

Das prophetische Wort von der Kanzel kann gegenwärtig nur kompliziert gesprochen werden – alle Vereinfachungen sind unseriös. Öffentliche Kirche lebt weniger von einem bestimmten, Eindeutigkeit anmutenden Prophetismus als vielmehr von einer reflektierten und praktischen Sorge um den einzelnen Menschen und die ganze Gesellschaft. Insofern bedarf ein solches öffentliches Handeln immer der theologischen und der gesellschaftsanalytischen und gesellschaftskritischen Expertise – und ohnehin den Mut, dasjenige kritisch zu formulieren, was man aufgrund der eigenen Expertise und der eigenen Gewissensprüfung als problematische politische Entwicklungen identifiziert und nicht klaglos hinzunehmen bereit ist. Nicht der kirchliche Schaukasten mit den Veranstaltungen der kommenden Woche und vermutlich nicht einmal ein grosses Reformationsjubiläum sind schon per se bedeutsame öffentliche Ereignisse. Der öffentliche Anspruch lebt nicht vom «wie», sondern vom «was» – nicht von der medialen Attraktivität, sondern von der inhaltlich unbedingten Anziehungskraft des besseren, weil von Gott her begründeten, menschlichen Arguments. Dabei gilt die grundlegende Prämisse, dass Kirchenleitung immer auch als «geistliche Aufgabe»[17] anzusehen ist. Und so geht es darum, dass das innere – hoffentlich geistliche – Getriebensein reformierten Kircheseins tatsächlich auch nach aussen erkennbar wird.

Es geht folglich um Formen der Kommunikation des Evangeliums, die sich nicht nur in sprachlicher, sondern in erfahrungsorientierter Anschaulichkeit der evangelischen Botschaft manifestieren: Die Sorge um die Seele des Einzelnen und die Sorge um das Gemeinwohl und das Ganze des Zusammenlebens muss konsequenterweise in allen kirchlichen und gemeindlichen Handlungsvollzügen eine wesentliche Orientierungsgrösse sein. Allerdings gilt auch hier wieder gut reformatorisch: «Das Wort Gottes kann man weder einfangen noch an die Leine legen. Wenn wir uns aber alle ausnahmslos aufs ernsthafteste bemühen, das Wort

17 R. Kunz, Kybernetik, in: C. Grethlein/H. Schwier (Hg.), Praktische Theologie. Eine Theorie- und Problemgeschichte. Leipzig 2007, 611.

Gottes zu befolgen, dann laßt nur Gott walten; er wird alle Dinge ins rechte Geleise bringen».[18]

Die Grundfrage einer *public church* und einer *public theology* ist damit, welches Hoffnungspotenzial man der eigenen Gemeinde der Heiligen und damit auch der Wirkkraft des Heiligen Geistes zutraut und wie sich dies mit der notwendigen Klugheit in den Angelegenheiten des Politischen zu verbinden vermag. Dass die Ausgestaltung dieser Verantwortung weder zentral verordnet noch entschieden werden kann, sondern wesentlich vom individuellen und lokalen kreativen Gestaltungswillen abhängt, ist unbedingt als Errungenschaft anzusehen, der man als öffentliche Kirche und öffentliche Theologie möglichst mutig entsprechen sollte.

18 H. Zwingli, Göttliche und menschliche Gerechtigkeit (1523), in: Schriften I, Zürich 1995, 213.

Die religiöse Feierkultur als Basis der öffentlichen Kirche. Replik auf Thomas Schlag

Ralph Kunz

Die liturgische Dimension der öffentlichen Kirche

Thomas Schlags Argumente für eine öffentliche Kirche leuchten mir alle ein. Mir fällt aber auf, dass weder der Begriff «Gottesdienst» noch der Begriff «Liturgie» im Beitrag von Schlag auftauchen. Wenn von den Grundaufgaben der Kirche die Rede ist, werden «Bildung, Verkündigung, Seelsorge und Diakonie als eminent öffentliche Aufgaben» erwähnt. Natürlich denkt Schlag bei Verkündigung auch an den Gottesdienst. Schliesslich geht es ihm ja auch um «eine Kommunikation des Evangeliums, die sich aber nicht nur in sprachlicher, sondern in erfahrungsorientierter Anschaulichkeit der evangelischen Botschaft manifestiert». Aber diese Hinweise auf den Gottesdienst sind sehr knapp und allgemein.

Wenn ich in meiner Replik etwas andere Akzente setze, geht es mir also um die Dimension der Liturgie im Diskurs über öffentliche Kirche und Theologie. Wenn Kirche bereit sein soll, «notwendige Gegenöffentlichkeiten gegen die etablierten Öffentlichkeiten herzustellen und wirkmächtig zu etablieren» und wenn die Kirche *ihre* Gestaltungs- und Einflussmöglichkeiten im öffentlichen Raum wahrnimmt, wäre doch zu erwarten, dass der Gottesdienst mehr Aufmerksamkeit bekommt. Das ist nicht der Fall und insofern erstaunlich, als das Gespräch über den öffentlichen Auftritt der Kirche sehr eng mit der *leitourgía* verbunden ist.

Leitourgía

Wenn Ernst Lange behauptet, man missverstehe das Christentum und leite die Reform der Kirche auf eine falsche Fährte, wenn man meint, es gäbe eine auf Dauer wirksame Präsenz des Christlichen in der Welt an der Liturgie vorbei, spricht er bewusst von Liturgie.[1] Es ist kein Zufall, dass in der Septuaginta für den Gottesdienst im Tempel dieser Begriff verwendet wird. Im ausserbiblischen Sprachgebrauch ist mit *leitourgía* der Dienst für das Gemeinwesen gemeint. Der öffentliche Gottesdienst ist per definitionem eine «mit Feierlichkeit umgebene Dienstleistung zugunsten der Gesamtheit».[2] Dass diese Dienstleistung mit dem Opferkult verbunden war, macht freilich auf die Gründe aufmerksam, warum die

1 Vgl. Ernst Lange, Was nützt uns der Gottesdienst?, in: ders., Predigen als Beruf, Aufsätze hgg. von Rüdiger Schloz, Stuttgart ^{2}1982, 83–95, hier 84.

2 Strattmann, Art. Leitourgía, in: ThWNT Bd. IV, Stutttgart/Berlin/Köln 1990, 221–229, 229.

leitourgía im Diskurs über die öffentliche Kirche heute so wenig beachtet wird. In der antiken Verwendung zeigt sich eine *vormoderne* Verbindung von Politik und Religion. Das Gespräch über die öffentliche Kirche in der (Post-)Moderne steht unter dem Vorzeichen des Auseinandertretens von Religion und Politik. Die soziologische Analyse bietet allerdings nur eine Erklärung dafür, warum der Gottesdienst nicht mehr von allen als eine Dienstleistung zugunsten der Gesamtheit betrachtet wird. Sie erklärt nicht, warum die religiöse Institution Kirche ihrer Liturgie nicht mehr Öffentlichkeit zutraut.

Zu Recht weist Schlag darauf hin, dass es sich lohnt, genauer zu beobachten, wie die öffentliche Deutungsmacht der Kirche in *neue Bahnen* gelenkt werden kann und wo sie auf *neue Gestaltungsformen* angewiesen ist. Die Mitgestaltung und Mitverantwortung der Kirche für das öffentliche Leben ist Teil ihres Wesens, und die Kirche kommuniziert über Medien, Erwachsenenbildung oder Verlautbarungen auf anderen Kanälen. Genauso wichtig scheint es mir aber, dass Kirche auch in ihren überlieferten Kommunikationsgefässen an der Weiterentwicklung gesellschaftlicher Sinnmuster arbeitet. Vor allem dann, wenn das Selbstverständnis der Institution so eng mit dieser Kommunikation verknüpft ist. Darum muss der *Gottesdienst als zentrale Form der Mitteilung* noch einmal vehementer ins Blickfeld der Diskussion über die öffentliche Kirche gerückt werden.

Für eine erhöhte Aufmerksamkeit spricht, dass in der Erinnerung an die heilsverbürgenden Geschichten die religiöse Institution ihren Anspruch, die Polis mitzugestalten und demokratisch mitzuverantworten, legitimiert. Anders gesagt: die Kirche begründet ihre Präsenz im öffentlichen Gespräch religiös. In der Debatte kreist die Art und Weise der kirchlichen Partizipation um die Frage, ob und wie die Kirche ihr «Wächteramt» wahrnehmen kann. Ich bin auch der Meinung, dass eine seriöse theologische Reflexion der theologischen Grundlagen eines solches Auftretens ansteht, fürchte aber, dass ihr die Grundlage fehlt, wenn sie die Orientierungsfunktion des Gottesdienstes ausblendet oder stark verkürzt.

Kirche im Bann des Öffentlichkeitsverlusts

Eine verkürzte Wahrnehmung des Gottesdienstes will ich Thomas Schlag schon deshalb nicht unterstellen, weil sein Beitrag in eine andere Richtung zielt und er meinen ergänzenden Akzentuierungen sicher zustimmt. Ich beziehe mich hier auf eine grössere, etwas nebulöse Diskursgemeinschaft – auf eine Art *Stimmung* in den Stimmen, die von der öffentlichen Kirche sprechen. Sie meine ich, wenn ich behaupte, dass die grundlegende *Bedeutung der religiösen Feier* als kollektiver Anlass der Sinnvergewisserung vergessen oder vernachlässigt wird.

Natürlich ist das ein weites Feld.[3] Wenn hier abgekürzt von der religiösen Feier die Rede ist, will ich mich meinerseits nicht einer verkürzten Sicht des Gottesdienstes schuldig machen! Ich verwende den allgemeinen Begriff, um deutlich zu machen, dass es beim Thema Liturgie nicht nur um den Sonntagsgottesdienst geht, sondern um eine vielschichtige und facettenreiche Feierkultur. Es bleibt in meiner kurzen Replik beim Appell, dass eine seriöse theologische Reflexion der Grundlagen des öffentlichen Auftritts der Kirche die Liturgie stärker beachten muss.

Ich fürchte, die Geringschätzung der eigenen Feierkultur führt dazu, dass sich die Kirche dem Bann des Öffentlichkeitsverlusts nicht entziehen kann und diesen Bann im Modus einer Art *Selbstsäkularisierung* sogar noch verstärkt. Das sehen nicht alle so. Einige Beobachter fürchten eher eine Kirche, die sich darauf versteift, gottesdienstlich zu kommunizieren, und meinen, bei ihr eine *kulturelle Selbstghettoisierung* ausmachen zu können. Darunter ist mit Hermann Lübbe «die Entbindung religiöser Orientierung von den Regeln, die die Einheit der Vernunft definieren»[4] zu verstehen. Eine Organisation, die sich nicht nach *common sense* und *mainstream* richtet, wird nicht verstanden. Der Soziologe Roland Campiche hat dafür die Formel von der «Unleserlichkeit der Kirche»[5] geprägt. Im Schlusskapitel von «Zwei Gesichter der Religion» spricht er von der Dualisierung der Religion in einen institutionellen und universalen Pol.[6] Die konstatierte *Deinstitutionalisierung* der Religion bedeutet demnach eine Schwächung der traditionellen Religiosität bei gleichzeitiger Verlagerung auf den universalen Pol. Die Dynamiken der Moderne, die Mobilisierung, Urbanisierung, Medialisierung und Technisierung, wirken sich nicht nur negativ auf das religiöse Leben aus. Die sogenannte universale Religion ist zwar weniger greifbar hinsichtlich der Einstellung und weniger fassbar hinsichtlich des Verhaltens, aber es löst sich auch nicht alles in esoterischen Nebel auf. Vielmehr gehört es weiterhin zur «helvetischen Eigenart» der religiösen Orientierung, sich auf das Christentum als *Referenzreligion* zu beziehen. Insofern trifft von religionssoziologischer Warte betrachtet die Aussage zu, dass die Schweiz ein Land mit christlicher Prägung ist, freilich mit dem Zusatz, dass sich das konfessionelle Bewusstsein verwischt, Institutionen *unleserlich* geworden und für das religiöse Leben der meisten Menschen nur punktuell von Belang sind.

3 Vgl. dazu Michael Meyer-Blanck, Leitende Kategorien: Mitteilung und Darstellung des Evangeliums, in: ders., Gottesdienstlehre, Tübingen 2011, 25–40

4 Hermann Lübbe, Religion nach der Aufklärung, München 2004, 249.

5 Vgl. Roland J. Campiche u. a. (Hg.), Die zwei Gesichter der Religion. Faszination und Entzauberung, Zürich 2004, 280. Campiche nimmt Bezug auf Danièle Hervieu-Léger, Catholicisme. La fin d'un monde, Paris 2003, 310f.

6 A.a.O., 276–286.

Die öffentliche Wahrnehmung der institutionellen Religion wiederum lässt sich in verschiedene Sphären aufgliedern. *Die* Öffentlichkeit gibt es so wenig wie *die* Kultur oder *die* Gesellschaft. Der Befund lässt sich dahingehend differenzieren, dass vor allem die Evangelischen an einer zunehmenden institutionellen Unleserlichkeit leiden. In seinem Beitrag stösst Thomas Schlag ins selbe Horn. Er spricht nicht von der Unleserlichkeit, sondern genereller vom «Verlust der öffentlichen Orientierungsfunktion». Orientierungsleistung traue man der Kirche nicht mehr zu. Das ist gewiss nicht abzustreiten. Ich frage mich aber, wer mit «man» gemeint, von welcher Orientierungsleistung die Rede ist und *wie* die Kirche diese öffentliche Orientierungsfunktion wahrnehmen soll. Meine Antwort: Wenn man danach fragt, wie die Kirche zwischen Individuum und Gesellschaft vermittelnd eintreten und wie sie zu den öffentlichen, lokalen wie globalen Debatten Wesentliches und Lebensdienliches beitragen kann, *muss* man selbstbewusster vom Gottesdienst reden.[7]

Und wenn ich «man» sage, denke ich in erster Linie an die Theologinnen und Theologen. Sie haben den Auftrag, die Botschaft des Evangeliums an die Öffentlichkeit zu tragen, weil das Evangelium an alle Welt geht und nicht bloss ein Spezialprogramm für ein Kirchenpublikum ist. Diesen Anspruch erhebt nicht nur die Rede im Gottesdienst, sondern auch das Reden über den Gottesdienst. Wenn aber Theologen und Theologinnen ständig zu Protokoll geben, dass man der Kirche und die Kirche sich selbst keinen relevanten Beitrag zum öffentlichen Diskurs mehr zutraut, hat das Auswirkungen auf die Wahrnehmung der Liturgie.

Und das halte ich für symptomatisch. Mir fällt auf, dass vor allem Theologen dazu neigen, den *Anspruch*, die Öffentlichkeit mit dem Evangelium zu erreichen, mit der *Klage* des Verlusts an Einfluss oder dem Versagen der traditionellen Medien zu verknüpfen. Es scheint fast so, als werde Prophetie heute so praktiziert: als innerkirchliche Larmoyanz. Sie bildet das Gegenstück zu dem, was sich Nichttheologen an kirchenkritischer Häme, die beinahe reflexartig Kirche mit Machtverlust oder Machtmissbrauch in Verbindung bringt, leisten. Mit anderen Worten: Der «Kirchendiskurs» in der medialen Öffentlichkeit geht auch, wenn sich Theologinnen oder Theologen zu Wort melden, selten in die Tiefe und bleibt nur zu oft an der Oberfläche. Was hängen bleibt sind die Schlagzeilen von «Protestanten im Sinkflug» oder das Mantra von der ärmer, kleiner und älter werdenden Kirche. Nun könnte ich in dieser Tonlage fortfahren und mich über uns Theologen und unsere Jammerlust beklagen. Um so nur immer tiefer in den Sog der selbsterfüllenden Prophetie zu geraten. Wenn ich die Sucht zu klagen kritisiere, kommt doch nur jedes Wort wie ein Bumerang zurück zu mir. Mir ist auch bewusst, dass Schönreden nicht weniger problematisch ist.

7 Vgl. Bernd Wannenwetsch, Gottesdienst als Lebensform – Ethik für Christenbürger, Stuttgart 1997, 216–220; 242–246.

Die religiöse Öffnung der Öffentlichkeit

Damit sind wir mitten in der Debatte, *wie* sich die Kirche in der medialen Öffentlichkeit als Öffentlichkeit selber präsentiert. Dass sich weder Anklage noch Verteidigung noch Besserwisserei noch Duckmäusertum oder Anbiederei als Kommunikationsstrategie empfehlen, liegt auf der Hand. Wie man von sich reden macht, will gelernt sein. Das ist relevant, aber nicht nur für uns, sondern auch für politische Parteien, Umweltverbände, Firmen und andere Akteure in der Zivilgesellschaft. Also kann man den Kirchen nur wünschen, dass auch sie den professionellen Auftritt in diversen Öffentlichkeiten möglichst gut beherrschen.

Die spezifisch kirchliche Gabe wie Aufgabe besteht jedoch darin, den Begriff des Öffentlichen religiös zu weiten und die Aufmerksamkeit auf Differentes zu lenken. Wenn unser Gespräch über die öffentliche Kirche nicht in den Strudel von Verlustklagen, Selbstverteidigung und Selbstbespiegelung geraten soll, wird die inhaltliche Bestimmung dieser Differenz bedeutsam. Vertreter der *public church*, die auf politische Theologie, Ethik und Ethos fixiert sind, müssen sich darum die Frage gefallen lassen, warum es im Wahrheits- und Gerechtigkeitsdiskurs überhaupt kirchliche Stellungnahmen braucht, wenn WWF, Greenpeace oder Amnesty International dasselbe sagen. Um komplizierte(re) Predigten zu halten? Das kann ja wohl nicht sein.

Wenn wir sagen, warum die Stimme der Kirchen gehört werden soll, müssen wir sagen, was *der Gottesdienst nützt*. Mit dieser wunderbar anstössigen Formel bringt Ernst Lange auf den Punkt, warum die Feier unverzichtbar und zugleich mehr als nötig ist.[8] Thetisch und pathetisch gesagt: Weil durch den Gottesdienst der Kirche die Erinnerung an den Anbruch des Reiches Gottes wachgehalten wird. Weil in der Vergegenwärtigung der Hoffnung ein Zeitraum eröffnet wird, in dem spielerisch präsentiert und symbolisch kommuniziert *ganz anderes* gelten soll, als in der Welt oder Gesellschaft gilt, und deshalb auch ein anderer Zeitraum aufgetan wird. In dieser anderen Zeit und in diesem anderen Raum eröffnet sich etwas Neues, weil Gott angerufen wird.[9] Anders gesagt: Gottesdienst erschliesst als einzigartiger Erfahrungsraum auch eine Öffentlichkeit *sui generis*, wie sie in der Urkunde des Glaubens als Kairos angesagt wird.[10] Eine Theologie, die nach dem Fundament der Kirche fragt, wird deshalb auf der Basis der Unterscheidung von *Kairos* und *Chronos* eine Öffentlichkeit nicht mit der anderen vermengen, aber auch nicht voneinander strikte trennen. Darum ist der Gottes-

8 Eine Würdigung von Ernst Langes Sicht (Anm. 1) findet sich bei Alexander Deeg, Das äußere Wort und seine liturgische Gestalt. Überlegungen zu einer evangelischen Fundamentalliturgik, Göttingen 2012, 169.

9 Ausführlicher in: Ralph Kunz, Christliches Fest und kulturelle Identität in der Schweiz – ein reformierter Kommentar, in: Benedikt Kranemann/Thomas Sternberg (Hg.), Münster 2012, 133–153.

10 Vgl. dazu Wannenwetsch (s. Anm. 7), 268–274.

dienst für die Kirche so zentral. Weil die Kirche *nicht* über diese sich eröffnende Öffentlichkeit verfügt. Sie gehört ihr nicht, aber sie ruft sie stellvertretend an. Sie entdeckt in ihr und begründet mit ihr das Interesse der Kirche am Wohle der Polis, was Kritik an ihrer Eigenmächtigkeit ausdrücklich einschliesst.

Eben darum soll keine Organisation, ohne dass sie dazu den Auftrag hätte, öffentlich Gott anrufen. Aber woher nimmt ein Staat die Kriterien, um Kirchen von Sekten zu unterscheiden und diesen – von der Warte des neutralen Beobachters aus betrachtet – selber erteilten Auftrag auf seine Legitimation hin zu beurteilen? Aufgrund welcher Weisheit wollen Politiker ermessen, welchen religiösen Institutionen sie das Recht einräumen, den öffentlichen Raum mit Glockengeläut zu beschallen und in staatlichen Medien Sendezeit zu beanspruchen? Hier nur auf das Ethos zu verweisen, ohne das Pathos zu bezeugen, das sich in den grundlegenden Geschichten erschliesst und dem sich der Gottesdienst verdankt, griffe zu kurz und liesse das Wichtigste aus. Eindrücklich wird die gottesdienstliche Erfahrung als festliche Unterbrechung des Alltags doch gerade darum, weil es in ihr um die Gerechtigkeit für die Welt *und* die Rechtfertigung der Sünder geht. Das soll nicht vertauscht werden. Es geht im Gottesdienst nicht um die Rechtfertigung der Welt, sondern um die Versöhnung Gottes mit ihr und es geht nicht um die Gerechtigkeit des Sünders, sondern um das barmherzige Gericht, das allem menschlichen Dichten und Trachten ein gnädiges Ende bereiten wird. Darum wäre es fatal, den Gottesdienst auf ein Ritual der individuellen und institutionellen Selbsterhaltung zu reduzieren.

Darum ruft die Kirche Gott an: um allen die Leviten zu lesen. Aber sie mahnt nicht nur, Gottes Gebote zu halten (Lev 19,18), sie ruft Gott auch an, der seine Sonne über Guten und Bösen aufgehen lässt (Mt 5,45). Das Anrufen der Gnade Gottes lässt sich nicht vom Aufruf zur Heiligung trennen.[11] Mit Blick auf den Gottesdienst gesagt, ist jedes Wort, das die Christengemeinde als Bürgergemeinde in die Pflicht nimmt, immer auch Fürbitte und Segen für die Welt.

Die Kirche – ein Segen

Was heisst das für die öffentliche Wahrnehmung der Kirche? Es heisst, dass ihre öffentlich-rechtliche Anerkennung sich nicht von dem trennen lässt, was in der Diskussion um berechtigte und unberechtigte Ansprüche auf Steuergelder «kultische Zwecke» heisst. Dass bei der Verteidigung der Steuern der juristischen Personen die Argumentation gerade umgekehrt läuft, hindert mich nicht daran, zu

11 Dazu Dietrich Bonhoeffer, Nachfolge, München 1964,124: «Es ist aber nicht nur die irdische Sonne und der irdische Regen, die über Gute und Böse gehen, sondern es ist auch die ‹Sonne der Gerechtigkeit›, Jesus Christus selbst, und der Regen des göttlichen Wortes, der die Gnade des Vaters im Himmel über die Sünder offenbart.»

behaupten, dass der Kirche nur so lange rechtliche Privilegien vor anderen religiösen Institutionen zustehen, als sie einer Mehrheit der Bevölkerung als *segnende Instanz* bekannt ist. Wie wird sie das?

Damit die Segenskraft der Kirche bekannt wird, muss sie öffentlich – das heisst als Liturgie – wirksam erlebt werden. Und dazu braucht es Anlässe. Wenn ich das innerreligiöse Motiv der sabbatlichen Feier einmal aussen vor lasse, werden andere Anlässe wichtig. Ich denke an Jubiläen, Geburtstage, Einweihungen, Berufungen, Graduierungen, Gedenktage und – in der Schweiz selten – Krönungen. Der Anlass kann traurig sein. Beerdigung von Prominenten wie z. B. dem 2012 verstorbenen bekannten Nationalrat Otto Ineichen oder dem Fernsehunterhalter Kurt Felix lassen sich als Beispiele anführen. Das *symbolische Kapital* des Gottesdienstes ist auch für die Bewältigung grösserer Katastrophen – ich denke an die Feiern nach dem Flugzeugabsturz in Halifax, dem Attentat in Luxor oder dem Amoklauf in Zug – nicht so leicht zu ersetzen. Es ist selbstverständlich und unbestritten, dass liturgische Grossanlässe von regionaler oder nationaler Bedeutung von den Kirchen verantwortet und durchgeführt werden, auch und gerade dann, wenn andere Religionsgemeinschaften sich beteiligen.

Natürlich gab und gibt es im Umgang mit diesem «Kapital» auch Fälle von Missbrauch. Der Staat wusste immer, sich der Macht von «Brot und Spielen» zu bedienen und Religion zu instrumentalisieren. Nur gilt in diesem wie in jedem Fall: *abusus non tollit usum*. Ich würde darum auch nicht zu schnell die kultische gegen die prophetische Dimension der öffentlichen Religion ausspielen. Ich halte es vielmehr für wichtig, dass die sinn- und gemeinschaftsbildende Kraft der symbolischen Kommunikation der Kirche nicht unterschlagen und vor allem nicht unterschätzt wird. Denn das Wächteramt der Kirche wird erst dann prophetisch wahrgenommen, wenn es sich auf die sinn- und gemeinschaftsbildende Kraft der symbolischen Kommunikation im Gottesdienst beziehen kann. Ansprüche und Anspielungen auf ein verpflichtendes Erbe sind auf das Spiel der Liturgie angewiesen, in dem das kulturelle Gedächtnis aufgeführt und glaubwürdig gepflegt wird. Das Potenzial der *Synergie* sollte nicht unterschlagen und vor allem nicht unterschätzt werden.

Man kann natürlich einwenden, dass die postchristliche Gesellschaft keine *kirchliche* Feier- und Festgemeinschaft mehr braucht und will. Typischerweise entzündet sich die Debatte nicht bei kollektiven Trauergottesdiensten. Für einige Zeitgenossen gehen die Gesetze, die Ruhe- und Feiertage schützen, zu weit. Es ist ihnen zu ruhig. Sie wollen an Pfingsten ins Kino. Andere gehen gerichtlich gegen das Glockengeläut vor. Es ist ihnen zu lärmig. Sie wollen in Ruhe schlafen. Wiederum andere halten Gipfelkreuze für eine Verschandelung der Alpenwelt. Sie wehren sich für unverstellte Natur. Die Liste lässt sich erweitern. Man muss die Reibereien zwischen Einzelnen, Gruppen und Gesamtwohl als Symptome einer zunehmenden Partikularisierung von Interessen in der Zivilgesellschaft ernst nehmen. Man soll sie aber nicht überschätzen. Interessanterweise zeigt sich in der medialen Bewirtschaftung dieser Konflikte eine Tendenz, trotz allgemeinem Kirchenblues die Tradition in Schutz zu nehmen. Es ist sicher kein Zufall, geht es dabei doch um die symbolische Präsenz, die im Umfeld der Feierkultur angesiedelt ist.

O du selige Weihnachtszeit – ein Fallbeispiel

Ein Beispiel soll Licht auf die Sensibilitäten in der Diskussion rund um religiöse Feste im öffentlichen Raum werfen. Die kirchlichen Festzeiten bieten eine kulturell breit verankerte, jährlich wiederkehrende Gelegenheit, das Evangelium zu kommunizieren.[12] Rechtzeitig vor Weihnachten 2008 provozierte der BLICK seine Leserschaft mit der Behauptung, dass einige Lehrpersonen dafür plädierten, an öffentlichen Schulen keine Weihnachtsfeier mehr stattfinden zu lassen. Im Artikel wurde auf Schulhäuser verwiesen, die aus Rücksicht auf muslimische Kinder auf den Christbaum verzichteten oder statt Weihnachtsfeiern nur noch *Baumfeiern* abhielten. Einzelne Schulleiter und Vertreter der Lehrerverbände widersprachen daraufhin heftig, bestritten aber zugleich den *religiösen Charakter von Weihnachtsfeiern*. Weihnachten sei ein Brauch. Die Debatte kreiste um die Frage, wie christlich öffentliche Schule sein dürfe und wo Kultur in Religion beziehungsweise Religion in Kultur übergehe.

Offensichtlich traf das Thema einen Nerv. Wo die Bruchlinien sind, liess sich bei einem Besuch auf den Foren der öffentlichen Diskussion leicht ausmachen. Blogger «schläppr» gab am 6. Dezember 2008 zu Protokoll: *«wiänachtä hät imnä sekulärä staat widä schwiz ir schuäl nüüt velorä. weiss gar nöd was diä diskussion söll.»* Blogger «I. C. S.» erwiderte prompt und bekam von der Bloggergemeinde viel Support für seinen Blog: *«da gits für mich eigentlich kei diskussionsbedarf. das da isch immerno es christlichs land, also werded die christliche fäscht au gfiret. punkt. wenns öperem ned passt bruchter ja ned mitzmache oder? [...] suscht seleds im gägezug i ihrne länder mal de ramadan us de schuele verbanne.»*

Die zwei Blogger bringen die Brisanz der Kontroverse auf den Punkt. Entweder ist die Schweiz ein «säkularer Staat» oder sie ist «immer noch ein christliches Land». Natürlich ist der Frage nach der kulturellen Identität der Schweiz mit einer solchen Entweder-oder-Logik nicht beizukommen. Einerseits ist die moderne Schweiz ein politisches Gebilde, das sich wegen konfessioneller Konflikte eine *neutrale Verfassung* gegeben hat. Andererseits steigt im multikulturellen und multireligiösen Kontext der Gegenwart das Bedürfnis, eine *Leitkultur* zu identifi-

12 Vgl. dazu Matthias Morgenroth, Weihnachts-Christentum. Moderner Religiosität auf der Spur, Gütersloh 2003.

zieren. Die Diskussion hat in Deutschland vor einigen Jahren hohe Wellen geschlagen.[13] Heute taucht der Begriff in Werbetexten für christliche Bücher auf.[14]

Darum lasse ich mich auch auf die Äste hinaus, wenn ich in der Baumfeier-Debatte das Muster einer christlichen Leitkultur entdecke, die weniger im Religiösen wurzelt und wohl von der Islamphobie angesteckt war. Jedenfalls ist es evident, dass die Frage nach dem kulturellen Selbstverständnis in den letzten Jahren eine neue Dynamik bekommen hat, die je nach Anlass auch nach dem Christlichen fragen lässt. Dabei ging es und geht es nie nur ums Religiöse, Kulturelle oder Nationale, sondern um eine (zum Teil recht krude) Mischung dieser Dimensionen, die den gemeinsamen Nenner «christliche Schweiz» oder «christliches Europa» gefunden hat.

Kulturell vielfältig und christlich geprägt

Natürlich ist das nicht unproblematisch! Den unheimlichen Sogkräften einer heimatlichen Leitkultur müssen die Religionsgemeinschaften gemeinsam entgegenstehen. In einem Kommuniqué formulierte der Rat der Religionen – vertreten sind jüdische, islamische und christliche Glaubensgemeinschaften – im Zusammenhang mit der (Anti-)Minarettinitiative eine Stellungnahme, die anzeigt, dass es eine gemeinsame Basis dafür gibt:

> «Die durch die Bundesverfassung garantierten Freiheitsrechte bilden das Fundament für ein friedliches und respektvolles Zusammenleben der Menschen verschiedener Religionen und Kulturen in der Schweiz. Alle haben in diesem Land das Recht, im Rahmen der öffentlichen Ordnung ihren Glauben sichtbar, frei und in Gemeinschaft zu leben [...] Die Schweiz zeichnet sich durch Vielfalt aus. Sie ist ein christlich geprägtes Land mit verschiedenen Kulturen, Konfessionen und Sprachen. Infolge der Globalisierung und der weltweiten Wanderungsbewegungen hat diese Vielfalt in der jüngeren Vergangenheit weiter zugenommen. Auch die religiöse Landschaft der Schweiz ist von diesen Veränderungen betroffen [...] Kulturelle Vielfalt kennt die Eidgenossenschaft schon lange. Sie ist Teil der Geschichte und Merkmal der schweizerischen Identität. Die Regeln und Ordnungen des gesellschaftlichen Zusammenlebens haben die Menschen dieses Landes in einer langen gemeinsamen Geschichte errungen.»

Das Statement ist bemerkenswert, weil es die *religiöse* und *kulturelle Vielfalt* zum *Identitätsmerkmal* der Schweiz erklärt, ohne die *christliche Prägung* des Landes zu leugnen. Wenn man weiter fragt, wie diese Prägung zum Ausdruck kommt, wo sie sichtbar inszeniert und erlebt wird, kommen wir auf das, was ich oben die *Feierkultur* genannt habe. Gemeint sind nicht nur die hohen Feste des Kirchenkalenders, sondern neben den schon erwähnten Anlässen Feiertage wie z. B. der

13 Vgl. dazu Bassam Tibi, Europa ohne Identität? Leitkultur oder Wertebeliebigkeit, Berlin 2001.
14 Stephan Sigg, «Alle Christen sind ...» 50 Fragen zum Christentum, Mülheim an der Ruhr 2012.

Eidgenössische Dank-, Buss- und Bettag, die christliche Religion und Nation – durchaus mit kritischen Akzenten – verbinden. Gemeint sind auch 1.-August- und andere Cervelat-und-Feuer-Events, Festzelt-Gottesdienste wie Quartier-Feiern und natürlich auch Gedenkfeiern zu historischen Anlässen wie z. B. die Jahrzeitfeier in Sempach.[15] Wenn wir diesen Reigen von Feiern im grösseren Zusammenhang der öffentlichen Kirche einordnen wollen, wofür ich plädiere, stellen sich neue Fragen. Gibt es auch Fälle von kultureller, nationaler oder heimatlicher Vereinnahmung des Christlichen? Wäre es nicht an der Zeit, dass die Moscheen den Eidgenössischen Dank-, Buss- und Bettag mitfeiern können?

Ich komme zum Schluss und noch einmal zum Anfang zurück, wenn ich behaupte, dass die Kirchen keinen Grund zum Jammern haben. Solange «quasigläubige» Neutralitätsideologen nicht alles Christliche eingeebnet und zu einem zivilreligiösen Allerlei eingestampft haben, hat die Kirche noch Kredit. Um noch einmal die Weihnachtsbotschaft einzuspielen: Freuen soll sich die Christenheit, weil die *Welt* nicht verloren ging. Noch haben Theologen und Theologinnen die Chance, die religiöse Feierkultur zur Verkündigung des Evangeliums zu nutzen. Sie tun es, wenn sie dafür sorgen, dass jene (über die Kirche hinausreichende) Erinnerungsgemeinschaft erneuert wird, die von den grossen Verheissungen der jüdisch-christlichen Religion zehrt.

15 Die Jahrzeitfeier begeht seit über 600 Jahren den Schlachtsieg der Luzerner und ihrer Verbündeten gegen die Habsburger. http://www.lu.ch/index/gedenkfeier-sempach (19.12. 2012) Vgl. die Auseinander um Sinn und Unsinn solcher Feiern in der Tagespresse http://www.lu.ch/20120702_nlz_p22_fest-statt-feier-stoesst-auf-skepsis.pdf (19.12.2012).

Worauf warten wir noch? Replik auf Thomas Schlag

Hans Strub

I

Thomas Schlag hat mehr als recht, wenn er damit einsetzt, dass «Kirche [...] ihrem Wesen und ihrem Auftrag nach von Anfang an eine öffentliche Grösse ist – sie hat sich von Beginn an auf den Markt der religiösen Ideen begeben und immer schon versucht, die mitmenschlichen und gesellschaftlichen Verhältnisse im Geist der eigenen Überzeugung mit zu beeinflussen und zu prägen. Und sie hat dies auch durch die Jahrhunderte hindurch wortmächtig und einflussreich getan.» Allerdings zugegebenermassen «for better or for worse» oder korrekter: «for better and for worse».

Dennoch wurden und werden einer Theologie oder einem kirchlichen Engagement, die sich im weiten Feld des Gesellschaftlichen bewegen, rasch solche Sätze vorgeworfen. Als ob es für eine Theologie und für Kirchen in der Nachfolge Jesu überhaupt möglich wäre, sich anders als «öffentlich» zu verhalten! Zu ungezählte Malen berichten die Evangelien vom Herrn der Kirche und der Theologie, dass er «hinausgegangen» sei. Das Christentum ist eine extreme «Outdoor-Religion». Die Agora, der Marktplatz, das «Tor», der Berg oder Hügel, das Seeufer, die Wüste, das freie Feld, die Strasse sind Orte, an denen sich Geschichten abspielen, an denen geredet wird, an denen etwas geschieht, das weitererzählt wird. Die Kathedrale, die Kapelle, die Dorfkirche haben erst viel später gewissermassen eine neue Tradition begründet und wichtige Beiträge zur Ent-Öffentlichung der christlichen Religion geleistet. Erst danach konnten so berühmte Gegen-Sätze überhaupt landen, wie z. B.:

- Glauben ist Privatsache!
- «Machet den Zuun nit zu wiit!»
- Schuster, bleib bei deinem Leisten!
- Nid über de Haag ine oder underem Hag dure go frässe!
- Wenn ihr betet, so tut das im stillen Kämmerlein und stellt euch nicht an die grosse Kreuzung!

II

«Public» *theology* ist deshalb, weiss Gott, nicht etwas Neues, sondern eine Ruckbesinnung und Rückgewinnung einer Bestimmung der Verhältnisse zwischen dem Innen und dem Aussen, dem Privaten und dem Gesellschaftlichen, die ganz klar zugunsten des «public» ausfällt. Es lockt, dem Begriff etwas länger nachzudenken, weil er, wie viele zusammengesetzte Begriffe im Englischen, mehr als eine Bedeutung hat:

- eine öffentliche Theologie, ein theologisches Nachdenken in der Öffentlichkeit;
- eine theologische Zusammenfassung für die Öffentlichkeit, für das «gemeine Volk»;
- eine theologische Systematik, die nicht nur einigen wenigen vorbehalten ist, sondern die der ganzen Öffentlichkeit zugänglich
- ist (*public access*);
- eine Theologie für das Publikum, für die Aussenstehenden, die, vielleicht interessiert, zuschauen;
- eine Publikumstheologie, die also die theologischen Überlegungen aus dem Publikum zusammenfasst;
- eine begehbare Theologie, ähnlich den *public gardens* oder dem *public viewing*, etwas also, das man mit andern gemeinsam durchläuft;
- eine nicht mehr geheime Theologie;
- eine Theologie, die sich auf den Markt begeben hat (*going public*);
- eine Theologie, die allen gehört (*publicly owned*)
- eine Theologie, die alle betrifft (*public affairs*)
- eine Theologie, die Gemeingut ist (*public ownership*).

«Public» ist wirklich ein weiter Begriff, und es könnte reizvoll sein, den einzelnen möglichen Bedeutungen nachzudenken und das theologische Denken und die theologische Sprache danach zu richten!

III

In der Öffentlichkeit stehen heisst sichtbar sein, wahrnehmbar, exponiert, der Kritik ausgesetzt, beachtet, diskutiert und widersprochen. Wir haben es mehrfach einschränkend gehört: Theologie und dann vor allem Kirchen sind Player im öffentlichen Raum, aber unter anderen. Ein Mitstreiter, eine Mitstreiterin. Man muss es nicht klagend sehen, im Gegenteil: Wer überzeugend argumentiert im öffentlichen Raum, wer sich verständlich ausdrückt, wer geschickt provoziert, wird gehört. Das gelingt denen, die sich thematisch einlassen auf das, was die Menschen rundum bewegt und was sie deshalb erreicht. Damit ist die Herausforderung an die *public theology* und die *public church* präzis benannt: Es muss ihr gelingen, in der Tagesaktualität ihre Botschaft unterzubringen. Oder gar, im besten Fall, die Tagesaktualität mit ihrer Botschaft dazu prägen, gar verändern. Der erste Generalsekretär des Ökumenischen Rates der Kirchen (Willem Visser 't Hooft) hat das schon früh zugespitzt im Leitsatz für den ÖRK: Die Tagesordnung der Kirche bestimmt die Welt.

Das war ein unüberhörbares Votum dafür, aus dem geschützten (und zugestandenen) Raum der Kirche und Kathedrale hinauszutreten in die Zugluft auf den öffentlichen Plätzen. Und nicht nur das: Sich mit den Themen auseinanderzusetzen, die auf diesen Plätzen verhandelt werden. Die «dran» sind, welche die Menschen beschäftigen, umtreiben, bedrücken, ängstigen, freuen. Es ist die Welt, die Öffentlichkeit, die die Traktanden bestimmt. Die Kirchenräume sind keine Rückzugsräume, sondern sie ermöglichen Besinnung, Sammlung, Hinhören auf Gottes Wort, Responses, Beten. Und Vorbereitung auf den nächsten öffentlichen Auftritt. Sie sind Teile des öffentlichen Raums, zugänglich für alle, in Freiheit, aber auch mit allen Risiken. *Public churches* mit einer *public theology*, in dieser sprachlichen Mehrdeutigkeit: in der Öffentlichkeit, für die Öffentlichkeit, mit der Öffentlichkeit.

IV

Hier haben nun auch die starken Begriffe im Beitrag von Thomas Schlag ihren genuinen Ort: Eine Theologie und Kirche, die sich so versteht, kann tatsächlich «umfassend» Sinn und Werte suchen und finden (fördern) und dann kommunizieren und gar implementieren (vermitteln). Sie kann also Werte fördern und vermitteln, sie kann die ihr zugedachte Rolle einer «Orientiererin» haben. (Das bedeutet ja, dass sie selber ihren Blick und dann den Blick der anderen nach Osten, Richtung Orient, richtet, weil offensichtlich dort etwas zu holen ist, was Sinn gibt und was Leben lebens-wert macht. «Orient»ierung ist spirituell und existenziell, die säkulare Kompass-Nordausrichtung ist bloss geophysikalisch ...) Sie ist also verankert in der Gegenwart und ausgerichtet auf die Ursprünge und Tradition. Deshalb kann sie integrativ wirken, also den Zusammenhalt unterstützen, die Zusammengehörigkeit der Menschen im gleichen geografischen Raum, ungeachtet ihrer Herkunft, ihrer Bildung, ihres Geschlechts, ihrer Religion, ihrer Hautfarbe, ihrer sexuellen Ausrichtung, ihrer Gesundheit.

V

Noch nichts gesagt ist jetzt zum letzten «Recht und Pflicht»-Begriff: «kritisch». Auffällig ist, dass er sogleich und reflexartig übersetzt wurde in «prophetisches Wächteramt»! Das ist mindestens dreifach zu kritisieren:

– Wer kritisch ist, ist noch lange kein Wächter – er/sie ist zunächst einmal aufmerksam auf das, was gesagt und getan wird, und bringt es in einen Zusammenhang mit dem vorhandenen Wertesystem. Er/sie «orientiert» sich und misst Konvergenz oder Divergenz ab. Das Ergebnis dieser Prüfung wird mitgeteilt, «öffentlich gemacht»; «kritein» meint zunächst «prüfen», «unterscheiden», «Übereinstimmungen mit und Abweichungen zum eigenen Massstab feststellen».

- Wer Feststellungen veröffentlicht, ist deswegen noch lange nicht «beamtet». Er/sie macht das, weil es der Sache dient, dem Zusammenleben, der Menschenwürde, dem Frieden, der Gerechtigkeit, der Freiheit, der Bewahrung der Schöpfung.
- Ein solches Verhalten im Dienst der Gemeinschaft ist zwar nicht alltäglich oder von Amtsstellen einzufordern, aber deswegen noch lange nicht «prophetisch». Mit diesem sehr missverständlichen Zusatz – der Volksmund versteht das Wort als «voraussagend», nicht als «vorausschauend» – wird eine wichtige Aufgabe in unzulässiger Weise überhöht und erschwert. «Kritische» Wahrnehmung darf durchaus auf die Gegenwart ausgerichtet sein und muss nicht gleich mitdenken, was wohl alles aus dem wird, was jetzt gerade problematisch und «kritikwürdig» erscheint.

Machen wir also uns selber und allen andern eine gute Sache nicht unnötig schwer! Nehmen wir auf und an, was hier angeboten wird: nämlich, dass die Kirchen eingeladen sind, Entwicklungen und Entscheidungen im öffentlichen, säkularen Bereich mitdenkend zu begleiten, zu beurteilen, in Beziehung zu setzen zu den letztlich unverfügbaren Grundwerten des Staatswesens und zu benennen, was im Hellbereich aufscheint und was von Schatten belegt ist.

VI

Und noch etwas: Um «kritisch» sein zu können, braucht es «Kriterien». Ein entscheidendes und gleichzeitig in unserem Zusammenhang exegetisch aufschlussreiches hat Christina Aus der Au zitiert: Lukas 4,18–19a: Da werden Milieus und Aktivitäten beschrieben (aufgrund von Jesaja 61), die die Richtung weisen zu den Werte-Kriterien für eine kompetente Unterscheidung. Und kurz darauf, in Vers 21, werden sie auch gleich in ihr «Amt» eingesetzt. Da lässt der Evangelist Lukas Jesus sagen: Heute ist dieses Schriftwort erfüllt, also «installiert» – ihr habt es gehört. «Heute» ist das allererste Wort, das Jesus im Lukas-Evangelium selber ausspricht! «Hier und jetzt» gilt, was uns überliefert ist. Das ist die Orientierung von Jesus – an uns weitergegeben.

VII

Ich kann mir diese Funktion, kritisch zu sein, konkret am besten und am effizientesten vorstellen auf der Ebene einer Gemeinde. Dort also, wo man sich kennt, wo die Wege kurz sind, wo man direkt miteinander streiten und sich neu finden kann, wo Veränderungen eines Geschäfts aufgrund von Kritik rasch möglich sind. Indem sie sich auf Kirchengesetz und Kirchenordnung (Art 4, 65 etc.) beruft, nimmt die örtliche Kirchenpflege, in Absprache mit oder beraten vom Pfarrkonvent, Stellung zu anstehenden Geschäften oder bringt Themen in den öffentlichen Gemeindediskurs ein, die nötig sind. Sie hat das Mandat dazu, wenn auch zunächst nur auf die definierte Zeit einer Amtsdauer. Sie scheut sich nicht, sie diplomatisiert nicht, obwohl sie als gewählte und deshalb mandatierte Behörde handelt und es auch mit Amtsträgern (und nicht Einzelpersonen, die darüber hinaus noch ehrenwerte Kirchensteuerzahlende und also zu schonen sind) auf der staatlichen Seite zu tun hat! Damit setzt die Kirchenpflege um, was ihr eigentlich vom Gesetzgeber aufgetragen worden ist. Und setzt Massstäbe, wie Kirchen ihre «kritische Funktion» wahrnehmen können. Das könnte dann auch ausstrahlen auf übergeordnete Leitungsgremien und bei denen einen Sicht- und Verhaltenswechsel einläuten: mit geradem Rücken und auf Augenhöhe ein ernsthaftes Gegenüber sein zu staatlichen Gremien! Und noch mehr: einen Paradigmenwechsel im Selbstverständnis von kirchlichen Stellen bewirken, weg von der untergeordneten Institution zur selbstbewussten Bewegung im Dienste der Menschen rundum und vor dem sichtbaren Hintergrund der evangelischen Botschaft von der Befreiung.

Überhaupt lohnt es sich, die Gemeinden zu ermutigen und zu befähigen, diese Funktion auszuüben. Und ihnen den dafür notwendigen Freiraum und auch Entlastung von anderen Massnahmen zu geben!

VIII

Es könnte natürlich sein, dass sich mit der Zeit aus der Wahrnehmung des Auftrags zum «Kritischsein» so etwas wie ein «Wirken wie ein Wächter» entwickelt. Voraussetzung dafür ist aber ein kontinuierliches Handeln. Mir kommt der wohl einzige Wächter, den es in der Schweiz noch gibt, in den Sinn: Auf dem Turm der Lausanner Kathedrale wohnt und lebt der «Guex». Seine Aufgabe ist es, vom Einbruch der Dunkelheit bis zum Anbruch des Morgens die Zeit auszurufen: «Il a sonné onze ...». Regelmässig, jeden Tag, jede Stunde der Nacht. Er gehört zur Stadt, er ist Teil der «Normalkultur» – und wenn tatsächlich einmal etwas Ausserordentliches geschieht, das er dann ausruft, dann hört man hin, horcht auf, glaubt, was man hört. Weil er glaub«würdig» geworden ist durch Regelmässigkeit.

Ähnlich ergeht es mir in einer islamischen Stadt: Der regelmässige und schöne Ruf des Muezzin gehört zur «Grundausstattung» der örtlichen Kultur, ist weder aufgesetzt noch dominant, sondern einfach «normal». Vielleicht würde das übertragen heissen, eine Landeskirche bestimmt jeweils für eine definierte Zeitspanne ein paar fähige und zuverlässige Personen, die die Funktion kirchlicher Kritik übernehmen und sich regelmässig zu anstehenden Themen vernehmen lassen, selbstverständlich, «normal». Mit deren Stimme man rechnet oder auf die man gar wartet – wie auf den Wächter in Lausanne oder den Muezzin in Rabat und Sarajewo und Beirut ...

Er muss dann nicht «Kirchen-Guex» heissen, «Blogger» tuts auch ...

IX

Das Gegenwort zu «public» ist «private». Das lateinische «privat» ist zu übersetzen mit «der Öffentlichkeit entzogen», aus dem öffentlich zugänglichen und dadurch dem öffentlichen Diskurs geöffneten Raum ausgesondert, abgesondert, von ihm ferngehalten, oder sogar poetisch: «am Schärme». Zweifellos hat Glauben eine solche Seite, hat Aspekte, die in den Arkanbereich eines einzelnen Menschen gehören. Dieser Bereich ist geschützt und ist unantastbar, nicht zuletzt mit dem Paragrafen der gesetzlich garantierten Glaubens- und Gewissensfreiheit.

Aber, und da ist Thomas Schlag wie auch den Ausführungen von Wilhelm Gräb zu folgen, Glauben hat auch die öffentliche Seite: Eine *public theology* ist eben keine *public ideology*! Es ist immer spürbar und wird jederzeit einsehbar gemacht, dass öffentliche Manifestationen von Kirchen und Theologie auf dem Boden der geglaubten Botschaft vom auferstandenen Jesus Christus geschehen. Der Bezug zur Botschaft dient keineswegs nur der eigenen Rechtfertigung, sondern er ist gleichsam ein integrales Rechenschaftsablegen über «die Hoffnung, die in uns ist» (1. Petrus 3,16).

X

Der Glaube soll Privatheit haben und dort Schutz bekommen. Die Ausübung des Glaubens und dadurch die Pflege der Religion und Konfession darf und soll in der Öffentlichkeit stattfinden. Die Weisung zum aktuellen Zürcher Kirchengesetz, geschrieben in der kantonalen Verwaltung, beschlossen vom Regierungsrat und akzeptiert vom kantonalen Parlament (mit bloss 4 Gegenstimmen!) im Jahr 2006 ist im Grunde nicht nur eine Inpflichtnahme der Kirchen und ihre Freisetzung zur Wahrnehmung ihres gesellschaftspolitischen Mandats, sondern ein eigentlicher «contrat social» (oder vielleicht besser «contrat sociétal»): «Zu den kirchlichen Aufgaben gehört daher insbesondere auch die Suche nach Sinn und Werten in der Gesellschaft. Gerade deshalb haben die Kirchen eine umfassende, kritische, wertebegründende und wertevermittelnde und damit integrative gesellschaftliche Funktion.»[1]

Wie bei J.-J. Rousseau, bei dem an die Stelle des fiktiven Naturmenschen der mündige Bürger tritt, der sich freiwillig dem idealen Gemeinschaftswillen (volonté

1 Weisung des Regierungsrates an den Zürcher Kantonsrat vom 31. Mai 2006 zum Kirchengesetz, III. Grundverständnis, S. 21

générale) unterwirft, ohne seine persönliche Freiheit aufzugeben, so weist in der genannten Weisung der Staat dem mündigen Christenmenschen die Aufgabe der kritischen Begleitung zu, bindet ihn damit in ein System der geregelten Beziehungen ein, gibt ihm aber Möglichkeit und Auftrag, dieses System in Freiheit zu hinterfragen und so in einer permanenten Veränderung und Verbesserung zu behalten. Oder wie es plötzlich überall neudeutsch heisst: den Staat «anschlussfähig» zu machen. Dadurch entsteht ein interessantes und labiles, volatiles Geflecht von geteilter Macht und gegenseitiger Einflussnahme. Vielleicht kann man das sogar als Spielart des «Priestertums aller Glaubenden» bezeichnen.

XI

«Public theology» ist also erfreulicherweise kein Postulat der Kirchen an die Gesellschaft, sondern eine Beauftragung der Kirchen durch die Gesellschaft.[2] Der Auftrag harrt, wie deutlich geworden ist, der Erfüllung! Manchmal scheint es, als ob diese Eröffnung eines weiten Raums noch gar nicht erkannt worden wäre und die Kirchen im Kanton Zürich noch zu sehr in der alten Kirchenordnung von 1967 verhaftet wären, in der tatsächlich bis zum Artikel 211 dauerte (von etwa 222), bis erstmals etwas Politisches vorkam («Die Kirche verkündet die Herrschaft Gottes über alle Bereiche des Lebens ...»). «Heute» steht dieser Auftrag erstmals bereits in Artikel 4! Die Frage an die Kirchen heisst deshalb klar und kurz – und ist ein abgewandeltes Zitat meiner seinerzeitigen Vorgängerin in der Boldern-Leitung, Marga Bührig, ein Satz, den sie am Frauenkirchentag 1987 in Luzern ausgerufen hat: Die Gesellschaft wartet auf unsere Begleitung – worauf warten wir noch?

2 A.a.O., S. 21: «Der Staat anerkennt die auf Gemeinschaft gerichtete Kraft der christlichen Tradition und versucht, ihr eine angemessene Form zu geben. Damit kommt zum Ausdruck, dass der Staat sich selbst nicht absolut setzt und sich seiner Grenzen bewusst ist. Der Staat lebt von geistigen und ethischen Voraussetzungen, die er weder selbst schaffen noch garantieren kann.»

Das Verhältnis von Kirchen und Staat im Kanton Zürich

Bernhard Egg

Die gesetzlichen Grundzüge

Mit der neuen Zürcher Kantonsverfassung vom 27. Feb. 2005 wurde das Verhältnis zwischen Kirche und Staat neu geregelt. Die Autonomie der anerkannten kirchlichen Körperschaften wurde vergrössert und vor allem wurde die Finanzierung auf eine neue Grundlage gestellt. Die sogenannten historischen Rechtstitel wurden gestrichen und die Möglichkeit geschaffen, einen Teil der Steuererträge unter eine negative Zweckbindung zu stellen. Das ist mit dem neuen Kirchengesetz vom 9. Juli 2007 bzw. der Verordnung dazu dann auch geschehen, davon später.

Gemäss Kirchengesetz übt der Kantonsrat nach wie vor die staatliche Oberaufsicht aus. Er nimmt den Jahresbericht und Jahresrechnung nur – aber immerhin – zur Kenntnis. Es handelt sich nicht um eine Genehmigung. Der Kantonsrat kann den Kirchgemeinschaften also Noten erteilen, aber nicht unmittelbar Einfluss nehmen.

Die staatlichen Leistungen

Das Kirchengesetz sieht vor, dass der Kanton mit einem Globalbudget Kostenbeiträge an die kantonalen kirchlichen Körperschaften leistet. Er unterstützt mit diesen Beiträgen ihre Tätigkeiten mit Bedeutung für die ganze Gesellschaft, insbesondere in den Bereichen *Bildung, Soziales und Kultur*. Um die Kostenbeiträge zu erhalten, müssen die Körperschaften eigene Programme für eine Dauer von sechs Jahren zur Erbringung von Tätigkeiten mit gesamtgesellschaftlicher Bedeutung erstellen. Und sie müssen dazu auch Bericht erstatten. Die weiteren Formalitäten sind hier nicht von Interesse.

Viel wesentlicher und vor dem Hintergrund der hängigen Volksinitiative der Jungfreisinnigen des Kantons Zürich aktueller ist, dass die Körperschaften die Steuererträge von natürlichen und juristischen Personen getrennt ausweisen müssen. Und sie müssen vor allem in Form von Pauschalrechnungen vergleichbar nachweisen, dass die kirchlichen Erträge, das heisst die Einnahmen abzüglich der Steuern der juristischen Personen und der Kostenbeiträge, den Aufwand für kultische Zwecke decken oder übersteigen. Anders ausgedrückt, sie müssen nachweisen, dass sie die Steuern der juristischen Personen und die Kantonsbeiträge für nichtkultische Zwecke verwenden. Es wird also zwischen kultischen und nichtkultischen Tätigkeiten unterschieden. Und insofern sind Staat und Kirchen eben doch eng verbunden, indem die Kirchen in den Bereichen Bildung, Soziales und Kultur Leistungen erbringen, die dem Staat offensichtlich wichtig sind und die er mit Beiträgen unterstützt.

Dazu einige Angaben aus der erstmaligen Vorlage des Regierungsrates Zürich an den Kantonsrat für die Beitragsperiode 2014–2019 (Vorlage 4927):

Die reformierte Landeskirche macht im Tätigkeitsprogramm für die kirchlich-körperschaftlichen Tätigkeiten von gesamtgesellschaftlicher Bedeutung in folgenden Bereichen die erwähnten Aufwände geltend:

Bildung	11,9 Mio. Franken
Soziales	60,0 Mio. Franken
Kultur	25,8 Mio. Franken
Weiteres	58,5 Mio. Franken
Total	156,2 Mio. Franken

Die Einnahmen aus den Kirchensteuern für juristische Personen betrugen 2010 52,7 Millionen Franken. Der Staatsbeitrag betrug 2010 37,45 Millionen Franken.

Das heisst, es kann – auch in Anbetracht dessen, dass die angegebenen Leistungen nicht auf den Franken genau ausgewiesen werden können – festgestellt werden, dass die Leistungen von gesamtgesellschaftlicher Bedeutung die Einnahmen aus den erwähnten Steuern und dem Staatsbeitrag bei weitem übersteigen.

An konkreten Leistungen hat man sich im Bereich Bildung u. a. Kurse und Vorträge, Beiträge an öffentlich anerkannte private Bildungseinrichtungen (in der Stadt Zürich z. B. die freie evangelische Schule und das Gymnasium und Institut Unterstrass) vorzustellen.

Im sozialen Bereich gibt es eine Vielzahl von Tätigkeiten wie Seniorennachmittage, Mittagstische, Jugendtreffpunkte, Kindertagesstätten, Lager, Ferien und Ausflüge. Dazu kommen diverse Beratungsangebote und Integrationsprojekte. Ganz wesentlich sind Spitalseelsorge, Notfallseelsorge, Seelsorge in Gefängnissen usw.

Im Bereich Kultur tragen unzählige Konzerte, Ausstellungen und Führungen zur kulturellen Vielfalt im Kanton bei. Einen weiteren Schwerpunkt stellt der Kulturgüterschutz dar, der im Wesentlichen den Unterhalt der Kirchen und Pfarrhäuser umfasst.

Das Wächteramt der Kirche

Was im Folgenden interessiert, sind weniger die juristischen und finanziellen Aspekte als das Verhältnis von Kirche und Politik, die Stellung der Kirche im öffentlichen Raum. Die neue Kirchenordnung der reformierten Landeskirche gibt ihr das sogenannte *Wächteramt* auf.

Die alte Kirchengesetzgebung enthielt keine Bestimmung darüber, inwiefern die Kirche sich zum staatlichen Geschehen zu äussern habe. Dieser «Mangel» dürfte mit der Kirchengeschichte zu tun haben. Seit Zwingli war die reformierte Kirche sehr eng mit dem Staat verbunden. Die Regierung betrieb «automatisch» auch Kirchenpolitik und zeigte sich beflissen, für christliche Gebote einzutreten. Davon zeugen z. B. ihre Bettagsmandate.

Heute ist der säkulare Staat nicht mehr an die Gebote, sondern an Verfassung und Gesetze gebunden. Darin finden sich selbstverständlich auch Grundsätze, die (auch) christlicher Solidarität und Ethik entspringen wie z. B. Solidarität mit Armutsbetroffenen, die im Sozialhilfegesetz geregelt wird. Aber wenn der Regierungsrat sich vernehmen lässt, spricht längst nicht mehr zugleich die reformierte Kirche. Laienpredigten und andere Verlautbarungen von einzelnen Regierungsmitgliedern belegen aber immer wieder, dass sie sich durchaus an christlichen Werten orientieren und ihnen die Teilnahme am kirchlichen Leben etwas bedeutet.

Zu Kirche und Politik hielt die kantonale *Disputation 84* in ihrem Schlussdokument fest, für verantwortungsbewusste Christen könne es keine Politik geben, die nicht mit den Prinzipien christlicher Ethik übereinstimme. Deshalb solle sich die Kirche zum Ziel setzen, christliches Verhalten und Tun im täglichen Leben und damit auch in der Politik zum Tragen zu bringen. Sie setze sich bei allen politisch aktiven Teilen der Bevölkerung, besonders bei Behörden und Parteien, für die Einhaltung christlicher Grundwerte, insbesondere Solidarität mit den Schwächsten ein (Zürcher Disputation 84 Ergebnisse, Theologischer Verlag Zürich 1987, S. 141).

In der Weisung zum neuen Kirchengesetz schrieb der Regierungsrat unter dem Titel «Grundsätzliches» sehr bemerkenswerte Sätze:

«Die Kirchen werden vom Staat als wesentlich für die Gemeinschaft beurteilt. Der Staat versteht die Kirchen nicht als Dienstleistungsunternehmen, bei denen er etwa durch die einzelnen Direktionen des Regierungsrates spezifische Leistungen bestellen könnte. Die Kirchen sind weder staatliche Einrichtungen noch gar staatliche Organe, sondern vielmehr historisch gewachsene, gesellschaftliche Institutionen. Ihr einzigartiger Charakter ist nur unter Berücksichtigung ihrer religiösen und ethischen Dimension zu verstehen.» Und jetzt kommt's:

«Zu den kirchlichen Aufgaben gehört daher insbesondere auch die Suche nach Sinn und Werten in der Gesellschaft. Gerade deshalb haben die Kirchen eine *umfassende, kritische, wertebegründende und wertevermittelnde und damit integrative gesellschaftliche Funktion!*»

Was für eine grossartige Feststellung! Es wird also von den Kirchen offensichtlich erwartet und erhofft, sie seien kritisch, wertebegründend und wertevermittelnd; auch integrativ sollen sie wirken. Entsprechend hält Art. 4 Abs. 2 der Kirchenordnung der Evangelisch-reformierten Landeskirche Zürich fest, die Landeskirche nehme das prophetische Wächteramt wahr. In der Ausrichtung aller Lebensbereiche am Evangelium trete sie ein für die Würde des Menschen, die Ehrfurcht vor dem Leben und die Bewahrung der Schöpfung.

Diese Herausforderung sollten wir unbedingt wahrnehmen! Seien wir kritisch mit dem Staat und seien wir mutig, unsere Werte zu begründen, zu vertreten und zu verteidigen! Welche Werte und bei welchen politischen Themen die Landeskirche sie einbringen soll und will, wird Gegenstand engagierter, herausfordernder und aufwühlender Diskussionen sein. Man denke nur an laufende Auseinandersetzungen um Sterbehilfe, Organentnahme, Beschneidung, Adoption durch gleichgeschlechtliche Paare oder gar an das erneut verschärfte Asylgesetz.

Der Staat ist gefordert, diese – offenbar von ihm ja erwünschte – Suche und Verteidigung von Werten auch zuzulassen und zu fördern. Eine Grundbedingung ist, dass er die Kirchen in aktuelle Vernehmlassungsverfahren zu Gesetzesvorlagen auch einbezieht und nicht in falsch verstandener Neutralität ausschliesst. Und wenn der Regierungsrat von Suche spricht und nicht von der Lieferung von Sinn und «fertigen» Werten, ist er gehalten, Gefässe und Orte für diese Suche zu schaffen. Das kann im Einbezug von Kirchenvertretern in beratende Kommissionen bestehen oder in der Schaffung runder Tische zu bestimmten Themen. Umgekehrt ist sehr zu begrüssen, wenn politische Organe sich Wertediskussionen stellen. Dazu gibt es vielerlei Gelegenheit, sei es an Tagungen oder in Stadtakademien, mit den erwähnten Laienpredigten oder konkret der Auseinandersetzung mit einer Occupy-Bewegung.

Nicht alle gesellschaftlichen Kräfte reagieren allerdings gleich begeistert, wenn die Kirchen sich in diese Suche nach Sinn und Werten einschalten. Die aktuelle Diskussion um Sonntagsverkäufe und Öffnungszeiten und Sortiment von Tankstellenshops zeigt das typisch. Gewerbevertreter und Vertreter einer völligen Trennung von Kirche und Staat wollen die Kirchen vereint auf eine Verkündigungsrolle am Sonntagmorgen zurückdrängen und verbitten sich Stellungnahmen zum gewerblichen Wirken am Sonntag. Es fragt sich nur, welche Werte in den Predigten verkündigt werden sollen, wenn die Kirchen zu gesellschaftlichen Realitäten zu schweigen hätten.

Öffentliche Kirche – ?! Nachgedanken aus der Sicht eines politischen Menschen

Martin Graf

Öffentliche Kirche – dies löst mannigfaltige Interpretationen aus. Meine Nachgedanken beginnen mit der Frage nach den Ansprüchen an eine öffentliche Kirche und damit im Verständnis der Politik öffentlich anerkannte Kirche.

Welche Erwartungen haben Mitglieder an ihre Kirchen? Welche Erwartungen hat die Zivilgesellschaft an die Kirchen? Es sind wohl nicht dieselben. Die Kirchen haben Mitglieder, wie das ein Fussballverein auch hat. Deren Erwartungen dürften den allgemein bekannten Vereinsinteressen entsprechen. Aber was ist mit den Nichtmitgliedern, den Menschen ausserhalb der anerkannten Religionsgemeinschaften? Auch sie haben Vorstellungen und Ansprüche, und da stellt sich die Frage, welche Möglichkeiten sie haben, Leistungen der Kirchen zu konsumieren.

Dazu kommen die «inneren» Erwartungen der Kirchen. Was wollen die Kirchen selbst, deren Repräsentanten? Wie wollen und sollen sie sich einbringen, politisch oder eben unpolitisch? Sollen sie sich beschränken auf die Kommentierung dessen, was läuft? Und soll diese Kommentierung allein christlichen Massstäben genügen? Sollen die kirchlichen Kommentatoren das Geschehen in unserer Welt nur an dem messen, was die Bibel sagt? Wie weit darf man gehen? Wem soll man gut zureden, wen allenfalls provozieren? Der Grat ist schmal. Das wissen alle, die auf der Kanzel stehen. Unter Umständen müssen die Prediger Konsequenzen tragen. Immerhin, die Kirchen sind mit diesem Problem nicht allein. Es stellt sich ähnlich auch Politikern. Aber diese geniessen wohl etwas mehr Narrenfreiheit.

Den Kirchen stellen sich noch weit mehr Fragen: Sind Kirchen bloss ein Aktivierungsprogramm für Menschen, die sonst nirgends Anschluss finden? Ein Programm für jene also, die keinen Sportverein haben oder keine Partei, in der sie politisch aktiv werden können – Kirchen als Institutionen für Gestrandete?

Oder schliesslich: Ist die Kirche ein Ort zum Üben der «Bewusstseinsbildung» im Sinne der «concienciación»? – Ich erinnere mich, wie wir während meiner Studienzeit oft über das Programm der politischen Bewusstseinsbildung von Paolo Freire diskutiert haben. Es wurde an einem Kongress von Studierenden der Landwirtschaft gar zu einem zentralen Thema.

Wenn wir über öffentliche Kirchen und ihre Funktionen für die Gesellschaft diskutieren, dann müssen wir uns überlegen, welche Probleme unsere Gesellschaft umtreibt. Genau daran ist der Erfolg einer Kirche meiner Meinung nach zu messen. An der Qualität der Antworten, die sie auf aktuelle Fragen gibt. Die

Mitgliederzahlen der Kirchen bilden das ab: Sie steigen und sinken je nach Entwicklung der Problemlage und der Antworten, die die Kirchen darauf zu geben vermögen. Die Mitgliederzahlen sind also eine Art Gradmesser für das Vertrauen der Bevölkerung in die Kirchen oder andere Institutionen, einen Beitrag zur Problemlösung zu finden. Der eigenen oder der globalen.

Globale Probleme

Darum lassen Sie mich einige Überlegungen anstellen zur heutigen globalen Problemlage.

Zunächst *das Wachstum.* Es herrscht Wachstumsglaube wider besseres Wissen. Bäume wachsen nicht in den Himmel. Die Natur begrenzt ihre Grösse. Dennoch verfolgen Menschen unbekümmert ein scheinbar endloses Wachstum. Und bauen so auf ein falsches ökonomisches Modell – das Modell des Kredits. Wir nehmen also Kredite auf, leben «auf Pump» und zahlen unsere Schulden mittels Wachstum später ab. Doch – wenn der «Markt» nicht so viel hergibt, wie wir uns nehmen wollen? Dann ist der Kredit verloren und wir sind gezwungen, noch mehr Wachstum zu betreiben, um die «Pleite» zu refinanzieren.

Gern zitiere ich hier den Chefökonomen der Crédit Suisse, Martin Neff. Er hat errechnet, wie sich verschiedene Umsätze in den letzten zwanzig Jahren entwickelt haben:

- Der Güterumsatz hat sich verdreifacht.
- Der Aktien- und Obligationenmarkt hat sich verzehnfacht.
- Der Finanz-Derivathandel hat sich verdreihundertfacht.

Diese Zahlen zeigen deutlich: Wir, vorab die Finanzbranche, haben in den letzten Jahren sehr viel «heisse Luft» produziert. Was genau passiert, wenn diese heisse Luft plötzlich entweicht, haben wir erst teilweise erfahren dürfen. Weitere Überraschungen werden sicher folgen!

Ein zweites mit dem Wachstum gekoppeltes Problem ist *die Beschäftigung.* Vor 200 Jahren haben in der Landwirtschaft 800 Personen das gemacht, was heute 1 Person erledigen kann. Mit anderen Worten: Mit der Industrialisierung machten wir faktisch im ersten Sektor 799 Personen arbeitslos. Wir gingen davon aus, dass sie im zweiten und dritten Sektor eine Beschäftigung finden. Das stimmt so klar nicht. Wir haben, weltweit gesehen, ein riesiges Beschäftigungsproblem. Mit Mehrkonsum ist es nicht zu lösen, was ohnehin weder ökologisch, noch sozial noch ökonomisch vertretbar wäre.

Eng an die Beschäftigung gekoppelt ist *die Migrationsproblematik.* Fast alle Migranten, die es auf der Welt gibt, sind letztlich Wirtschaftsflüchtlinge, weil sie alle eine neue Existenz suchen. Sie gehen und kommen, um sich eine neue Existenz aufzubauen. Das gilt für die Deutschen, die in die Schweiz kommen ebenso, wie für die rund 700 000 Auslandschweizer, die irgendwo auf der Welt ihr Glück, beziehungsweise eine neue Existenz suchen. Das hat zur Folge, dass ständig eine grosse Zahl von Menschen unterwegs ist auf der Welt, zurzeit ungefähr 250 Millionen. Davon fallen rund 50 Millionen unter die Kategorie «Flüchtlinge». Von diesen 50 Millionen Menschen leben etwa 10 Prozent in den sogenannt entwickelten Ländern. Die andern 90 Prozent, der ganz grosse Teil also, hält sich in Nachbarländern, meist Entwicklungsländern auf.

Erheblich verschärft wird dies durch den *Klimawandel*. Das Fehlen von Niederschlägen wie zurzeit südlich des Sahel oder auch Überschwemmungen gefährdet die Existenz ganzer Regionen. Flüchtlings- und Migrationsströme sind eine logische Folge.

Der Kampf um *Ressourcen und ihre einseitige Verteilung* wirken ähnlich. Sie bestimmen die Aussenpolitik der Supermächte, lösen Kriege und Verfolgung aus. Zur Zeit werden die sogenannten Seltenen Erden von China einseitig aufgekauft. Deren Verknappung wird weitere Konflikte auslösen, zwischen Ländern, zwischen Kontinenten. Wir wissen, dass etwa die Hälfte aller Rohstoffe heute noch im Boden ist. Die andere Hälfte ist im Umlauf, zum Beispiel in unseren Handys. Wir sind also gut beraten, uns in den kommenden Jahren vermehrt mit «urban mining» auseinanderzusetzen.

Und schliesslich ein letzter Punkt: *der Individualismus und das Auseinanderleben der Gesellschaft*. Unsere Welt wird von einem Modell der Konkurrenz dominiert. Der mächtige Teil der Gesellschaft lebt damit durchaus gut. Die Schwächeren kämpfen ums Überleben, drücken quasi ihre Nase an der Trennscheibe platt. Alle kämpfen gegen alle um ihre Existenz. Wie Darwin dies am Beispiel einer Affengesellschaft gut beschrieb. Der Stärkere hat recht. Auch bei uns. Unsere Gesellschaft beschäftigt sich mit dem Bau von «Türmen zu Babel». Weltweit gibt es zurzeit etwa 110 Türme, die höher sind als 300 Meter. Jährlich kommen mehr dazu. Wir Menschen meinen, damit in den Himmel zu kommen.

Was bedeutet das alles für die Kirchen? Klar ist: Das Umfeld beeinflusst die Tätigkeiten aller Organisationen, die gesellschaftspolitisch am Werk sind. Die Kirchen können sich dem nicht entziehen. Damit sind wir wieder bei den Fragen. Welche Aufgaben für die Kirchen? Sich in die aktuelle Gesellschaftspolitik einmischen? Concienciación betreiben? Oder sich auf die Vereinstätigkeit zurückziehen und alles andere links liegen lassen?

Meine Meinung ist klar: Die Kirchen, die anerkannten Religionsgemeinschaften in der Schweiz und im Kanton Zürich, allen voran die Landeskirchen, haben eine zentrale gesellschaftliche Aufgabe: Sie müssen sich einmischen. Sie müssen sich der grossen aktuellen Themen und Probleme annehmen. Sie müssen beim Thema «Erfüllung des Menschseins» laut und deutlich mitreden. Wir wollen nicht, dass Menschen nach schlimmen Ereignissen am Arbeitsplatz oder im Leben zerstört sind. Wir alle müssen helfen. Auch und speziell die Kirchen. Neu ist das nicht. Die Kirchen haben diese Rolle in unserer abendländischen Kultur seit je inne.

Im Zentrum der kirchlichen Tätigkeit muss die Hilfe zur Erfüllung des Menschseins stehen. Die Kirchen sollen möglichst vielen Menschen ein Bewusstsein dafür vermitteln, was «best practice des Lebens» sein kann. Ich meine damit nicht ein Dogma. Und ich meine damit nicht zwingend nur eine christliche «best practice». Ich meine vielmehr eine «Richtschnur», die wir alle brauchen fürs Leben. Leitlinien dazu lassen sich sicher aus der Bibel gewinnen.

Diese Hilfeleistungen der Kirchen können, ja sie müssen vielgestaltig sein. Die Kirchen sollen durchaus auch Zufluchtsorte sein, die Geborgenheit anbieten für Menschen, die einsam sind, unglücklich, benachteiligt, ausgegrenzt, verloren. Das ist anspruchsvoll. Dabei müssen die Kirchen standhaft bleiben. Sie dürfen sich weder von den Problemen dieser Welt deprimieren lassen noch dürfen sie labile Menschen vereinnahmen, von ihnen Besitz ergreifen. Von Vereinnahmung und Indoktrination haben Kirchen Abstand zu nehmen. Sie sollen Kurorte sein, an denen Menschen Glaube und Hoffnung suchen und diese auch finden. Im Schonraum, den Kirchen bieten, sollen Menschen ihre Lebenstauglichkeit und ihre Gesellschaftsfähigkeit finden und stärken können. Das ist eine edle Aufgabe. Kirchen können vielen Menschen dabei helfen, den Lebensalltag wieder zuversichtlich und selbstbewusst anzugehen.

Doch lauern auch Gefahren. Kirchen dürfen sich nicht in die Rolle drängen lassen, zu einer Art Auffanggesellschaft zu werden, zu einer ethischen Sozialhilfe – die materielle Sozialhilfe vom Staat, die geistig von der Kirche. Einige sähen es wohl gern so, dass die Kirchen überall dort für mentale Gesundheit sorgen, wo die Psychiatrie erfolglos bleibt. Nichts gegen die Psychiatrie, sie lindert viel Not. Aber sie spricht nicht alle an. Wir brauchen eine Vielfalt der Zugänge zur Hilfe und unterschiedlich hohe Schwellen dazu.

Die Kirchen haben eine schöne Aufgabe: Sie können mit Leuten über deren Lebensziele diskutieren. Dazu sind viele Menschen gern bereit. Ich wünsche mir Kirchen, die diese Diskussionen offen angehen, Raum lassen für unterschiedliche Lebensvorstellungen, für Erfüllung im Leben.

Zusammengefasst: Die Kirchen müssen also versuchen, die Gesellschaft zu kitten, den Kräften entgegen zu wirken, die die Gesellschaft auseinander dividieren wollen. Das ist schwierig, die Gegner sind stark. Das wissen wir alle. Aber die Kirchen können die Scheren, die sich immer weiter öffnen, schliessen, zumindest im Kopf. Damit ist viel erreicht. Gelingt es im Kopf, gelingt es irgendwann auch im Alltag.

Damit die Kirchen diese enorme gesamtgesellschaftliche Arbeit leisten können, brauchen sie eine Grundlage: Vertrauen. Vertrauen gewinnen sie, indem sie auf gleicher Augenhöhe sind mit dem Volk, nicht nur mit ihren Mitgliedern, auch mit Menschen ausserhalb ihrer eigenen Kreise. Die Kirchen müssen offen sein, müssen auf Menschen eingehen können. Eine zweite Agenda hat dabei keinen Platz. Sie schadet dem Vertrauen. Was ich meine: Die religiöse, rein kultische Seite der Kirche muss beim Erfüllen dieser Aufgabe in den Hintergrund treten gegenüber dem gesellschaftlichen Engagement.

Überlegungen, die jetzt da und dort angestellt werden – ich spreche die sogenannten Themenkirchen an – scheinen mir wichtig zu sein. In der Stadt Zürich denkt man daran, verschiedenen Kirchgemeinden organisatorisch zusammenzuführen, um Kräfte zu bündeln und Themen gezielter angehen zu können. Ich halte solche Aufgabenteilungen für bedenkenswert. Weil es wohl eine Überforderung ist, als Quartier- oder Rayonkirche alle Bedürfnisse abdecken zu können.

Daneben braucht es die persönliche Beziehung, das persönliche Ansprechen und Angesprochensein. Ich kann ja zum Beispiel auch nicht mit jedem Architekten bauen, sondern ich suche für die Architektur meines Hauses die geeignete Person. Dasselbe gilt für die Beziehungen der Kirchen mit ihrem Umfeld. Je mehr Ansprechpartner und je vielfältiger die Themen, desto grösser ist die Wahrscheinlichkeit, dass das Ansprechen gelingt.

Nicht fehlen darf das Selbstvertrauen der Kirchen selbst. Sie, die Exponentinnen und Exponenten der Kirchen, müssen den Mut aufbringen, zu kritisieren und sich kritisieren zu lassen. Sie müssen sich dem Wind der öffentlichen Diskussion aussetzen. Es braucht Freiraum für freie Meinungen. Maulkörbe oder das Ausklammern gewisser Themen liegen nicht drin. Wer weiss: Neue Themen bringen vielleicht neue Mitglieder. Neue Gefässe der Kommunikation bringen neue Zahler. Ich bin überzeugt, dass Offenheit Chancen birgt.

Vergessen Sie nicht einen Ihrer grossen Trümpfe: den geschützten Raum. Die Kirchen verfügen ja zum Teil über besonders schöne und besonders alte, historische Bauten. Das sind geschützte Räume im doppelten Sinn. Ein Kreuzgang etwa vermittelt gute Gefühle, man wird nicht gestört und hat Zeit zur Besinnung, ohne Handy. Dieser Rahmen ist gleichzeitig Schutzraum, in dem man sich öffnen kann. Und Ihre Räume sind nicht nur das: Nicht zuletzt nützen die Kirchen der Gesellschaft auch mit ihrem Angebot an Räumlichkeiten, die auch von anderen genutzt werden können. Unsere Orts-Partei zum Beispiel konnte bislang immer sehr günstig in der katholischen Kirche von Illnau-Effretikon Räume benutzen. Das ist eine nicht zu unterschätzende Leistung.

Langsam wird Ihnen wohl angst und bang ob meiner langen Liste von Forderungen und Tipps: Die Kirchen sollen offen sein, interessiert, selbstlos, selbstkritisch, innovativ, selbstbewusst und noch viel mehr. Und was bekommen Sie dafür? Sind die Kirchen denn allein zum Geben verdammt? Nein. Die Gesellschaft gibt auch etwas, und das ist zentral: Anerkennung. Eine Kirche, die im dargestellten Sinn operiert, braucht öffentliche Anerkennung, eine Legitimation dafür, dass sie so arbeiten kann und darf. Diese Anerkennung muss garantiert sein, verankert am besten in der Verfassung eines Staates. Das ist sie im Kanton Zürich.

Diese Legitimation ist wichtig. Sie bedingt aber auch eine gewisse soziale Kontrolle. Die Kirchen werden vom Staat finanziell und politisch unterstützt, doch müssen sie sich dafür kritisch begleiten lassen: Kontrolle und Kontrolliertwerden. Das gilt gegenseitig. Es steht den Kirchen frei, auch den Staat zu kritisieren; ich persönlich erwarte das sogar in gewissem Mass. Sie müssen aufbegehren, wenn der Staat Fehler macht, Teile der Gesellschaft ausser Acht lässt. Laut und deutlich soll die Kirche das kundtun.

Die Anerkennung ist also gegenseitig. Die Kirchen müssen anerkennen, dass der mitfinanzierende Staat gewissen Regeln folgt und Regeln vorgibt. Der Staat umgekehrt muss anerkennen, dass nur eine gestützte Kirche Freiräume bieten kann. Freiräume, wir erinnern uns, in die sich Menschen begeben, die Hilfe brauchen, sich neu orientieren möchten, um ihren Weg in der Gesellschaft zu finden. Die anerkennende Unterstützung der Kirchen durch den Staat ist so gerechtfertigt.

Wenn es um materielle Unterstützung des Staates geht, stellt sich die Frage: Was genau unterstützt der Staat? Es sind die sogenannten nichtkultischen Aufgaben, welche die Kirchen erfüllen. Die Kultur, die Bildungsarbeit, die Seelsorge (die Sorge um die Seele, nicht die Sorge um die Seelen!), die Hilfe am Nächsten und noch viel mehr. Erfreulicherweise können wir mit den Tätigkeitsprogrammen der Kirchen erstmals sichtbar machen, wie vielgestaltig ihr Wirken im Dienst der Gesellschaft neben der christlichen Botschaft ist. Jetzt wird endlich ersichtlich, was gemacht wird, welche positiven Zwecke verfolgt werden. Ich bin zuversichtlich, dass es gelingt, die Fortsetzung des bisherigen Pakets von jährlich 50 Millionen Franken durch den Kantonsrat erfolgreich absegnen zu lassen.[1]

In meinem Zuständigkeitsbereich liegt die Seelsorge in den Gefängnissen: Es freut mich, dass zunehmend auch Imame in die Gepflogenheiten der Seelsorge eingeführt werden. Bisher hielten sie für Insassen nur Predigten. Neu sollen sie sich auch um die Bewusstseinsbildung der muslimischen Insassen bemühen können. Solche Entwicklungen könnten Ängste schüren, und sie tun es auch. Aber es ist verdankenswert, wie die reformierte und die katholische Kirche sich engagieren, die Imame zu Treffen einladen, um dort mit ihnen über Seelsorge zu diskutieren. Auf diesem Weg lindern wir die Sorgen einer ganzen Reihe von Mitmenschen.

Zum Schluss gehe ich gerne auf ein aktuelles politisches Geschäft ein: Die Unterstützung der Kirchen durch juristische Personen. Noch ist sie gesetzliche Pflicht: Die Jungfreisinnigen haben sich aber aufgemacht, diese Pflicht auf politi-

1 Anmerkung bei Drucklegung: Im Spätherbst 2012 hat der Zürcher Kantonsrat mit grossem Mehr diese Beträge für die nächsten sechs Jahre neu beschlossen.

schem Weg mit einer Initiative abzuschaffen. Diese Initiative ist in der Tat eine Gefahr, gerade für die Landeskirchen. Ihnen würden erhebliche Mittel verloren gehen, die dazu dienen, die Gesellschaft zusammenzuhalten. Die von den juristischen Steuerzahlern gesparten Franken würden kaum anderweitig gespendet. Darauf würde ich wetten.

Es geht um viel. Das Steueraufkommen der juristischen Personen zugunsten der Kirchen beträgt im Kanton Zürich zurzeit etwa 100 Millionen Franken pro Jahr. Das sind 27 Prozent der Einnahmen der Kirchen. Ohne dieses Geld müssen die Kirchen in erheblichem Mass Leistungen abbauen. Das würde ihre nichtkultischen Tätigkeiten stark treffen. Sie wären teilweise oder ganz in Frage gestellt. Wer würde wohl anstelle der Kirchen einspringen? Würden sich die Kirchen dann das Recht nehmen, sich nur noch auf Leistungen für ihre Mitglieder zu konzentrieren?

Der genannte Betrag ist doppelt so hoch wie derjenige, den der Staat den Kirchen jährlich zur Verfügung stellt[1]. Ich gehe nicht davon aus, dass der Kanton, im Falle einer Annahme der Initiative, seine Zahlungen an die Kirchen wesentlich erhöhen kann. Ich meine, es bestehe seitens der Wirtschaft durchaus eine Verpflichtung, gemeinnützige Tätigkeiten der Kirchen zugunsten der Gesellschaft zu unterstützen. Denn auch Unternehmen profitieren vom Zusammenhalt der Gesellschaft und davon, dass ihre Mitarbeitenden und Kunden vielleicht gerade dank der Hilfe der Kirchen festen Boden unter den Füssen haben.

Die Verpflichtung der Unternehmen ist meines Erachtens umso gerechtfertigter, als Firmen in den letzten Jahren im Bereich der Unternehmenssteuer wiederholt entlastet worden sind. Ich stehe deshalb einer Abschaffung der Kirchen-Steuern von juristischen Personen ablehnend gegenüber.

Zentral ist die Transparenz darin, welche Leistungen die Kirchen für die Gesellschaft erbringen. Das Volk muss zudem wissen, dass die Leistungen der Kirchen allen Einwohnerinnen und Einwohnern offen stehen. Dann können wir die Mehrheit der Bevölkerung auch davon überzeugen, dass wir weiterhin starke Kirchen brauchen.

Starke Kirchen brauchen Geld. Dies setzt Vertrauen voraus. Das Vertrauen der Bevölkerung in die gesellschaftliche Tätigkeit der Kirchen. Ein Dienst an der Gesellschaft ohne Nebengedanken. Diese Klarheit ist auch für den Staat sehr wichtig. Gewinnen die Kirchen dieses Vertrauen, dann sollen sie weiterhin auf die Unterstützung durch den Staat – und die Wirtschaft – zählen dürfen. Ob das die Bevölkerung auch so sieht, muss ich offen lassen.

IV Missiologische Perspektiven der Praktischen Theologie

Mission – Ein sinnvoller Leitbegriff praktisch-theologischer Forschung und kirchlicher Praxis?

Wilhelm Gräb

Das Missionsthema in einer religionswissenschaftlich sensiblen Praktischen Theologie

«Mission» gehört fraglos zum Selbstverständnis der Kirche. Seit ihren Anfängen versteht die christliche Kirche den Glauben als Gabe Gottes, die mit der Verpflichtung zur Weitergabe verbunden ist – an alle Welt. (Mt 28,19) So hat sich das Christentum räumlich und zeitlich verbreitet und ist auch heute noch die weltweit am schnellsten wachsende Weltreligion. Das Selbstverständnis des Christentums ist in allen seinen unendlich verschiedenen kirchlichen Spielarten ein missionarisches.

Das Selbstverständnis des Christentums und der Kirche lediglich begriffsakrobatisch (z. B. durch die Erfindung von «Missiologie») zu verstärken ist jedoch nicht die Aufgabe der Praktischen Theologie und der ihr zugehörigen Kybernetik. Praktische Theologie ist kritische Theorie der kirchlichen und kirchlich vermittelten Christentumspraxis. Als solche blickt sie auf das Christentum und die kirchliche Praxis nicht allein in der Teilnehmerperspektive. Sie entfaltet keineswegs nur das missionarische Selbstverständnis des christlichen Glaubens und schliesst sich schon gar nicht schlicht an dieses an. Das ist, wenn es überhaupt sich mit wissenschaftlicher Theologie verträgt, Sache der Dogmatik und der ihr zugehörigen Ekklesiologie. Die Aufgabe der Praktischen Theologie und der ihr zugehörigen Kybernetik bzw. Kirchentheorie ist es, die Teilnehmerperspektive auf das Christentum mit der Beobachterperspektive zu konfrontieren.

Das missionarische Selbstverständnis von Christentum und Kirche, das sie in seiner historischen und praktischen Faktizität anerkennt, nimmt die Praktische Theologie somit zunächst aus der Beobachterperspektive in den Blick. Dann bleibt sie bei den kritischen Anfragen, die sich daraus an die kirchliche Praxis ergeben, aber auch nicht einfach stehen. Sie geht vielmehr auf die Teilnehmerperspektive wieder zurück, um im Lichte der kritischen Anfragen, die sie in der Beobachterperspektive gewonnen hat, Umstellungen in der kirchlichen Praxis anzuregen – was dann dem praxisorientierenden Geschäft der Praktischen Theologie und ihrer kybernetischen Leistungsfähigkeit im Blick auf die Formulierung von Leitlinien missionarischer Kirchenpraxis zugutekommen sollte.

Die kritischen, praktisch-theologischen Anfragen an das missionarische Selbstverständnis von Christentum und Kirche sehen so aus:

Wer sind diejenigen, die missioniert, also für den christlichen Glauben und die Zugehörigkeit zur Kirche gewonnen werden sollen? Wie verstehen sie sich selbst? Wenn sie den christlichen Glauben nicht, nicht mehr oder noch nicht haben, welchen Glauben haben sie dann? Warum gehören sie nicht, nicht mehr oder noch nicht zur Kirche? Gehören sie einer anderen Kirche oder Religionsgemeinschaft an? Gehören sie keiner Religionsgemeinschaft an? Welche religionsäquivalenten Zugehörigkeiten sind sie möglicherweise eingegangen?

Diese Fragen, die recht eigentlich die Missionsthematik erst zu einer solchen machen, die in die Zuständigkeit praktisch-theologischer Forschung fällt, sind vor allem Fragen empirischer Kirchen- und Religionsforschung. Zu ihrer Beantwortung liegen durch die kirchlich finanzierten Mitgliedschaftsstudien, sowohl die Situation in Deutschland wie in der Schweiz betreffend, wichtige und hilfreiche Forschungsergebnisse vor.

Wenn mein Eindruck nicht täuscht, werden von diesen kirchlichen- und religionsempirischen Studien die um den Missionsdiskurs bemühten Praktischen Theologen und kirchlichen Religionspraktikanten kaum erreicht. Denn sie weigern sich, die für diese Studien erforderliche Beobachterperspektive einzunehmen. Ich jedenfalls meine zu beobachten, dass sich bislang am Missionsdiskurs leider nur solche Praktischen Theologen und kirchlichen Religionspraktikanten beteiligen, die über den Tellerrand des missionarischen Selbstverständnisses der Kirche hinauszublicken nicht fähig oder nicht willig sind. Das ist ein Missstand, dem abgeholfen werden sollte. Die kritische Praktische Theologie sollte das Missionsthema nicht den praktisch-theologischen Missionsideologen (in Greifswald und anderswo) überlassen.

Die Fragen, die die kritische Praktische Theologie in den Missionsdiskurs einbringen kann, verweisen aber nicht nur in die empirische Kirchen- und Religionsforschung. Sie setzen, indem sie die Beobachterperspektive einnehmen, auch einen gegenüber der dogmatischen Ekklesiologie anderen, religionswissenschaftlich aufgeklärten praktisch-theologischen Theorierahmen voraus. Dieser wird inzwischen, wenn ich recht sehe, zwar nicht von den Missionspraktologen (in Greifswald und anderswo), sehr wohl aber von der Missionswissenschaft (in Hamburg, Heidelberg oder Berlin) eingenommen. Sie folgen Ernst Troeltsch, der in der Auseinandersetzung mit dem Missionstheologen Gustav Warneck (1834–1910) (dessen Stelle heute Michael Herbst [*1954] einnehmen könnte) Anfang des 20. Jahrhunderts[1] diesen religionswissenschaftlichen Referenzrahmen, den eine

1 Vgl. Ernst Troeltsch, Die Mission in der modernen Welt, in: Die christliche Welt. Gemeindeblatt für die Gebildeten aller Stände, 20 (1906), 8–12, 26–28, 56–59. Dazu die Kritik von Gustav Warneck: Missionsmotiv und Missionsaufgabe nach der modernen religionswissenschaftlichen Schule, in: Allgemeinde Missionszeitschrift. Monatshefte für geschichtliche und theoretische Missionskunde 34 (1907), 3–15, 49–61, 105–122, sowie wiederum die Antikritik von Ernst Troeltsch,

kritische, praktisch-theologische Missionswissenschaft braucht, erstmals entfaltet hat.

In diesem religionswissenschaftlichen Theoriekontext Praktischer Theologie wird das Christentum als eine Religion unter anderen wahrgenommen. Es wird der überkommene, dem biblischen Missionsbefehl inhärente Absolutheitsanspruch des Christentums in Klammer gesetzt, stattdessen für einen religionspraktisch folgenreichen Religionsrelativismus plädiert. Theorietechnisch wird ein religionskomparatistisches Verfahren verlangt, wenn es darum geht, darüber Auskunft geben zu können, was das Christentum Besonderes zu bieten hat und warum seine Glaubensbotschaft denen, die noch nicht für sie gewonnen sind, nicht vorenthalten werden sollte. Bei diesem religionswissenschaftlich reflektierten Vorgehen können weder die Missionswissenschaft noch die das missionarische Selbstverständnis der Kirche kritisch reflektierende Praktische Theologie am alten, das kirchliche Sendungsbewusstsein schlicht exekutierenden Verfahren festhalten. Sie können nicht mehr einfach mit der biblischen Unterscheidung zwischen den Gläubigen und den Ungläubigen, den Christen und den Heiden usw. arbeiten, sondern müssen diese Dualismen im Aufbau einer pluralistischen Religionstheologie zugunsten einer den komplexen religionskulturellen Verhältnissen Rechnung tragenden Wirklichkeitssicht überwinden.

Verlangt ist die Einordnung des christlichen Glaubens in die Religionen sowie die Wahrnehmung seiner ungeheuren Binnendifferenzierungen. Der christliche Glaube wird in der unendlichen Vielfalt seiner kulturellen Formatierungen erkennbar und dann auch das Erfordernis seiner Relativierung, der Beziehung des je Eigenen zum religiös Anderen und Fremden. Es zeigt sich, dass die christlich Glaubenden als Individuen wie dann auch in der Zugehörigkeit zu ihren kirchlichen Gemeinschaften in einer ungeheuren Vielfalt existieren. Es tritt vor allem hervor, dass auch die anderen, die zu Christen allererst werden sollen, keine religiös unbeschriebenen Blätter sind, erst recht ihre Qualifizierung als Götzendiener oder Atheisten zumeist keine Aufschlusskraft besitzt, sondern allenfalls sich zu Denunziationszwecken eignet.

Troeltsch hat keineswegs geleugnet, dass es dem Selbstverständnis des christlichen Glaubens und der christlichen Kirche entspricht, sich an alle Welt gesandt zu wissen. Aber ein modernes Missionsverständnis, so meinte er, nimmt die zu missionierenden Menschen als Subjekte wahr, die zwar andere, aber eben doch eigene religiöse und weltanschauliche Orientierungen bereits haben. In ihrem «Glauben» gilt es sie zunächst wahrzunehmen und zu verstehen, was die Bereitschaft zu einer Hermeneutik des Fremden, d. h. zur Anerkennung der anderen in ihrem Anderssein verlangt. Troeltschs missionspraktisch entscheidender Punkt, zu

Missionsmotiv, Missionsaufgabe und neuzeitliches Humanitätschristentum, in: Zeitschrift für Missionskunde und Religionswissenschaft, 22 (1907), 129–139, 161–166.

dem er im Ausgang von seiner religionswissenschaftlichen Fragestellung schliesslich, auch die Binnenperspektive wieder einnehmend, geführt wurde, war deshalb:

Sollen die religiös Anderen für den christlichen Glauben gewonnen werden, so sind sie von dessen Vorzüglichkeit zu überzeugen. Das meinte er mit dem Stichwort vom «Humanitätschristentum», das er in seine Erwiderung auf Warnecks Kritik an seiner religionswissenschaftlich aufgeklärten Missionstheologie aufgenommen hatte. Ein «Humanitätschristentum» ist ein solches, das sich dem Relativismus des modernen geschichtlichen Denkens stellt, ihn akzeptiert, die Absolutheit des Christentums nicht mehr einfach dogmatisch voraussetzt, sondern für den christlichen Glauben werben möchte, indem es auf die freie Einsicht in seine Wahrheit und Lebensdienlichkeit ausgeht. Wo Mission auf Überzeugung setzt und an die freie Einsicht appelliert, ist ein dialogischer Vorgang auf Augenhöhe eingeleitet.

Entscheidend für dieses moderne Missionsverständnis ist eine polyzentrische, religionspluralistische Weltanschauung, in die auch nichtreligiöse Lebenspositionen eingeschlossen sind. Nimmt die Praktische Theologie diesen religionspluralistischen Referenzrahmen ein, dann erledigt sich die Missionsaufgabe nicht, sondern sie nimmt die Gestalt eines dialogischen Überzeugungsvorgangs an. Zu einem dialogischen Überzeugungsvorgang gehört, dass beide Seiten von der Wahrheit ihrer Position überzeugt sind, diese zu verteidigen und den anderen für die je eigene Position zu gewinnen versuchen.

Wenn die wissenschaftliche, kritische Praktische Theologie «Mission» zu ihrem Thema macht, dann muss sie dies deshalb so tun, dass sie die theologische Binnen- bzw. Teilnehmerperspektive mit der religionswissenschaftlichen Aussen- bzw. Beobachterperspektive vermittelt. Konkret heisst das, sie muss die Sendung der Kirche zur Weitergabe des christlichen Glaubens 1. mit der Frage nach dem «Glauben» derjenigen verbinden, die für den christlichen Glauben gewonnen werden sollen. Sodann muss sie 2. kybernetische Anschlussüberlegungen zu der Frage anstellen, wie bei der gebotenen Weitergabe des christlichen Glaubens auf eine der modernen Humanitäts- und Subjektkultur entsprechenden Weise verfahren werden müsste.

Ad 1: Einige Bemerkungen zur Frage nach dem Glauben derjenigen, die für den christlichen Glauben gewonnen werden sollen – konkret im Blick auf den ostdeutschen Kontext:[2]

Da können wir z. B. Konfessionslose beobachten, die keine mehr sein wollen. Das Bekenntnis zur wissenschaftlichen oder humanistischen Weltanschauung findet verbreitete Zustimmung. Die Konfessionslosen organisieren sich in Weltanschauungs- und auch in Atheistenvereinigungen. Nicht immer sind nichtreligiöse bzw. nichtchristliche Weltanschauungen atheistisch. Manche der nichtreligiösen Weltanschauungen werden auch innerhalb von Kirche und Christentum vertreten. Sollen die sogenannten Konfessionslosen missioniert werden, müssen wir versuchen, sie kennenzulernen, um mit ihnen über ihre Weltanschauung und Lebensposition ins Gespräch zu kommen.

Die Konfessionslosen organisieren sich z. B. im Internationalen Bund der Konfessionslosen und Atheisten e. V.: http://www.ibka.org/ oder im Bund Freireligiöser Gemeinden e. V.: http://www.freireligioese.de/ oder im Dachverband freier Weltanschauungsgemeinschaften e. V.: http://www.dfw-dachverband.de/ oder im Humanistischen Verband Deutschland e. V.: http://www.humanismus.de/.

Diese sogenannten Konfessionslosen formulieren jetzt auch ihre Bekenntnisse. Interessant ist, dass dabei, vor allem im Humanistischen Verband, kein Atheismus, auch keine Religionslosigkeit gefordert wird. Es wird vielmehr beansprucht, die Religion durch etwas ihr Gleichwertiges, ebenfalls der Lebensorientierung Dienliches ersetzen zu können, ohne sie bekämpfen zu müssen. Ein Auszug aus einem Papier des «Humanistischen Verbandes e. V.»:

> «Humanismus ist eine zeitgemässe Antwort auf die uralte religiöse Frage nach dem Sinn des Lebens. Humanität ist Menschlichkeit im umfassenden Sinn. Wer sich zum Humanismus bekennt, der bekennt sich dazu, die Menschlichkeit zu seiner übergeordneten Zielsetzung zu machen und sein Handeln stets damit in Übereinstimmung zu bringen. Sein Bekenntnis zum Humanismus veranlasst ihn, menschenzentriert zu denken und zu handeln. Er muss nicht nach dem Leben Jesu oder Buddha forschen, er muss nicht im Jenseits sein Heil suchen, wenn er sich wieder orientieren will, er braucht ‹nur› hin und wieder zu fragen ‹was ist menschlich und verhalte ich mich menschenwürdig?› Der bewusste Humanist weiss um die Begrenztheit des menschlichen Erkenntnisvermögens und leitet seine Aufgabe in dieser Welt aus der ihn umgebenden

2 Vgl. Alfred Dubach, Konfessionslose in der Schweiz: Entwicklungen von 1969–1990, in: Schweizerisches Pastoralsoziologisches Institut (Hg.), Jenseits der Kirchen: Analyse und Auseinandersetzung mit einem neuen Phänomen in unserer Gesellschaft, Zürich 1968, 11–70; Heiner Meulemann, Der lange Schatten der erzwungenen Säkularisierung. Religiöse Unsicherheit und religiöse Indifferenz in Ost- und Westdeutschland zwischen 1991 und 1998, in: H. Noll / R. Habich (Hg.), Vom Zusammenwachsen einer Gesellschaft. Analysen zur Angleichung der Lebensverhältnisse in Deutschland, Frankfurt am Main 2000, 223–247, Gert Pickel, Konfessionslose in Ost- und Westdeutschland – ähnlich oder anders? in: D. Pollack / G. Pickel (Hg.), Religiöser und kirchlicher Wandel in Ostdeutschland 1989–1999, Opladen 2000, 206–235.

> Natur ab. Er kann so den Sinn des menschlichen Lebens in der optimalen Entfaltung seiner Persönlichkeit sehen, so wie in der Natur eine Blume sich gemäss ihren Anlagen und ihren Umweltbedingungen entfaltet […].»[3]

Hier schimmert die alte marxistische Religionskritik durch. Zugleich wird aber auch bekenntnishaft der Standpunkt einer bestimmten Lebenssinnorientierung eingenommen. Eine Konfessionsgemeinschaft der Konfessionslosen soll entstehen, aufgebaut auf dem Bekenntnis zur Menschlichkeit, zur unverletzlichen Menschenwürde und zu den Menschenrechten.

Ad 2: Einige kybernetische Anschlussüberlegungen zu der Frage, wie bei der missionarischen Weitergabe des Glaubens heute verfahren werden müsste: Mission als transkultureller bzw. interreligiöser Dialog

Die missionarische Praxis verträgt sich mit den religionspluralen Verhältnissen und dem von daher gebotenen religiösen Relativismus am ehesten dann, wenn sie als transkultureller Weltanschauungsdialog oder interreligiöser Dialog praktiziert wird. Mission mit Slogans wie «Wir haben die Antwort!» oder gar «Auch du brauchst Jesus!» ist nicht der richtige Weg. Denn dabei wird mit der Vorstellung gearbeitet, den anderen fehle etwas, eben die Konfession, das Bekenntnis, der Glaube, gar überhaupt die Lebenssinnorientierung. Dieses Defizitmodell ist beleidigend und wird von denen, die so zu Missionsobjekten gemacht werden sollen, zu Recht zurückgewiesen. Auch die sogenannt Konfessionslosen haben zumeist einen Glauben, eine Grundüberzeugung, eine Weltanschauung, eine Orientierung gebende Lebensposition, eine Lebenssinngewissheit. In vielen elementaren Fragen des täglichen Lebens geben sie zudem gar keine anderen Antworten als die, die von denen, die daneben auch noch ihr kirchliches Glaubensbekenntnis haben, vertreten werden. Möglicherweise haben die sogenannt Konfessionslosen aber auch keine weitergehenden Interessen an Lebensdeutung und Sinnorientierung. Dann soll man sie in Ruhe lassen. Wo jedoch ein Interesse bemerkbar wird an religiösen Fragen, an religiösen Traditionen, Symbolen und Ritualen, an religiösen Lebens- und Weltdeutungen, am Umgang des christlichen Glaubens mit den existenziellen Sinnfragen, da sollten Christen auskunftsfähig sein und versuchen, von der Überzeugung, die in ihnen ist, auch andere zu überzeugen.

Ob Christen auf Fragen nach ihrer religiösen Lebensposition auskunftsfähig sind, ist aber wiederum eine Frage religiöser Bildung. Mit Information und Bildung beginnt und endet deshalb auch Mission. Dass die nach 1975 in der DDR Geborenen stärker wieder ein Interesse an Religion und Kirche, vor allem auch an den vielen Religionen, nicht zuletzt am Buddhismus, zeigen, ist zu wesentlichen Teilen vermutlich ein Ergebnis des nach der Wende in den meisten neuen

3 Vgl. http://www.humanistische-aktion.de/konfessi.htm. Letzte Abfrage am 12.03.

Ländern eingeführten Religionsunterrichts. Dieser Religionsunterricht war und ist aber gerade keine Missionsveranstaltung, sondern ein Ort der Information über religiöse Lebens- und Weltdeutungen, Symbol- und Ritualkulturen, ein Ort religiöser Bildung. Der Religionsunterricht ist eine Gelegenheit, sich über die Eigenart einer religiösen Lebensposition eine Auffassung zu bilden und das Besondere des christlich-religiösen Glaubens kennenzulernen.

Religiöse Bildung bekehrt nicht, aber sie kann sichtbar machen, dass religiös zu sein eine spezifische Lebenskompetenz bedeutet. Religiös zu sein, hat auch etwas mit der Fähigkeit zu tun, auch einmal über sich lachen zu können, bei allen Anstrengungen zur wissenschaftlich-technischen und moralischen Lebensbewältigung, sich eben doch nicht allzu wichtig zu nehmen. Ein Christ will alles wissen und für ihn ist die Würde des Menschen unverletzlich. Aber er glaubt nicht, dass sich mit der Wissenschaft alle Fragen des Lebens beantworten lassen, und er glaubt auch nicht, dass Menschen das vollkommene Glück auf Erden schaffen können. Ein Christ lebt dennoch aus einem tiefen Grundvertrauen. In Gott fühlt er sich geborgen. Und aus diesem Geborgenheitsgefühl geht er gelassen an die Aufgaben, die das Leben stellt. Wenn er im Gespräch über die Anforderungen des Lebens auf dieses merkwürdige Geborgenheitsgefühl zu sprechen kommt, dann ist die Mission erfüllt.

Missiologie – Reflexionsperspektive der Praktischen Theologie

Ralph Kunz

Spielarten des Missionarischen

«Das Selbstverständnis des Christentums ist in allen seinen unendlich verschiedenen kirchlichen Spielarten ein missionarisches.» Da kann ich nur zustimmen! Aber ich frage mich, was Wilhelm Gräb meint, wenn er konstatiert, dass es «unendlich (!) verschiedene Spielarten des Kirchlichen» gebe. Und wie muss ich mir ein gemeinsames missionarisches Selbstverständnis denken? Müsste nicht, wenn man die Verschiedenheit des Kirchlichen so stark macht, konsequenterweise auch von Spielarten des missionarischen Themas die Rede sein? Offensichtlich rechnet auch Wilhelm Gräb mit Variationen. Erwähnt werden drei:

– ein klassisches oder *altes kirchliches Missionsverständnis*, das revidiert werden muss,
– ein *ideologisches Missionsverständnis*, das sich dieser Revision entzieht,
– ein *richtiges Missionsverständnis*, das Wilhelm Gräb vertritt.

Letzteres ist nicht polemisch gemeint. Auch ich erhebe den Anspruch, Richtiges zur Mission zu sagen. Aber im Unterschied zu Wilhelm Gräb verwende ich den Begriff *Missiologie,* um damit eine *Reflexionsperspektive* anzuzeigen, die zur Praktische Theologie als kritischer Theorie der Religions- und Christentumspraxis gehört. Da diese Begrifflichkeit von Wilhelm Gräb mit Akrobatik assoziiert wird, ist eine Rolle rückwärts sicher hilfreich. Was soll denn die Unterscheidung Missiologie und Missionswissenschaften?

Der Plural Missionswissenschaften zeigt an, dass unter dem «umbrella term» Mission ganz Unterschiedliches vereint ist: der Singular Missiologie erhebt den Anspruch einer im deutschsprachigen Raum nur schwach etablierten theologischen *Disziplin*, dass Mission ein Gegenstand der Forschung ist. Das impliziert zumindest den Versuch, die verschiedenen Teilperspektiven der Missionswissenschaften zu einer konsistenten Theorie zu bündeln. Um drei zu nennen:

– *Missionstheologie*, die sich systematisch neu als interkulturelle Theologie positioniert;
– *Missionskommunikation* oder Evangelisation als eine Sonderform der missionarischen Kommunikation des Evangeliums;
– *Missionsgeschichte* als Spezialgebiet der Kirchen- und Frömmigkeitsgeschichte.

Da die sogenannt äussere Mission auf verhängnisvolle Weise mit der Kolonialgeschichte verbunden ist, ist es m. E. sinnvoll, nicht nur von der Praktischen Theologie sondern auch von Missiologie als einer «kritischen Theorie» zu reden. *Missiologisch ist nicht missionarisch.* Missiologie wird als Wissenschaft getrieben. Zu Recht wird in diesem Zusammenhang auf den interdisziplinären Dialog mit der Religionswissenschaft gewiesen. Erstens haben auch andere Religionsgemeinschaften ihre Missionsgeschichten (Sundermeier 2004) und zweitens ist der systematische Vergleich der Religionen Sache der systematischen Religionswissenschaft.

Im Unterschied zu Wilhelm Gräb vertrete ich aber die Ansicht, dass auch die «Entfaltung» – ich formuliere etwas anders – die *kritische Reflexion der missionarischen Praxis und Theorie* mit zum Geschäft der Praktischen Theologie gehört. Es geht doch der Praktischen Theologie – da sind wir uns wohl einig – nicht um die naive Applikation eines missionarischen Programms. Gerade wenn man die Praktische Theologie nicht zu einer Steigbügelhalterin einer missionarischen (oder unmissionarischen) Dogmatik erklären will, muss sie im Dialog mit ihrer Nachbardisziplin, der Systematischen Theologie, kritisch, eigenständig und profiliert das erkenntnisleitende Interesse und die Ziele einer zeitgemässen kirchlichen *Missionspraxis* entfalten können.

Konfrontation von Innen- und Aussensicht

Gemäss Wilhelm Gräb ist es Sache der kritischen Theorie der Christentumspraxis, die Innensicht dieser Praxis mit einer Aussensicht auf diese Praxis zu konfrontieren. Die Konfrontation der Teilnehmer- mit der Beobachterperspektive, die Wilhelm Gräb fordert, kann ich unterstützen. Aussenwahrnehmung des Eigenen ist nötig. Zu Recht weist Wilhelm Gräb auf die empirischen Studien hin, die im Missionsdiskurs zu wenig zur Kenntnis genommen werden. Man soll, wenn man über Kirchlichkeit und Christlichkeit redet, das Selbstverständnis, den Glauben (*belief*) und die Zugehörigkeit (*belonging*) von Mitgliedern und Nicht-Mitgliedern differenziert und sorgfältig zur Kenntnis nehmen.

Gerade weil die Vermeidung einer «Schwarz-weiss-Optik» die Pointe einer differenzierten Sicht der Mitgliedschaft ist, frage ich mich, ob das Innen-Aussen-Modell, das auch für das Verhältnis des religionswissenschaftlichen und theologischen Diskurs Verwendung findet (vgl. Stolz, Einführung ^{2}1997), der Komplexität der Missionsthematik gerecht wird.

Wenn nämlich nur die Beobachter die Rolle der Kritiker einnehmen, werden nur die Teilnehmer – sprich die Praxis der in der Kirche beteiligten Christenmenschen – der Kritik ausgesetzt. Das Konfrontationsmodell hat in dieser Lesart ein eigenartiges Gefälle. Es ist in klassisch kulturprotestantischer Manier nach dem Muster der Traditionskritik konstruiert. Impulse der Erneuerung dringen von aussen nach innen. Das ist mir zu linear, zu einseitig – zu wenig akrobatisch – gedacht.

Im interkulturellen Austausch mit ehemaligen Missionskirchen in Südamerika, Süd- und Westafrika oder Südostasien nehmen westliche Theologen und Theologinnen zur Kenntnis, dass für das Selbstverständnis von Kirchen die andere Richtung der Konfrontation zur Identitätsfrage wird. Der christliche Lebensstil – sagen wir vorsichtiger: Varianten dieses Lebensstil – konfrontieren säkulare oder anders-religiöse Beobachter mit einer prophetischen Gesellschafts- und Kulturkritik, die sie hin und wieder zum Umdenken bringt und zur Teilnahme animiert. Mission gelingt freilich nur, wenn aus Konfrontation *Konvivenz* (Sundermeier) wird.

Missio Dei

Der entscheidende Impuls der missionstheologischen Debatte der letzten Jahrzehnte, das *Missio-Dei*-Konzept, setzt hier an. Mit dem Nachdruck auf der Sendung Gottes wird das Teilnehmer-Beobachter-Modell theologisch dekonstruiert:

- Wenn Theologie einen Imaginationsraum eröffnet, der es Christen erlaubt, sich Gott als Beobachter vorzustellen, werden sie als Teilnehmer aufgefordert, «im Lichte der kritischen Anfragen» Umstellungen in ihrer kirchlichen Praxis vorzunehmen.
- Weil sich Christen Gott als Subjekt vorstellen, das an dieser Welt Anteil nimmt, erfahren die Beobachter von Teilnehmern, dass vom Himmelreich auch ausserhalb der Kirche etwas (mehr?) zu spüren ist.

Die theologische Dekonstruktion eines Teilnahme-Beobachtung-Modells zielt nicht auf Missionierung im Sinne einer Eingemeindung, sondern auf die Sammlung derjenigen, die den Willen Gottes tun. Die Missio-Dei-Theologie hat in dieser Ausprägung – vor allem in ihrer Blütezeit – eine deutliche Schlagseite zum politischen Linksprotestantismus. Darum muss auch hier vor dem ekklesiologischen Kurzschluss gewarnt werden. Mit einer gegenkulturellen Strategie – Stichwort «Stosstrupp des Lebens» (Gollwitzer) – wäre die «Schwarz-weiss-Optik» nur verkehrt. Dann sässen die Kritiker drinnen und hielten den Beobachtern mangelndes Engagement vor. Positiv formuliert: Gott ist grösser als die Kirche und gnädiger als seine Verteidiger. Nach Sauter (1998, 241) geht es darum, «den Andern möglichst so wahrzunehmen, wie er sich mitteilen will und umgekehrt die Glaubensaussagen, die mich als Christen tragen, dem Andern mitzuteilen. Die Dauerreflexion auf das Verhältnis von ‹Innen› der Kirche und ihrem ‹Aussen›, den ‹anderen›, ist dazu nicht hilfreich.»

Vielleicht ist es darum nötig, an dieser Stelle noch einmal grundsätzliches Einverständnis mit Wilhelm Gräb zu signalisieren. Seine Stossrichtung teile ich. Mit der Unterscheidung von Gläubigen und Ungläubigen bzw. Christen und Heiden lässt sich nicht arbeiten (3). Aber sind das so platt gesagt einfach «biblische Unterscheidungen»? Und müssen diese Dualismen mit einer pluralistischen Religionstheologie bekämpft werden? Heisst die Alternative Warneck oder Troeltsch? Oder gibt es noch andere Optionen?

Der Religionsrelativismus und erst recht der Religionsvergleich liefert m. E. keine hinreichenden Argumente, um das «alte kirchliche Selbstbewusstsein» zu hinterfragen. Gefragt ist eine Theologie, die Grundlagen für ein «neues kirchliches Selbstbewusstsein» legen kann. Ich argumentiere mit dem Ansatz der Missio-Dei-Theologie, ohne das Programm mit Stumpf und Stiel zu schlucken. Was mir wichtig ist: Wenn die Sendung Gottes, wie sie in Jesus glaubwürdig Gestalt angenommen hat, zum Ausgangspunkt der Mission genommen wird, ist der Bezugspunkt das *Reich Gottes* und keine Phantomreligion, die von einem Religionstheologen in seiner Studierstube ersonnen wird. Wer das Reich Gottes in den Blick nimmt, muss kritisch von der Kirche reden. Missiologie – so die Pointe der Missio-Dei-Theologie –, orientiert sich an der «Reich Gottes»-Hoffnung. Sie bleibt auf die geglaubte und wirkliche Kirchen bezogen. Sie ist gebunden an ein überliefertes Narrativ. Sie ist immer auf konkrete – verfehlte und ersehnte – Glaubenspraxis verwiesen. Sie ist immer eingebunden in eine Schuldgeschichte (Bonhoeffer, Ethik), aus der sie sich nicht herausnehmen kann, und in eine Hoffnungsgeschichte verwickelt, aus der sie «weder Hohes noch Tiefes noch Engel noch Mächte» wieder herauszutrennen vermag.

Gerhard Sauter hat den Ansatz weiterentwickelt (Zugänge zur Dogmatik 1998) und dem Imperativ von Mt 28 die Versöhnungsbitte aus 1Kor 5 entgegengesetzt. Er wehrt sich gegen absolutistische und universalistische Missionskonzepte und formuliert in Anschluss an 1Kor 5: «Christliche Mission geschieht in der unbegrenzten und grenzenlosen Bitte, sich mit Gott versöhnen zu lassen, d. h. sich die Versöhnung der Welt mit Gott in Jesus Christus gefallen zu lassen, sich ihr auszusetzen.» (Sauter, 233)

Es gibt also *theologische Gründe*, Christentum und Kirchentum konsequent als Religion unter Religionen zu verstehen. Der Religionsvergleich bietet dafür aber nur ein heuristisches Gerüst. Es fehlt die theologische Orientierung, wenn der systematische Vergleich nur nach der Massgabe des von Troeltsch postulierten «Humanitätschristentums» erfolgt. Dass Warneck eine noch schlechtere Alternative böte, muss ich nicht ausführen. Es geht mir um die «inneren Gründe für die Mission als kirchlichen Handeln» (Sauter 230): Kritische Missiologie wird schwarze Soteriologie in der Bibel *mit der Bibel* entlarven. Sie wird die denunziatorische Rhetorik und die totalitären Strategien der Vereinnahmung, wie sie in der Missionsgeschichte gang und gäbe waren, in der Kirche *mit* einer gerechteren Ekklesiologie aufklären. Sie wird mit der Tradition gegen Tradition argumentieren.

Ist Mission ein sinnvoller Leitbegriff praktisch-theologischer Forschung und kirchlicher Praxis?

Mission ist unbestritten eine Dimension des kirchlichen Handelns. Also kann es nicht darum gehen, *ob* Mission ein sinnvoller Leitbegriff praktisch-theologischer Forschung und kirchlicher Praxis ist, sondern wie er sinnvoll verwendet wird. Im Anschluss an einen Versuch von Gert Otto, die Grundlagen der Praktischen Theologie neu zu bestimmen (1982), finde ich es sinnvoll, den Leitbegriff als *Reflexionsperspektive* zu verstehen und Mission nicht als «Feld» zu verstehen, das irgendwo neben Seelsorge, Bildung oder Gottesdienst bearbeitet werden kann.

Das heisst: Missionarische Kommunikation findet zwischen verschiedenen Akteuren und in unterschiedlichen Situationen statt. Um die Konturen dieser Kommunikation zu erfassen, finde ich die Figur des interreligiösen oder transkulturellen Dialogs durchaus anregend. Christen sollen «versuchen, von der Überzeugung, die in ihnen ist, auch andere zu überzeugen» (5), aber erst dann, *wenn* andere Interesse an christlicher Lebensform zeigen. Sie geben Antworten, wenn ihnen Fragen gestellt werden. Das setzt voraus, dass Christen auskunftsfähig sind oder es durch Bildung werden. *Und es setzt voraus, dass die Feiern, die Bildungsveranstaltungen und das soziale Leben der Christen so attraktiv und vital sind, dass sie tatsächlich Interesse wecken.* Mit anderen Worten: Missionarische Kirchen sind bedingt interessant, aber interessante Kirchen sind unbedingt missionarisch!

Ein Kernthema der missiologisch reflektierten Praktischen Theologie ist die *Oikodomik* (Möller 1991).[1] Ihre Leitfragen: Wie werden Gemeinden interessant? Was können wir tun oder lassen, um ihre Attraktivität zu steigern? Im Unterschied zu Michael Herbst (1986) sehe ich allerdings den *Gemeindeaufbau* als einen kybernetischen Baustein der Mission und nicht als missionarisches Programm, das in der Kirche flächendeckend durchgesetzt werden soll. *Kirchenentwicklung* löst sich nicht in Gemeindeentwicklung auf. Das wäre zu eng. Es gibt ein Netz von kirchlichen Orten (Pohl-Patalong), die offene und mobile Sozialgestalten des Glaubens anbieten, diakonische Einrichtungen, Hospize, lose Pilgergemeinschaften, Bildungshäuser, Citykirchen etc.

Mission bleibt für alle Spielarten des Kirchlichen ein sinnvoller Leitbegriff. Er verknüpft die konkreten Ansprüche an eine *zeitgemässe* Gestaltung der Lebensform des Glaubens mit der Frage, wie der Ruf in die Nachfolge und die Versöhnungsbitte *glaubwürdig* zu Gehör und zu Gesicht kommen kann. Damit ist notwendig eine Pluralisierung der Formen verbunden. Sie zeigt sich nicht nur auf der

1 Um nicht noch einmal eine Akrobatiknummer einzulegen, verweise ich auf Christian Möller. Ich hänge nicht am Begriff. Es geht lediglich darum, die Lehre des Gemeindeaufbau im grösseren Zusammenhang der neutestamentlichen Ekklesiologie zu verorten.

Ebene individueller Lebensentwürfe, sondern auch auf der kommunalen Ebene in und neben den Parochien. Praktische Theologie als Instrument einer «besonnenen Kirchenleitung» rechnet nicht nur mit der Pluralität der Formen. Sie unterstützt, begleitet und fördert sie mit wissenschaftlicher Sorgfalt und geistlichem Engagement.

Noch einmal ein Plädoyer für eine andere praktisch-theologische Begriffsstrategie

Wilhelm Gräb

Angestossen durch die Weltmissionskonferenz 1952 arbeiten inzwischen viele der Genfer Ökumene verbundenen Missionstheologien mit der Lehre von der «Missio Dei». Will man diese Lehre verstehen, muss man die trinitätstheologische Konstruktion der Theologie Karl Barths in den Blick nehmen. Es war diese Theologie, die – entwickelt im Kirchenkampf der 1930er Jahre – Gott zum absoluten Handlungssubjekt erklärte. (Das war im Kampf gegen die mit der Volkskirchenideologie operierenden Deutschen Christen richtig, diente aber bereits in den 1950er Jahren lediglich noch zur Selbstimmunisierung kirchlichen Herrschaftswillens.) Missio Dei meint: Gott ist es, der mit der Sendung seines Sohnes und in der Kraft des Heiligen Geistes seine in die Welt gesandte und Gottes Reich herauführende Kirche schafft. Gott nimmt zur Durchsetzung seines in Christus offenbarten göttlichen Lebenswillens die Kirche in seinen Dienst. Er kann dafür nur eine Kirche gebrauchen, die dem Willen Gottes gehorsam ist. Eigenständiges Handlungssubjekt ist die Kirche auch nach ihrer menschlichen Seite nicht. Die Kirche, das ist in Wahrheit Jesus Christus, oder «Christus, als Gemeinde existierend» (Bonhoeffer). Die theologische Relevanz der Kirche ist an ihre normative Bestimmung treuer Bezeugung des Evangeliums gebunden. Die Vermittlung mit der Empirie der Kirche ist programmatisch ausgeschlossen – weil nicht ist, was nicht sein soll. Jesus ist Sieger im Drama der Versöhnung Gottes mit seiner Welt! Seine Kirche ist die Gemeinschaft der Bezeugung seines Sieges. (KD IV,4) Was das konkret in einer pluralen Religionswelt bedeutet, lässt sich mit der Lehre von der «Missio Dei» nicht sagen, noch irgendwie plausibel ableiten.

Es ist richtig, die theologische Programmatik der «Missio Dei» zielt auf Gottes Sendung in die Welt – nicht in die Kirche. Das Heil der Welt steht auf dem Spiel, nicht die Selbsterhaltung der Kirche. In der Sprache der Genfer Ökumene geht es um die Durchsetzung von «Frieden, Gerechtigkeit und Bewahrung der Schöpfung». Das ist nicht das Schlechteste, aber damit beginnen erst die Probleme der Praxis christlichen Lebens angesichts der politischen, sozialen, ökologischen und religiösen Herausforderungen in der globalisierten Welt. Die mit der Denkfigur göttlicher Selbstdurchsetzung arbeitende Theologie taugt dann allenfalls noch zur Entlastung. Wenn es letztendlich um die «Missio Dei» und nicht um den menschlich-kirchlichen Handlungswillen geht, kann man schliesslich behaupten, dass es auf einen selbst im Entscheidenden auch nicht ankomme bzw. im Falle des Misserfolgs, dass man es selbst gar nicht gewesen sei.

Die «missiologische Reflexionsperspektive» zu verfolgen, kann jedoch auch dazu veranlassen, eine Praktische Theologie zu verfolgen, die zum Gespräch der Glaubenden mit der ebenso säkularen wie religiös pluriformen Welt verhilft. Dann aber verlangt sie, die Sprache säkularer Weltanschauungen und die anderer Religionen zu lernen. Praktische Theologie wird zur Religionskulturhermeneutik. Sie versteht sich als Übersetzungsdisziplin innerhalb der Theologie.

In unserem kulturellen Kontext bedeutet die «missiologische Reflexionsperspektive» sodann die Aufforderung an die Praktische Theologie, zur Begründung der Vernunft der Religion beizutragen – und dies nicht allein der Systematischen Theologie zu überlassen. Auch die Praktische Theologie nimmt die Herausforderung an, die Allgemeingeltung und Verbindlichkeit christlichen Gottglaubens in den Herausforderungen der Zeit mit Gründen zu behaupten. Sie bemüht sich zudem um Diskursregeln für den interreligiösen und transkulturellen Weltanschauungs-Dialog – und überlässt dies nicht allein den Ökumenikern und Missionstheologen.

Die «missiologische Reflexionsperspektive der Praktischen Theologie» ist keineswegs per se problematisch. Für mich ist sie Element einer praktisch-theologischen Kirchentheorie, die religionskulturhermeneutisch operiert und deshalb die kirchliche Praxis in Predigt, Unterricht und Seelsorge so zu konzipieren versucht, dass Kommunikationsräume für die individuelle und plurale Religion der Menschen entstehen können.

Noch einmal «Missio Dei» als Leitbegriff einer kritischen Missiologie

Ralph Kunz

Wilhelm Gräb trifft ins Schwarze! Wenn die «Missio Dei» zur Denkfigur verkommt, mit der die göttliche Selbstdurchsetzung (!) behauptet wird, taugt sie nicht viel. Sie wäre dann nicht nur Entlastung, sondern Entschuldigung für alle Fehler und Unterlassungssünden der *missio ecclesiae*. Dass das wenig hilfreich ist, muss nicht weiter erörtert werden. Aber *abusus non tollit usus*. Es mag sein, dass man mit einer starken Gottesrede auf solche Abwege geraten kann, aber die Intention der «Missio Dei» ist eine andere. Ich zitiere Jacques Matthey, der in einem erhellenden Aufsatz über missionstheologische Debatten seit Edinburgh (1910) das Fazit zieht: «*Missio Dei* verändert Menschen und Realitäten, *wenn* die *missio ecclesiae* Gottes Geist walten lässt, statt die Geistesgaben und -früchte durch eigene Machtansprüche und -taten zu verdecken.»[1] Im Kern geht es um das rechte Verständnis der Weltzuwendung Gottes. Dass in diesem Zusammenhang immer wieder der Name Dietrich Bonhoeffers auftaucht, ist kein Zufall. Seine kreuzestheologisch imprägnierte Formel von der «Kirche für andere» will ja jeder falschen Selbstentlastung der Kirche den Riegel schieben. Das Konstrukt der *Missio Dei* lässt sich also nicht nur auf den Impuls der Barth'schen Versöhnungslehre zurückführen, die sich gegen eine falsche Selbstbehauptung richtete. Die Geschichte von der Weltzuwendung Gottes, an die «Missio Dei» erinnert, muss im Licht beider Impulse entschlüsselt werden.

Wenn Gräb darauf insistiert, dass sich die Kirche im Religionspluralismus als Religionsgemeinschaft verstehen und nicht als Primadonna gebärden soll, kann ich ihm – *mit* der eben erläuterten Denkfigur – nur beipflichten. Auch der Forderung, dass das Gespräch über den Glauben ein *Dialog* sei, stimme ich zu. Zum Dialog gehört freilich auch, wie Gräb betont, dass ich dem anderen – wie mir – das Recht auf Wahrheit zugestehe. Dann bedeutet «polyzentrische Weltanschauung», dass es ausserhalb und innerhalb der Kirchen verschiedene Wahrheitsdiskurse gibt, die durch ein gemeinsames Ethos verpflichtet sind, *gegenseitig* Missionierung zuzulassen.[2] Zugespitzt: Mission *ist* per se gewaltfreier Diskurs.

Das hat mit Vernunft zu tun, richtig. Aber wenn es der christlichen Theologie nicht gelingt, diese *Vernunft (in) der Religion* evangelisch zu identifizieren und

1 Jacques Matthey, Macht und Mission – damals und heute, Zeitschrift für Missionswissenschaft 35, 2009, 346–358, 358.

2 Vgl. dazu auch Hans-Martin Barth. Dogmatik. Evangelischer Glaube im Kontext der Weltreligionen. Gütersloh 2001, 46ff.

theologisch zu begründen, proklamiert sie eine *Religion (in) der Vernunft.* Die Vernunftreligion ist nicht das Schlechteste, aber sie gibt eben nur Regeln her, *wie* im interreligiösen Gespräch geredet werden soll, und sie sagt nicht (mehr), *worüber* bzw. *wovon* geredet wird. Wenn wir im erhöhten Ton das «*trans*» und «*inter*» preisen, haben wir die politischen, sozialen, ökologischen und religiösen Herausforderungen in der globalisierten Welt noch nicht mit der Gottesrede verknüpft. Eine mit der Denkfigur der Vernunftreligion arbeitende Theologie taugt darum allenfalls zur Verpflichtung, *dass* wir, wenn wir missionieren, es mit dem nötigen Respekt für andersreligiöse oder areligiöse Weltzuwendungsgeschichten tun sollten. Das ist mir zu wenig. Die Achtung vor dem anderen ist christlich gesprochen die *Anerkennung* des anderen *als* des konkret anderen vor Gott. Mission als Reflexionsperspektive der Praktischen Theologie lässt Gott im Regiment und vereinnahmt ihn nicht für das eigene religiöse Projekt. Das ist keine Herrschaftsallüre und kein Trick, sondern sensibilisiert für die Chancen und Stolpersteine der Übersetzung der Weltzuwendung Gottes.

Mission – so mein Fazit – ist erst dann hinreichend verstanden, wenn sie theologisch verstanden wird. Aber das verstehen nicht alle Theologen so. Man kann in unserer Debatte denn auch ohne Mühe zwei Religions- und daraus abgeleitet zwei unterschiedliche Übersetzungstheorien erkennen. Ich habe mich auf die Seite eines kulturell-linguistischen Modells geschlagen. Glauben lernt man durch Initiation und Partizipation in einer Lebenspraxis, die vom Sprachspiel des Evangeliums inspiriert ist. Kommunikationsräume für die individuelle und plurale Religion der Menschen öffnen sich dann, wenn auch das gemeinsame Sprechen (und Handeln) geübt wird. Mit Blick auf das Christentum gesagt: Wer will, dass die Kirche etwas zur Erhaltung und Stärkung der Differenzkultur beiträgt, wird sich nicht nur auf die *Vernunft* berufen, sondern auch vom *Geist* reden, der Vielfalt schafft und neue Übersetzungen inspiriert.[3]

3 Vgl. Michael Welker Kirche im Pluralismus, Gütersloh 1995.

Autorinnen und Autoren

Christina Aus der Au (Dr. theol.), geb. 1966, Theologische Geschäftsführerin am Zentrum für Kirchenentwicklung an der Universität Zürich, Lehrbeauftragte für Medizinethik an der Universität Fribourg und Privatdozentin für Systematische Theologie an der Universität Basel.

Dorothee H. Bertschmann, (Pfr. Dr. theol.) geb. 1973, Pfarrerin und freischaffende Theologin, Oberdiessbach und Durham, GB.

Pierre Bühler (Prof. Dr.) geb. 1950, Professor für systematische Theologie, insbesondere Hermeneutik und Fundamentaltheologie, an der Theologischen Fakultät der Universität Zürich. Präsident der Schweizerischen Theologischen Gesellschaft von 2006 bis 2010. Leiter des Instituts für Hermeneutik und Religionsphilosophie, Universität Zürich.

Bernhard Egg (lic. iur.), geb. 1959, Präsident des Kantonsrates Zürich 2012/2013 und seit 2011 Kirchenrat der reformierten Landeskirche Zürich.

David Frenchak (Dr. theol.), geb. 1942, Präsident emeritus von SCUPE, Seminary Consortium for Urban Pastoral Education, Chicago, USA.

Carole Ann McGibbon (Pfr.), geb. 1953, MA in Community Development, North Park University, Chicago, Vizepräsidentin und Dekanin von SCUPE; sie leitet das Graduate Theological Urban Studies Program in Chicago, USA.

Wilhelm Gräb (Prof. Dr.), geb. 1948, Professor für Praktische Theologie und Direktor des Instituts für Religionssoziologie und Gemeindeaufbau an der Theologischen Fakultät der Humboldt-Universität zu Berlin. Zudem ist er Extraordinary Professor an der Universität Stellenbosch in Südafrika.

Martin Graf, geb. 1954, Regierungsrat, Vorsteher der Direktion der Justiz und des Innern im Kanton Zürich.

Isabelle Grellier-Bonnal (Prof. Dr.), geb. 1954, Professorin für Praktische Theologie an der Universität Strasbourg, Frankreich.

Irene Gysel-Nef, geb. 1949, Redaktorin für die Sendung «Sternstunde Religion» bei Schweizer Radio und Fernsehen srf und Vizepräsidentin des Zürcher Kirchenrates. Sie war auch Sprecherin bei «Wort zum Sonntag».

Gisa Klönne studierte Anglistik und Politologie, arbeitete als Redakteurin und freie Journalistin und lebt heute als Schriftstellerin in Köln. Für ihre Krimiromane erhielt sie mehrere Auszeichnungen, unter anderem den Friedrich-Glauser-Krimipreis (www.gisakloenne.de). Sie ist Enkelin eines Pfarrers und Teil einer jahrzehntelang durch die deutsch-deutsche Grenze geteilten Familie.

Ralph Kunz (Prof. Dr.), geb. 1964, Professor für Praktische Theologie an der Universität Zürich und seit 2010 Mitglied der Leitung des Zentrums für Kirchenentwicklung der Universität Zürich.

Matthias Krieg (Dr. phil., Dr. theol.), geb. 1955, seit 1988 Leiter der Bildungsabteilung der Zürcher Landeskirche, seit 1996 Theologischer Sekretär des Kirchenrats; er war von 1992–1996 Privatdozent für Altes Testament.

Elisabeth Mainberger-Ruh, geb. 1947, dipl. und selbständige Übersetzerin, Zürich.

Henk de Roest (Prof. Dr.), geb. 1959, Professor für praktische Theologie an der Protestant Theological University, Niederlassung Groningen, Niederlande.

Thomas Schlag (Prof. Dr.), geb. 1965, seit 2005 Professor für Praktische Theologie an der Universität Zürich und seit 2010 Vorsitzender der Leitung des Zentrums für Kirchenentwicklung der Universität Zürich.

Hans Strub (Pfr.), geb. 1945, bis 2010 Leiter der Aus- und Weiterbildung der Pfarrerinnen und Pfarrer in den Schweizer Landeskirchen. Seit 2010 Mitglied der Leitung des Zentrums für Kirchenentwicklung der Universität Zürich.